农村政策与法规新编教程

主　编：顾相伟（上海开放大学）
副主编：何庆斌（上海开放大学）
　　　　　李振华（济宁医学院）
　　　　　刘　波（中国人民大学）
　　　　　王宵兰（上海开放大学）
　　　　　靳景慧（济宁医学院）

復旦大學 出版社

图书在版编目(CIP)数据

农村政策与法规新编教程/顾相伟主编.—上海:复旦大学出版社,2015.7(2019.7 重印)
ISBN 978-7-309-11562-8

Ⅰ.农… Ⅱ.顾… Ⅲ.①农业政策-中国-高等职业教育-教材②农业法学-中国-高等职业教育-教材 Ⅳ.①F320②D922.4

中国版本图书馆 CIP 数据核字(2015)第 130070 号

农村政策与法规新编教程
顾相伟　主编
责任编辑/徐惠平　姜作达

复旦大学出版社有限公司出版发行
上海市国权路 579 号　邮编:200433
网址:fupnet@fudanpress.com　http://www.fudanpress.com
门市零售:86-21-65642857　团体订购:86-21-65118853
外埠邮购:86-21-65109143　出版部电话:86-21-65642845
上海春秋印刷厂

开本 787×960　1/16　印张 19.5　字数 267 千
2019 年 7 月第 1 版第 7 次印刷

ISBN 978-7-309-11562-8/F·2162
定价:38.00 元

如有印装质量问题,请向复旦大学出版社有限公司出版部调换。
版权所有　侵权必究

前言 Foreword

农业、农村和农民问题是关系改革开放和现代化建设全局的重大问题。这一问题的解决,不仅关系广大农民群众的切身利益,而且涉及社会稳定、国家富强和民族复兴。中共十八届四中全会提出,全面推进依法治国,总目标是建设中国特色社会主义法治体系,建设社会主义法治国家。农业农村法治建设是社会主义法治建设的重要组成部分。在新形势下,把推进农业农村法治建设摆到重要位置,以法治思维和法治方式实施农业农村发展政策,主动适应新常态,扎实做好农业农村改革发展各项工作,既是贯彻落实"四个全面"战略布局的必然要求,也是新农村建设和城镇化建设的应有之义和重要保障。

本书是在长期教学实践的基础上编写而成的,内容主要包括与农村生产生活关系密切的政治经济体制、土地政策与法规、农村市场主体法律制度、农业生产安全法律制度、自然资源和环境保护法律制度以及农村社会发展政策。本书的特点是注重结构的明晰性、内容的新颖性以及知识的实用性,力求文风朴实、通俗易懂、简单明了,适合大中专院校师生学习使用。

本书撰稿分工如下:第一章,顾相伟、何庆斌;第二章,李振华、靳景慧;第三章,顾相伟、王宵兰;第四章,李振华、靳景慧;第五章,顾相伟、刘波;第六章,顾相伟、刘波;第七章,顾相伟、王宵兰。全书由顾相伟任主编并负责拟定大纲、统稿和修改。

本书在编写过程中,参考和借鉴了很多学者的相关研究成果,复旦大学出版社的编辑在编辑过程中付出了很多心血,使本书增色不少,在此一并谨致谢忱。由于农村政策具有灵活性和易变性的特点,而农村法规也经常处于修改完善的过程中,所以本书的编写面临较大的挑战,错讹疏漏之处在所难免,敬请广大读者批评指正。

编 者

2015 年 6 月

目 录

第一章 农业政策与法规概述 ························· 1
- 第一节 农业政策概述 ···································· 1
- 第二节 农业法规概述 ···································· 6
- 第三节 农业政策与农业法规的关系 ··················· 15
- 第四节 农业政策与法规的历史发展 ··················· 18

第二章 农村政治与经济体制 ························· 25
- 第一节 农村基层民主政治制度 ························ 25
- 第二节 农村基本经济制度 ······························ 35

第三章 农业土地政策与法规 ························· 49
- 第一节 农业土地政策与法规概述 ····················· 49
- 第二节 土地管理法律制度 ······························ 54
- 第三节 农村土地承包法律制度 ························ 64

第四章 农村市场主体法律制度 ······················ 76
- 第一节 农业劳动者个人或家庭作为市场主体的法律制度 ·· 76
- 第二节 乡镇企业法律制度 ······························ 82
- 第三节 农民股份合作企业法律制度 ··················· 87
- 第四节 农民专业合作社法 ······························ 90
- 第五节 农业社会化服务体系 ··························· 97

第五章　农业生产安全法律制度 …… 105
第一节　种子法律制度 …… 105
第二节　农药管理法律制度 …… 114
第三节　兽药管理法律制度 …… 121
第四节　无公害农产品管理 …… 129
第五节　农业转基因生物安全管理 …… 136
第六节　农产品质量安全法 …… 144

第六章　自然资源和环境保护法律制度 …… 153
第一节　自然资源和环境保护法律制度概述 …… 153
第二节　水资源保护法 …… 158
第三节　矿产资源保护法 …… 168
第四节　森林资源保护法 …… 171
第五节　渔业资源保护法 …… 177
第六节　环境保护法律制度 …… 182

第七章　农村社会发展政策 …… 196
第一节　农村劳动力转移 …… 196
第二节　农业科技与农业教育政策 …… 201
第三节　农民权益保护与农村社会保障 …… 210
第四节　农业投入与支持保护 …… 232
第五节　新农村建设与城镇化建设 …… 241

附录 …… 259
附录一　《中华人民共和国农业法》 …… 259
附录二　《中华人民共和国土地管理法》 …… 277
附录三　《中华人民共和国农产品质量安全法》 …… 294
附录四　《国家新型城镇化规划(2014—2020年)》(节选) …… 302

第一章 农业政策与法规概述

 **本章要点**

本章主要介绍了农业政策与农业法规的概念,以及两者之间的联系与区别。学习者还须了解政策和法的概念、特征,法的渊源与法的作用,农业法律关系的概念和三要素,以及农业政策与法规的历史发展。要理解和领会农业法规和党的农业政策都是保证农业和农村科学发展的重要手段。农业政策与农业法规具有不同的特点、功能和作用,两者相辅相成,互为补充。政策侧重于制度创新突破,重在解决当前的突出矛盾和问题;而法制建设则侧重于长期制度建设,将行之有效的政策措施制度化、规范化。

第一节 农业政策概述

一、政策

(一)政策的概念和分类

所谓政策,是指国家政权机关、政党组织和其他社会政治团体等为了实现自己所代表的阶级、阶层的利益和意志,以权威形式规定在一定的历史时期内,应该达到的奋斗目标、遵循的行动原则、完成的明确任务以及采取的计划、步骤和具体措施。一项具体的政策对不同群体造成的影响是不一样的,不同的个人或利益集团会从不同的角度认识和解读政策,并试图影响政策的制定和执行。因此,一项具体政策的制定、执行和检查修正过程都是个人、家庭、企业、社会团体和政府机构等多方面相互博弈的结果。在这一过程当中,政府行为占主导地位。

政策可以依据不同的标准进行不同的分类。根据政策的从属关系可以分为元政策、基本政策和具体政策;根据政策的制定主体不同可以分为阶级政策、政党政策、国家和政府政策;根据政策涉及的领域不同可以分为社会政策、经济政策、农业政策、教育政策、民族政策等;根据政策目标的数量多少可以分为单目标政策和多目标政策;根据政策影响和实施时间的长短可以分为长期政策、中期政策和短期政策等。

(二) 政策的特点

政策具有以下几个特点:

1. 政治性

政策与政治是相伴而生的。政治是各阶级为维护和发展本阶级利益而处理本阶级内部以及与其他阶级、民族、国家的关系所采取的直接的策略、手段和组织形式。任何政策都有政治性,没有政治,就没有政策。政治作为一种社会现象和社会的上层建筑,出现在产生阶级对立和国家的时候,并总是直接或间接地同国家相联系。政治性在阶级社会中有时又表现为阶级性。当政治系统中占据统治地位的阶级与其他处于被统治地位的阶级的矛盾具有对抗性质时,政治性就表现为强烈的阶级性;而当两者的矛盾属于非对抗性时,政治性中的阶级性就不太强烈。在社会主义社会中,还存在阶级,但不是任何时候、任何政治现象都带有阶级斗争的内容。

2. 权威性和系统性

政策的权威性取决于政策主体的权威性。政策的制定和执行主体是取得合法权力的机构,是通过为大众所认可和接受的合法性过程产生的,所以政策在具有合法性的同时,也必然具有了权威性。政策是否具有权威性,还要看它的制定是否科学合理。只有科学的政策才能顺乎民意,取得实效,从而强化其权威性。政策是对各种社会关系的集中反映,因此其必然也是一个有机的整体,具有系统性的特点,不可能孤立地产生作用。

3. 目标性和针对性

制定政策是为了解决某一发展时期存在的特定社会问题,这就需要设计明确的目标,使实现目标的行为具有较强的针对性和实效性。例如,《中华人民共和国国民经济和社会发展第十二个五年规划纲要》指出:"在工业化、城镇化深入发展中同步推进农业现代化,是'十二五'时期的一项重大任务,必须坚持把解决好农业、农村、农民问题作为全党工作重中之重,统筹城乡发展,坚持工业反哺农业、城市支持农村和多予少取放活方针,加大强农惠农力度,夯实农业农村发展基础,提高农业现代化水平和农民生活水平,建设农民幸福生活的美好家园。"这就是通过政策的方式为推进农业现代化、加快社会主义新农村建设指明了目标、方向和任务。

二、农业政策

(一) 农业政策的概念

农业政策,是指为了实现与农业生产经营及农村发展相关的政治、经济和社会目标,由执政党或政府依特定的程序制定并发布的,包含着政策目标和政策措施的规范性文件。由于农业问题和农村问题、农民问题的关系密不可分,广义的农业政策也称作三农政策。农业政策的主要目标是保证农业生产长期稳定增长。为了实现这一目标,各国政府通常在农业生产结构、组织形式、资源配置、生产要素流通、产品流通等领域制定一系列相互联系的政策,引导市场中各行为主体做出符合总体利益的决策,以保障最终目标的实现。

(二) 农业政策的特点

农业政策除具有政策的一般特点之外,还具有与农业生产自身相适应的一些特点,如:相对的独立性和完整性、受条件的制约性(如国家经济发展、政治形势、地域差异、自然条件等)、与其他政策的相关性等。在当前社会转型和变迁的历史时期,我国农业政策还表现出以下特征[①]:

---

① 蓝海涛.转轨阶段我国农业政策的重要特征[J].农业经济问题,2002(8):41.

1. 农业政策具有明显的阶段性和发展性

改革开放初期,农业政策比较重视经营体制改革,如生产经营自主权、承包到户、取消统购实行市场调节等,通过这些方式来解决农产品供给不足问题。到二十世纪九十年代末,我国的农产品总供求关系发生了质的变化,总量基本平衡,丰年有余,此时,调整结构、增加收入就成了农业政策的重点。党的十六大以来,中央提出了工业反哺农业、城市支援农村的战略方针,采取了减免农业税、大幅增加财政支农拨款等政策措施,确立了建设社会主义新农村的奋斗目标。党的十七大指出,要加强农业基础地位,走中国特色农业现代化道路,建立以工促农、以城带乡长效机制,形成城乡经济社会发展一体化新格局。党的十八大提出,城乡发展一体化是解决"三农"问题的根本途径。坚持工业反哺农业、城市支持农村和多予少取放活方针,加大强农惠农富农政策力度,让广大农民平等参与现代化进程、共同分享现代化成果。这些都是农业政策阶段性和发展性的具体体现。

2. 农业政策具有半计划性、半市场性,手段比较单一

一方面,农业的计划经济手段虽然比改革开放前显著减少,但仍比较明显。主要表现在利用行政手段控制粮棉等大宗农产品,以及化肥等农用生产资料的生产和流通领域。另一方面,市场化手段的运用范围不断扩展,几乎遍及除粮食、化肥外的所有领域。当然,这些领域市场化手段所发挥的作用,因其市场机制的发育程度不同而参差不齐。

3. 农业政策的地区差异性突出,执行中的弹性空间大

由于我国地域辽阔,区域经济发展不平衡,各地区的政策运行环境差别较大,一些旨在调控具体生产经营活动的农业政策,如粮棉政策,就只得照顾各地区的差别情况,进行分类指导。这就是为什么许多农业政策,中央政府只规定基本框架和思路,而将具体规定交由省级政府去制定和执行的原因所在。正因为如此,政策执行中的弹性空间难以避免。具体执行政策的地区和部门,往往从追求本地区或本部门利益最大化的角度出发,打着"本地区或部门情况特殊,需因地制宜"的幌子,对中央制定的政策有选择地执行,导致政策走样或变形。

农业政策的这些特点决定了农业政策的执行和实施必须遵循原则

第一章 农业政策与法规概述 5

性与灵活性相结合、执行与创造相结合、领导与群众相结合的工作原则，以及行政方法、经济方法、法律方法和思想教育方法相结合的工作方法。

材料阅读：

上海市有哪些强农惠农富农政策？

上海市根据中央文件精神和地方实际，制定和出台了一系列强农惠农富农政策，为农业增产、农民增收、农村繁荣注入了强劲动力。

农业补贴政策： 一是调动农业生产积极性，增加农民收入的补贴政策，如水稻直补、农资综合补贴、"夏淡"绿叶菜补贴、农作物良种补贴、渔业油价补贴、政策性农业保险、国家稻谷最低收购价等；二是促进农业安全生产，降低农业面源污染的补贴政策，如农作物秸秆综合利用补贴，水稻、蔬菜农药补贴，增肥地力补贴，重大动物疫病强制免疫等；三是促进农业机械化作业水平的补贴政策，如农机具购置补贴、水稻机械化育插秧生产补贴、海洋渔船改造定额补贴等；四是其他类补贴政策，如农民培训补贴、农民专业合作社贷款贴息扶持等。

农业发展扶持政策： 一是农业基础设施建设类。包括设施粮田、设施菜田、标准化畜牧养殖场、标准化水产养殖场、区域特色农产品基地建设。二是农业产业化扶持政策。包括合作社项目扶持、农产品促销、合作社抵押贷款、合作社龙头企业贷款贴息。三是其他重点专项扶持政策。包括农田水利基础设施建设、农业旅游和科技兴农。

农村基础设施建设政策： 包括农村公路改建、经济薄弱村路桥改造、村庄改造、万河整治、农村供水和生活污水处理、农村环境卫生治理、农村信息化、农村电网改造等。

农村社会事业发展政策： 一是农村社会保障政策。基本建成包括镇保、农保、低保在内的广覆盖、分类施保的农村社会保障体系。二是积极推进农村富余劳动力就业，每年新增农村富余劳动力就业岗位10多万个，实施农村富余劳动力跨区就业补贴、低收入农户非农就业补贴、职业技能培训补贴。三是推进城乡义务教育均衡发展。四是建立完善新型农村合作医疗制度。五是推进以"三室一站一点"(社区事务受理室、卫生服务室、文化活动室、便民服务点、为农综合服务站)为主要内容的村级公共服务中心建设。

第二节 农业法规概述

一、法的概念和特征

法的概念有广义和狭义之分。广义的法是指国家按照统治阶级的利益和意志制定或者认可,并由国家强制力保证实施的行为规范的总和。狭义的法是指具体的法律规范,包括宪法、法律、行政法规、地方性法规、行政规章等各种成文法和不成文法。法为人们规定一定的行为规则,指导人们在特定的条件下可以做什么、必须做什么、禁止做什么,即规定人们享有的权利和应当履行的义务,从而调整人们在社会生活中的相互关系。

法属于上层建筑,是在经济基础上形成的,同时又为经济基础服务。法是阶级社会特有的现象,它随着生产力的发展、私有制和阶级的产生、国家的出现而产生,并将随着国家和阶级的消灭而消亡。

法有如下几个基本特征:

1. 法是由国家制定或者认可的,具有国家意志性

国家创制法的方式主要有两种:制定或认可。所谓制定,是指国家立法机关按照一定的权限和程序,创制规范性法律文件的活动。所谓认可,是指国家通过一定的方式承认在社会上早已存在并发挥作用的某些社会规范(如道德、宗教、风俗、习惯等)具有法律效力的活动。

法律区别于其他社会规范的一个重要特征就是法律的国家意志性。并不是所有的社会规范都是法律,只有经国家制定或认可的、充分体现了国家意志的那些社会规范才是法律。

2. 法是以国家强制力为最后保障手段的规范体系,具有国家强制性

法是以国家强制力(主要体现为军队、警察、监狱和法庭等)为后

盾,由国家强制力保证实施的。不管认识程度、主观愿望如何,人们都必须遵守法律,否则将招致国家强制力的干涉,受到相应的法律制裁。如果没有国家强制力作后盾,违反法律的行为得不到惩罚,法律所体现的意志得不到贯彻和保障,那么法律就会变成一纸空文,形同虚设。当然,法律的国家强制性并不意味着法律实施过程的任何时刻都需要直接运用强制手段。当人们自觉遵守法律时,法律的国家强制性并不显露出来,而只是间接地起作用。国家强制力也并非法律实施的唯一保证力量,法律的实施还要依靠道德、文化、民生等多方面的因素。

3. 法是调整人们的行为或者社会关系的规范,具有明确规范性和相对稳定性

法的规范性是指法律为人们的行为提供模式、标准和方向。法律是人们从大量实际、具体的行为中高度抽象出来的一种行为模式,这种行为模式主要包括三种:人们可以这样行为(授权性规范)、人们不许这样行为(禁止性规范)、人们必须这样行为(命令性规范)。

法律与权利、义务密不可分。权利和义务是法律的主要内容。法律以其明确的关于权利、义务的规定,为人们提供特定的行为模式,同时指明行为的法律后果,使法律具有极强的规范性和明确性,从而指引和约束人们的行为,确认、保护、调整和发展一定的社会关系。

法律一经制定和公布实施,就应保持相对的稳定性和连续性,决不能朝令夕改,任意废除和修改,否则将有损法律的权威性和严肃性。

4. 在国家权力管辖范围内普遍有效,因而具有普遍性

法的普遍性,也称"法的普遍适用性",是指法作为一般的行为规范在国家权力管辖范围内具有普遍适用的效力和特性,不允许有法律规定之外的特殊。具体而言,它包含两方面的内容:其一,法的效力对象的广泛性。法的对象是一般的人,而不是个别人或特定的人。在一国范围之内,法律面前人人平等。任何人的合法行为都无一例外地受法的保护;任何人的违法行为,也都无一例外地受法的制裁。法不是为特别保护个别人的利益而制定,也不是为特别约束个别人的行为而设立。其二,法的效力的重复性。这是指法对人们的行为有反复适用的效力。在同样的情况下,法可以反复适用,而不仅仅适用一次。

二、法的渊源

法的渊源,是指法的创立方式及表现为何种法律文件形式,即由不同国家机关制定或认可的,具有不同效力或地位的各种法的形式。

任何法都有一定的表现形态,例如以成文法形式表现或以判例法形式表现,以法律形式表现或以行政法规形式表现。立法者或执政者的重要职责之一,就是使所制定或认可的法,获得适当的、科学的形式。执法、司法和守法者都应了解不同的法的形式或渊源与自己经办的各方面事项的关系。

根据现行宪法和法律的规定,我国社会主义法的渊源有:

(一) 宪法

宪法属于最高法,位于一个国家法律体系的最顶端。宪法是其他所有法律、法规的依据,其他所有法律、法规都是宪法的具体化。由于宪法规定的是国家生活中最根本、最重要的问题,因此宪法在法律体系中具有最高的法律地位和法律效力,其他所有法律、法规的制定均要以宪法为依据。凡是与宪法的原则和规定相抵触、相冲突的法律、法规都会因违宪而被撤销或宣布无效。

(二) 法律

此处所讲法律指狭义的法律,包括基本法律和基本法律以外的其他法律。前者由全国人民代表大会制定和修改,后者由全国人大常委会制定和修改。基本法律规定国家、社会和公民生活中具有重大意义的基本问题,如刑法、民法等。基本法律以外的法律规定由基本法律调整以外的国家、社会和公民生活中某一方面的重要问题,其调整面相对较窄,内容较具体,如农业法、环境保护法等。全国人大常委会作出的具有规范性的决议、决定、规定、办法等,也属于法的渊源,和法律具有同等的效力。

(三) 行政法规和行政规章

行政法规是国家最高行政机关根据宪法和法律制定、颁布的规范性法律文件的总称。行政法规的法律地位和法律效力次于宪法和法律。行政法规的立法目的是保证宪法和法律实施。有了行政法规,宪法和法律的原则和精神便能具体化，便能更好地、有效地实现。

国务院所属各部、委有权根据法律和行政法规，在本部门的权限范围内发布规范性的命令、指示、规章和实施细则，这些由国务院所属各部、委发布的规范性文件称为行政规章。

（四）地方性法规和地方性规章

地方性法规是指地方各级权力机关即地方各级人民代表大会所制定的规范性法律文件。地方性法规是低于宪法、法律、行政法规，但又具有不可或缺作用的基础性法的渊源。省、自治区、直辖市、省级政府所在地的市、经国务院批准的较大市的人大及其常委会，根据本地的具体情况和实际需要，在不同宪法、法律、行政法规相抵触的前提下，可以制定和颁布地方性法规，报全国人大常委会和国务院备案。地方性法规在本行政区域的全部范围或部分区域有效。

地方性规章是指地方各级行政机关及地方各级人民政府所制定的规范性法律文件。

（五）民族自治地方的自治条例和单行条例

我国民族区域自治地方的人民代表大会制定的规范性法律文件，有自治条例和单行条例两种表现形式。根据现行宪法和民族区域自治法规定，各级民族自治地方的人大都有权依照当地民族的政治、经济和文化特点，制定自治条例、单行条例。自治区的自治条例和单行条例报全国人大常委会批准后生效。

（六）特别行政区的法律

特别行政区的法律是指根据宪法和特别行政区基本法的规定，在特别行政区内施行的法律。包括特别行政区成立前原有的与宪法和特别行政区基本法不相抵触的法律和特别行政区成立后重新制定颁发的法律。

（七）国际条约

国际条约是指我国同外国缔结的双边和多边条约、协定性质的文件。国际条约本是国际法的主要渊源，但由于它对签约国有约束力，因而凡是我国政府签约的国际条约，也属于我国法的渊源之一，与国内法具有同等约束力。

三、法的作用

法的作用是指法对人与人之间所形成的社会关系所发生的影响,它表明了国家权力的运行和国家意志的实现。法的作用可以分为规范作用和社会作用。规范作用是从法是调整人们行为的社会规范这一角度提出来的,而社会作用是从法在社会生活中要实现一种目的的角度来认识的,两者之间的关系为:规范作用是手段,社会作用是目的。

(一) 法的规范作用

法的规范作用分为五个方面:

1. 指引作用

这是指法律对个体行为的指引作用,包括确定的指引、有选择的指引。确定的指引即通过设置法律义务,要求人们做出或抑制一定行为,使社会成员明确自己必须从事或不得从事的行为界限。有选择的指引是指通过宣告法律权利,给人们一定的选择范围。

2. 评价作用

评价作用是指法律具有判断、衡量他人行为合法与否的评判作用。在现代社会,法律已经成为评价人的行为的基本标准。

3. 预测作用

这是对当事人双方之间的行为的作用。预测作用是指凭借法律的存在,可以预先估计到人们相互之间会如何行为。预测作用的对象是人们的相互作用。社会是由人们的交往行为构成的,社会规范的存在就意味着行为预期的存在,而行为的预期是社会秩序的基础,也是社会能够存在下去的主要原因。

4. 强制作用

强制作用是指法可以通过制裁违法犯罪行为来强制人们遵守法律。强制作用的对象是违法犯罪者的行为。制定法律的目的是让人们遵守,希望法律的规定能够转化为社会现实,因此法律需要具有一定的权威性,而法律的强制性有助于提高法律的权威性。

5. 教育作用

教育作用是指通过法的实施使法律对一般人的行为产生影响。教育作用的对象是一般人的行为。

（二）法的社会作用

法的社会作用大体上可归纳为以下两大方面：维护阶级统治和执行社会公共事务。

1. 维护统治阶级的阶级统治

在阶级对立的社会中，法的目的是维护对统治阶级有利的社会关系和社会秩序。维护统治阶级的阶级统治是法的社会作用的核心。

2. 执行社会公共事务

社会公共事务则是指与阶级统治相对称的活动，在各个阶级对立的社会中，这种社会公共事务及有关法律的性质、作用和范围是很不相同的。总的来说，执行这些活动的法律大体上有以下几种：为维护人类社会基本生活条件的法律，如有关自然资源、医疗卫生、环境保护、交通通讯以及基本社会秩序的法律；有关生产力和科学技术的法律；有关技术规范的法律，即使用设备工序、执行工艺过程和对产品、劳动、服务质量要求的法律；有关一般文化事务的法律。

（三）法的作用的局限性

法律的作用固然十分重要，但也应认识到，法律不是万能的，也有一定的局限性。

1. 法律是由人来制定的，并且是通过人来实施的，因此，人的认识水平和相应的道德、文化素养等都会制约和影响法律作用的发挥。推而广之，立法者的水平、司法执法者的能力和觉悟、守法者的观念等都会对法的作用产生影响。

2. 法的作用的对象是人外在的行为。法律无法作用到人的行为背后，即无法对人的行为的动机、思想、观念、认识、信仰等直接发生作用和进行调整，这些内在深层的东西往往只能依靠道德、宗教、习俗、思想政治教育、心理健康教育等其他方法和手段。

3. 法律一旦施行就必然需要一定的稳定性，不能频繁变动，如果法律朝令夕改将导致其失去权威性和确定性。法律是一种概括性规范，不可能面面俱到地包罗所有问题，更不可能完美无缺。而法律所调整的行为和现象却是千变万化、多姿多态的。因此，在法律的概括性、稳定性和滞后性与社会实践的具体性、多变性之间必然存在着无法调和的矛盾。从这个意义上可以说，法律一旦制定出来便立即过时。

四、农业法规

农业法规，是指由国家权力机关和国家行政机关（包括有立法权的地方权力机关和地方行政机关）制定和颁布的，规范农业经济主体行为和调控农业经济活动的法律、行政法规、地方性法规以及政府规章等规范性文件的总称。

农业法规主要有两个作用：第一，加强农业法制建设是依法治国的重要组成部分，是实现政府依法治农、对农业实行宏观调控的重要手段。第二，巩固和加强农业在国民经济中的基础地位，促进农业和农村经济的持续、健康、稳定发展。

在整个农业法规体系中处于主导地位的是农业法。《农业法》是保障农业生产经营活动正常运转和发展的基本法律，对农业领域中的根本性、全局性的问题作了规定。它居于国家宪法之下，其他具体农业法律、法规之上，是处于中间地位的一部农业"小宪法"；它是立足于大农业基础之上的全面系统综合的农业基本大法，是农业的"母法"，其他农业方面的法律，如《土地管理法》《土地承包法》《城乡规划法》《森林法》《草原法》《渔业法》《农业技术推广法》《农产品质量安全法》等，都是为实施《农业法》而配套的专门法、部门法，都是"子法"。现摘要简介如下：

《农业法》于1993年7月2日第八届全国人民代表大会常务委员会第二次会议通过，又于2002年12月28日第九届全国人民代表大会常务委员会第三十一次会议修订，之后又于2009年、2012年经过两次修正。《农业法》共十三章，对农业生产经营体制、农业生产、农产品流通与加工、粮食安全、农业投入与支持保护、农业科技与农业教育、农业资源与农业环境保护、农民权益保护、农村经济发展以及执法监督、法律责任等进行了规定。

《土地管理法》于1986年6月25日经第六届全国人民代表大会常务委员会第十六次会议审议通过，并于1987年1月1日实施。又于1988年、1998年、2004年经过三次修正。《土地管理法》对国家运用法律和行政的手段对土地财产制度和土地资源的合理利用所进行管理活动进行了规范。其立法目的是加强土地管理,维护土地的社会主义公有制,保护、开发土地资源,合理利用土地,切实保护耕地,促进社会经济的可持续发展。

《城乡规划法》于2007年10月28日第十届全国人民代表大会常务委员会第三十次会议通过,自2008年1月1日起施行,共计七章七十条。其立法目的是加强城乡规划管理,协调城乡空间布局,改善人居环境,集约高效合理利用城乡土地,促进城乡经济社会全面科学协调可持续发展。

《农业技术推广法》于1993年7月2日第八届全国人大常委会第二次会议通过,并于2012年修正。该法分总则、农业技术推广体系、农业技术的推广与应用、农业技术推广的保障措施、法律责任、附则共6章39条。其立法目的是加强农业技术推广工作,促使农业科研成果和实用技术尽快应用于农业生产,增强科技支撑保障能力,促进农业和农村经济可持续发展,实现农业现代化。

《农产品质量安全法》于2006年4月29日第十届全国人民代表大会常务委员会第二十一次会议通过,自2006年11月1日起施行。其立法目的是保障农产品质量安全,维护公众健康,促进农业和农村经济发展。

五、农业法律关系

农业法律关系是指农业法律关系主体,根据农业法律规定,在参加农业生产经营和农村社会活动中形成的权利和义务关系,是由农业法律规范调整而形成的社会关系[①]。

农业法律关系的主体、客体和内容是农业法律关系的三个要素,缺少其中任何一个都不能成立农业法律关系。

农业法律关系主体是指参加农业法律关系,拥有农业经济职权或权利,承担农业及农村职责或义务的当事人。农业法律关系的主体一般包括国家机关、农村社会组织和自然人等。在农业经济法律关系中,

---

① 李昌麒,吴越.农业法教程[M].北京:法律出版社,2006:17—18.

双方当事人在很多情况下,既承担农业经济职权或权利,同时又承担农业经济职责或义务。例如,农民是农村土地的经营人,同时又承担着保护耕地的义务。

农业法律关系的内容是指农业法律规范所确认的农业法律关系主体的农业职权和农业职责、农业权利和农业义务。其中,农业职权与农业职责,农业权利与农业义务形成对应关系。在农业公法关系中,其法律关系的内容就是农业职权与农业职责。农业职权主要包括农业立法权、农业行政管理权、农业司法权和监督权等。农业职责是指国家机关依照法律的规定必须为或不为一定行为的责任。在农业私法关系中,其法律关系的内容就是农业权利与农业义务。农业权利是指农业及农村生产经营法律关系主体依法享有并受法律保护的利益范围或者可以为或不为一定行为以实现某种利益的可能性,主要包括农业资源所有权、农业生产经营权以及相关的请求权。农业义务是指基于法律的直接规定或合同的约定,为满足权利人的利益需要,在权利限定的范围内必须为一定行为或不为一定行为的约束。

农业法律关系的客体是指农业法律关系主体的农业职权和农业职责,或者农业权利和农业义务直接指向的对象。主要包括:可以为主体所实际控制和利用的农业自然资源及有形物品,如土地及不动产、农业生产资料和农业劳动成果等;农业智力成果、科技成果和农业信息;农业行政行为和农业民事行为。

 材料阅读:

农产品质量安全标准为何具有法律强制效力?

农产品质量安全标准是政府履行农产品质量安全监管管理职能的基础,是判断农产品质量安全的依据,是开展农产品产地认定和产品认证的依据。因此,没有标准,就无所谓质量安全;没有标准,就无所谓农产品质量安全监督管理。《中华人民共和国农产品质量安全法》的第二章《农产品质量安全标准》共四条,规定建立农产品质量安全标准体系,明确农产品质量安全标准的性质、制定

（修订）的要求以及组织实施农产品质量安全标准的主体。

在我国按照适用范围划分，标准可分为国家标准、行业标准、地方标准和企业标准四类。按法律的约束性可分为强制性标准和推荐性标准两种，其中强制性标准具有法律效力，必须执行；推荐性标准可自愿使用。农产品质量安全标准是指依照有关法律、行政法规的规定制定和发布的农产品质量安全的强制性技术规范。一般是指规定农产品质量要求和卫生条件，以保障人的健康、安全的技术规范和要求。

《农产品质量安全法》第11条规定，国家建立健全农产品质量安全标准体系。农产品质量安全标准是强制性的技术规范。农产品质量安全标准的制定和发布，依照有关法律、行政法规的规定执行。根据本条，农产品质量安全标准需要强制执行，是本法执法的主要依据，标准一旦发布就具有法律效力。本法第8条规定：禁止生产、销售不符合国家规定的农产品质量安全标准的农产品。第26条也明确规定了不符合农产品质量安全标准的农产品不得销售的内容。因此，生产和销售农产品的主体，如农产品生产企业、农民专业合作经济组织、农产品销售企业、批发市场、农贸市场、配送中心和超市，必须按照农产品质量安全标准的要求组织生产和销售，确保生产和销售的农产品各项参数达到农产品质量安全标准的要求。

资料来源：摘自——全国人大常委会法工委.中华人民共和国农产品质量安全法释义[M].北京：法律出版社，2006.

第三节　农业政策与农业法规的关系

农业政策与农业法规之间既有联系也有区别，两者相辅相成，互为补充。农业政策侧重于制度创新突破，重在解决当前的突出矛盾和问题；而农业法规则侧重于长期制度建设，重在将行之有效的政策措施规范化、长效化、制度化。正确认识和理解两者之间的辩证关系，对在实际工作中正确贯彻执行农业政策和农业法规，保证农业经济和社会的科学发展,具有十分重要的理论意义和实践价值。我们要妥善处理好两者的关系,既不能将两者对立,也不能将两者混同,既要强化农业政策,推动改革创新,充分发挥政策的放大效应,也要加强农业法制建设,规范行政行为,确保农民的合法利益,使农业政策和农业法规的合力充分显现出来。

一、农业政策与农业法规之间的联系

在农业领域,政策和法律联系非常密切。要正确认识农业法规的主要制度,就必须理解相关的政策。同时,由于农业立法的滞后性,农业政策在农业生产和农村经济活动中仍然发挥着重要的作用。农业政策与农业法规之间的联系主要表现在以下几个方面:

(一)两者具有本质上的一致性

农业政策与农业法规都是社会主义上层建筑的重要组成部分,都建立在社会主义经济基础之上,并为社会主义经济基础服务,都反映了全国人民的共同意志和利益。两者都是以马列主义、毛泽东思想、邓小平理论、"三个代表"重要思想和科学发展观为指导,以我国社会主义初级阶段农业发展的基本国情和客观实际为依据。两者的根本任务也是相同的,都是为了保障农业在国民经济中的基础地位,发展农村社会主义市场经济,维护农业生产经营组织和农业劳动者的合法权益,促进农村的持续、稳定、健康、协调发展。

(二)农业政策是制定农业法规的依据,农业法规是农业政策的体现和保障

农业法规是在总结农村政策实践经验的基础上制定的。只有深刻领会和掌握党的农业政策,才能正确理解农业法规的立法精神和立法目的。因此,制定农业法规必须以农业政策为依据。当然,并非所有的政策都能成为法律,只有成熟的、稳定的、行之有效的农业政策才能上升为法律。而农业法规又是农业政策的体现,是对农业政策导向和机制的确认、肯定和保障。农业政策只能在法律框架范围内,在不违背法治精神的前提下执行和实施。如果发现法律规定不符合实际情况的,仍应遵守现行法律法规,但可尽快通过各种途径反映到立法机关,通过

立法机关启动修法程序。

(三) 农业法规是农业政策的具体化、条文化和定型化

法律是以行为规范的方式约束人们的行为,而政策是以原则的要求引领人们的行为。农业发展过程中出现的很多问题,需要人们在实践中不断探索和积累经验。对这些问题,党和政府可以先通过制定政策来加以规范或寻求解决。对那些经过实践检验证明是正确的、行之有效的政策,国家立法机关可以通过法定的程序将其上升为法律,这样就可以将党的农业政策法制化,使农业政策具有更高的权威性和更好的执行力。可见,农业法规对农业政策的实施有积极的促进和保障作用,是对农业政策的具体化、条文化和定型化。

二、农业政策与农业法规的区别

农业政策与农业法规虽然有很多共性,但它们毕竟属于不同的社会规范,因此,还存在一些区别:

(一) 制定主体和适用范围不同

农业政策虽然在根本上也代表了工人阶级和广大人民的意志和利益,但它并不具有国家意志的属性。由于农业政策是由党和政府的相关部门制定的,不同地区、不同层级的部门和机构都可以制定各自的政策,政策的内容、执行的过程等就不可避免地会出现交叉、重复、矛盾和冲突,而且这些政策只能在各自的地区、部门生效。农业法规则是由国家立法机关制定的,具有国家意志的属性,具有高度的权威性、普遍性和统一性,一国范围内的任何组织和个人都必须严格遵守,否则就要承担相应的法律责任。

(二) 表现形式和规范性不同

农业政策的表现形式多种多样,主要有决定、指示、决议、通知、纲要、意见等。农业政策的规定原则性、时效性较强,弹性较大。各地在执行党的政策时,可以因地制宜,因时制宜,灵活贯彻实施。而农业法规则表现为比较定型、可以反复适用的行为规范,主要有法律、法规、规章等。农业法规具有较严谨的逻辑结构和明确的规范性。法律规范明确规定了人们可以做什么、必须做什么和不能做什么,以及违反了法律应当承担怎样的法律责任。

（三）调整范围和稳定性不同

农业政策的调整范围比农业法规更加广泛。农业法规所调整的社会关系，都在农业政策所调整的范围之内。没有一部农业法规不体现农业政策，但却有不少农业政策的内容还没有上升为农业法规。一般来说，违反了农业法规，必然也违反了农业政策，而违反了农业政策则不一定违反农业法规。

农业政策是党和政府根据某一时期农业发展的实际和需要制定的，不可避免地具有一定的灵活性，而欠缺稳定性。在实施和执行的时候，农业政策可以根据情况与时俱进地进行必要的调整和变通。农业法规是在总结农村政策长期实践经验的基础上制定的，是对经过实践检验的、稳定的、成熟的农业政策的肯定和升华。同时，农业法规的制定和修改也必须要经过严格的法定程序，而且一旦制定和颁布，就应保持连续性和稳定性。

（四）实施方式和强制力不同

农业法规是依赖国家强制力来保证实施的。无论何人、何组织违反了农业法规，都应当按照法律规定给予民事、行政和刑事制裁。因而，法律具有高度的权威性和强制性。农业政策的权威性和强制性明显不如农业法规，主要体现为一种指导性作用。农业政策的实施主要通过宣传、号召、动员和说服教育等方式，如果违反了农业政策，一般只能给予批评教育、行政处罚或者行政处分。

第四节　农业政策与法规的历史发展

我国的农业政策与法规是党和政府指导、规范和激励农村经济和社会发展的主要手段和依据。新中国成立以来，党和政府针对不同时期的农村、农业和农民问题，分别制定了各项农业政策，并不断完善相关法律法规。不同时期、不同阶段制定的农业政策和法规的侧重点虽一脉相承却有明显区别，这与农业农村自身发展情况及国家整体发展规划密不可分。要想充分理解这些政策法规,就必须了解农业发展的历史进程,从而发现其深刻的时代背景和历史印迹[①]。

一、农业政策的历史发展

以改革开放作为时间节点,农业政策的历史发展可以分为前后两个时期,而改革开放至今这三十多年又可以分为三个阶段。

建国初期,千疮百孔,百废待兴,生产力极端落后,恢复农业生产和解决全国人民的温饱问题,自然成为农业政策的重要目标。此外,我国还面临实现工业化的重要历史任务。工业化需要大量的原始资本积累。摆在我国面前的路只有一条:从国内的农业着手,以农业积累发展工业。所以,当时我国政府采取的农业政策重点在于如何从农业中获取最大的工业化资本。政府对农产品采取统购统销,采用政府定价的方式,垄断农产品的运销利润并利用超高的工业产品与农产品的剪刀差实现利润的最大化。政府还采用农业合作社及严格的户籍管理制度将农民组织起来,并固定在土地上,以保证粮食生产。这样的政策为我国工业化进程做出了巨大的贡献。但我们也必须直面其产生的负面问题:如长期超强度地压榨农业,忽略了农业自身的投入与积累,严重制约了农业自身的发展,造成了农民长期深度贫困,农业发展潜力面临枯竭的危险。这种局面一直延续到改革开放。

1978年,安徽凤阳小岗村首创"大包干"体制,这种包产到户的新形式,掀开了中国农村改革的序幕,为我国的农业发展注入了新的活力,至1982年11月,全国实行家庭联产承包责任制的生产队比例达到92.3%,农业发展开启了崭新时期。

改革开放之后的农业政策大体上可以分为三个阶段:

第一阶段(1982—1989年),是农业恢复发展阶段。从面临枯竭中坚持过来的农业,在采用了家庭联产承包责任制后,农民的生产积极性得以充分调动,农业生产力迅速恢复。这一阶段国家的农业政策主要

---

① 宁宇龙.解读历年中央农村政策——访中国农业历史学会秘书长曹幸穗[N].中国档案报,2009-12-31(1).

是调动农民的生产积极性,并通过提供"支农"政策来保证农业的发展,如为农业发展提供大量的工业产品,包括农药、化肥、农具等。

第二阶段(1990—1999年),农业进入了快速发展阶段。国家放松了对两大农业生产要素的政策约束:其一是放松了农村劳动力的强制性约束,农民开始向城市流动;其二是放松农产品的统购统销约束,农产品开始进入市场,价格相应提高。这使农产品供给大幅增加,农民生活水平明显改善。但是这一阶段也产生了新的问题。当农业生产和农民收入达到一个"平衡点"之后,就很难进一步提高。加之进城务工收入的提高,促使大量农民离乡进入非农产业,农业生产再次遭遇"发展瓶颈"。这一时期,国家的农业政策偏向于保证农产品供应,通过地方政府引导、增加农业补贴等来保持农产品种植面积。

第三阶段(2000年至今),是我国农村经济结构调整,"工业反哺农业"阶段。中国对"三农"政策目标进行了重大调整,不再要求农业向工业转移剩余,而是在坚持农业增产目标的同时,将农民增收列为"三农"政策的核心目标。世纪之交,中国农产品供求格局由长期短缺转变为基本平衡和丰年有余,客观上提出了将农业发展政策目标由解决总量短缺问题调整为解决农产品供求结构矛盾和质量问题的内在需求,以满足人民日益提高的生活水平和食品消费多样化的需要①。我国农业生产广泛应用现代技术手段,同时在国家农产品最低收购价格机制的保证下,确保了农民增产增收。但伴随经济快速发展所产生的新问题也层出不穷:一是城市化进程所需的农村劳动力进一步增加,农村中高素质劳动力不足;二是城镇的发展也占用了大量的农业用地,土地资源流失严重,也不同程度受到污染,农业发展受资源约束愈来愈明显。这也在客观上提出了从粗放型发展向集约型发展和可持续发展转变的农业政策目标。为解决这些问题,国家采取了一系列强农惠农政策,如取消农业税,增加种粮补贴、农机补贴,加大农业投入,加大科技投入,加大农村基础设施建设等,加快推进社会主义新农村建设和城镇化建设,以稳定粮食生产,增加农民收入,改善农业环境。

从农业政策的历史发展可以看出,自20世纪50年代初国家工业

---

① 郑有贵.新中国"三农"政策的四次重大选择[J].中国经济史研究,2009(3):41.

化战略实施之日起,解决"三农"问题就与国家工业化交织在一起,"三农"政策目标及其实现路径是在实施国家工业化战略的前提下进行选择的。随着工业化的演进,当代中国"三农"政策目标也由解决温饱问题向农村经济、社会、文化、政治、生态全面发展演进,其实现路径也因"三农"政策目标及内外部条件的变化而进行着适应性变迁①。目前,我国经济社会发展正处在转型期,农村改革发展面临的环境更加复杂、困难挑战增多。工业化信息化城镇化快速发展对同步推进农业现代化的要求更为紧迫,保障粮食等重要农产品供给与资源环境承载能力的矛盾日益尖锐,经济社会结构深刻变化对创新农村社会管理提出了亟待破解的课题。农业农村工作必须按照稳定政策、改革创新、持续发展的总要求,力争在体制机制创新上取得新突破,在现代农业发展上取得新成就,在社会主义新农村建设和城镇化建设上取得新进展,为保持经济社会持续健康发展提供有力支撑。

二、农业法规的历史发展

农业法规的历史发展与农业政策大体一致,也可以以改革开放为时间节点进行划分。

新中国成立以后直到改革开放前,由于历史原因,法律没能成为中国政治生活的基本准则,法治观念虚无,法律意识淡薄,法律制度空缺,连民法、刑法、诉讼法等基本法律都是一片空白,农村法律法规更无从谈起。1950年公布实施的《土地改革法》是硕果仅存的一部法律,也是新中国成立后第一部农业法规。该法废除了地主阶级封建剥削的土地所有制,实行农民的土地所有制,从而解放了农村生产力,促进了农业生产,为新中国的工业化开辟了道路,为国家的现代化建设奠定了基础。

1978年12月召开的中共十一届三中全会在确立改革开放政策的同时,对过去几十年体制上的失误以及由此带来的灾难作了深刻的反省,明确要发展社会主义民主和加强社会主义法制。农业法律法规的制定也提上了议事日程。在之后的30多年间,国家相继制定和颁布了一系列法律法规。1986年国家颁布了《渔业法》和《土地管理法》。

---

① 郑有贵.新中国"三农"政策的四次重大选择[J].中国经济史研究,2009(3):42.

1991年国家颁布了《土地管理法实施条例》和《水土保持法》。1993年颁布了《农业法》《农业机械化促进法》和《农业技术推广法》。1996年颁布了《乡镇企业法》。1998年颁布了《森林法》《村民委员会组织法》等。2002年颁布了《防治沙法》《土地承包法》《水法》。2006年颁布了《农民专业合作社法》和《农产品质量安全法》。到2010年,农业农村领域已基本实现有法可依,以《农业法》为核心,内容关涉农业、农村、农民各个重要方面,结构合理、内涵丰富、理念先进,顺应形势发展与时代需求的中国特色社会主义农业法律体系已经基本形成,为中国农业发展提供了强大的法律支撑,有效地促进了农业的可持续发展。但是随着农业生产实践的不断发展和农村改革的不断深入,一些新情况和新问题不断出现,加之法律本身所固有的滞后性,一些农业法规还须与时俱进地加以修改和完善,以更好地服务于农业改革和发展。

2014年10月,中共十八届四中全会通过了《中共中央关于全面推进依法治国若干重大问题的决定》,这对农业农村法治建设提出了新的要求。农业农村法治建设是社会主义法治建设的重要组成部分,农业依法行政是建设法治政府的重要内容,我们要自觉将农业农村法治建设放到全面推进依法治国的整体布局中来谋划、来推进,全面推进农业农村法治建设。一是完善农业立法。要抓紧制定实施立法修法规划,着力提高立法质量,着力推动完善农业投入、农业环境保护、农民权益保障等方面的法律法规。二是强化农业执法。要进一步整合完善执法体系,加快构建权责统一、权威高效的农业行政执法体制。加大执法投入和保障,强化执法协作和信息共享,依法重点查处假冒伪劣和破坏农业资源环境的行为。三是加强农村普法宣传教育。要加大对农村基层干部和农民群众的普法宣传力度,引导和支持农民群众采取法律手段、利用合法途径表达诉求,依法维护自身权益。四是提高农业系统依法行政水平。要深入开展法治培训,健全领导干部学法用法制度,行政行为要于法有据、程序正当。要进一步加大简政放权力度,深化行政审批制度改革,强化审批事项下放后的衔接落实,深入推进政务公开①。

---

① 韩长赋.深入学习贯彻党的十八届四中全会精神 全面推进农业农村法治建设[N].农民日报,2014-10-25(1).

第一章 农业政策与法规概述 23

材料阅读：

什么是中央一号文件？

"中央一号文件"原指中共中央每年发的第一份文件,该文件在国家全年工作中具有纲领性和指导性的地位。一号文件中提到的问题是中央全年需要重点解决,也是当前国家急需解决的问题,更从一个侧面反映出了解决这些问题的难度。"三农"问题在中国的改革开放初期曾是"重中之重",中共中央在1982—1986年连续五年发布以农业、农村和农民为主题的中央一号文件,对农村改革和农业发展作出具体部署。这五个"一号文件",在中国农村改革史上成为专有名词——"五个一号文件"。2004年1月,针对全国农民人均纯收入连续增长缓慢的情况,中央下发《中共中央国务院关于促进农民增加收入若干政策的意见》,成为改革开放以来中央的第六个"一号文件"。中央一号文件再次回归农业。2004年至今,中央每年发布以"三农"(农业、农村、农民)为主题的中央一号文件,强调了"三农"问题在中国社会主义现代化时期"重中之重"的地位。现在中央一号文件已经成为中共中央重视农村问题的专有名词,也是最权威最重要的农村政策。

**本章习题**

一、选择题

1. 政策具有以下哪些特点(　　)？
A. 政治性　　B. 针对性　　C. 系统性　　D. 权威性

2. (　　)是指为了实现与农业生产经营及农村发展相关的政治、经济和社会目标,由执政党或政府依特定的程序制定并发布的,包含着政策目标和政策措施的规范性文件。
A. 农业法规　　B. 农业政策　　C. 农业习惯　　D. 农业规划

3. 在整个农业法规体系中处于主导地位的是(　　)。
A. 土地承包法　B. 土地管理法　C. 农业法　　D. 土地改革法

二、思考题

1. 法律的基本特征是什么？
2. 农业法律关系是由哪几个要素构成的？
3. 农业政策与农业法规有什么区别？

第二章 农村政治与经济体制

 **本章要点**

本章重点介绍了农村基层民主政治制度和农村基本经济制度的概念、特征,以及两者之间的联系与区别。学习者还需了解农村基层民主政治制度的内容、产生背景、意义及发展现状;还需了解农村现阶段各种基本经济制度产生的历史必然性和未来发展趋势,重点掌握农村的生产资料所有制结构和联产承包责任制。

第一节 农村基层民主政治制度

一、农村基层民主政治制度的概念

农村基层民主政治制度就是广大农民在中国共产党的领导下,在村民委员会的组织下对村内事务实行民主选举、民主决策、民主管理和民主监督的制度。此处的"基层"是指乡(民族乡)、镇和城市街道及其下属的行政村范围。

农村基层民主政治制度的出现是与农村集体经济和农业劳动生产率的提高分不开的。改革开放以来,我国农村由于实行了联产承包责任制和统分结合的双层经营体制,农民生产积极性和农业劳动生产率大为提高。农村社会发生了巨大的变化,农村经济迅速发展。逐渐富裕起来的农民自然有时间、有精力关心政治。同时,随着经济的发展,农村集体经济的壮大也为农民提供了大量的管理机会和管理内容;集体经济和自身利益的相关性大大提高了农民的政治参与意识。加快完善社会主义市场经济体制是我国现阶段经济建设的目标。市场经济有一些内在的共同属性,比如交换双方的地位应当是平等的,买卖应当基于双方的自愿,市场主体应当具有自主经营权等,这些属性客观上要求建立平等、民主、自由的政治体制。随着市场经济在农村的不断发展,必然会促使农民群众自主意识和竞争意识的提高,而这有利于培养现代民主政治需要的政治人格。

经过多年的探索和实践,中国共产党领导亿万农民找到了一条适合中国国情的推进农村基层民主政治建设的途径,这就是实行村民自治。村民自治是广大农民直接行使民主权利,依法办理自己的事情,实行自我管理、自我教育、自我服务的一项基本制度。民主选举、民主决策、民主管理和民主监督是村民自治的主要内容。

二、农村基层民主政治制度的主要内容

农村基层民主政治建设的基本内容,主要包括以下三个方面:

(一)建立健全以村党支部、村委会、村民代表大会为主体的村级组织体系

1. 农村党支部是村级各类组织和村内各项事业的领导核心,直接管理共青团、妇联、民兵连等村级党群组织。

2. 村委会是在乡镇政府和村党支部领导下负责村务活动的日常管理的群众性自治组织,直接管理村民小组及村内的人民调解、治安保卫、文教卫生、计划生育、农业服务、民政等事务。

3. 村民代表大会是农民群众在村党支部领导下参与村务管理的议事、决策组织,直接管理各种群众组织和村民代表。村级各类组织应当建立和完善各项规章制度,加强自身建设,并负责抓好直接管辖的各类组织的建设,发挥他们的作用。

（二）建立健全以民主选举、民主决策、民主管理、民主监督为主要内容的村级民主管理制度体系

这些制度主要包括：

1. 农村党支部、村委会、村民代表大会的民主选举制度。

2. 村经济社会发展规划和年度计划、村政发展规划、村内兴办公益事业、建设重点项目、村级财务预决算以及涉及全体村民利益的大事的民主决策制度。

3. 由村民代表大会对村内土地承包、粮食定购和提留统筹、农民负担、集体资产、宅基地发放、计划生育指标分配、电费电价、社会救济等方面进行讨论决定和对村集体财务实行民主理财的民主管理制度。

4. 以村务公开、村级财务审计、村财乡（镇）代管和民主评议村干部为主要内容的民主监督制度。

（三）以村级工作运行、各项制度运作规范和干部群众行为为基本内容，建立健全科学规范的村务运作体系

依据党的方针政策和国家法律制定《村民自治章程》，明确各类村级组织之间的关系和工作程序，实行严格的工作制度，使农村的各项活动都依法照章行事。通过制定《村干部施政守则》《村规民约》等制度规范，加强自我教育、自我管理、自我约束。要通过建立奖惩和监督制约机制，建立各项制度和运作规范，保证各项制度能够长期、正常运转。

三、建立和完善农村基层民主政治制度的必要性

不断扩大农村基层民主的覆盖面，实行村民自治，是实现社会主义农业现代化的基础和政治保证。在我国进入全面建成小康社会，加快推进社会主义现代化建设的新发展阶段，坚持和改善党的领导，大力推动农村基层民主政治建设，并在实践中全面落实民主选举、民主决策、民主管理、民主监督等各项民主制度，是建设中国特色社会主义民主政治的时代要求。大力加强农村基层民主政治建设，是贯彻落实科学发展观、坚持用以人为本的思路解决"三农"问题的现实要求。

首先，扩大农村基层民主是建设中国特色社会主义的本质内容。基层民主制度是我国社会主义民主制度的基础和前提。在我国，占人

口绝大多数的农民,是我们党在农村的依靠力量,也是我国政权最深厚最广泛的群众基础。

其次,扩大农村基层民主是切实维护广大农民群众根本利益的基本途径。只有努力推进农村基层民主政治建设,切实实行村民自治等措施,才能保证农民群众不断获得切实的政治、经济和文化利益,真正做到当家做主。

再次,只有扩大农村基层民主,才能促使农村改革取得新的突破,以此来带动整个农村工作机制的创新。同时,扩大农村基层民主,让广大农民依照法律和党的政策学会管理自己的事务,也是实现农村长治久安的基本政治保障。

四、农村基层民主政治建设的发展与探索

党的十一届三中全会后,农村经济上的改革使农村社会发生了历史性的深刻变化,推动了以民主选举和村民自治为核心的农村基层民主政治建设的大发展。这表现为两个方面:

(一)法律法规的制定与完善

通过经济体制改革,中国各地农村村民不仅成了生产经营的主体和相对独立的财产主体,而且,广大村民的民主意识也不断增强,越来越愿意直接参与村里大事的决策和财务的管理。1982年《宪法》根据我国农村的这种变化情况,规定乡、镇政府为农村基层政权,取消了人民公社体制;明确了村民委员会作为农村基层群众自治组织的地位,村委会成员通过村民选举产生,负责管理本地的公共事务和公益事业,调解民间纠纷,维护社会治安等。这为广大村民行使自己的民主权利和进行新的实践与探索提供了宪法依据。

在全国各地村民自治试验的基础上,1987年11月,全国人大常委会第二十三次会议通过了《村民委员会组织法(试行)》。这部法律的实施使1982年《宪法》关于村民自治的规定具体化,使以村民委员会直接选举为标志的村民自治制度获得了实质性的进展。1998年10月14日,党的十五届三中全会通过的《中共中央关于农业和农村工作若干重大问题的决定》系统总结了我国农村改革20年的基本经验,要求加强

农村基层民主政治建设,明确了扩大农村基层民主的核心内容就是要全面推进村级民主选举、全面推进村级民主决策、全面推进村级民主管理、全面推进村级民主监督。1998年11月,九届全国人大常委会第五次会议修订通过了《村民委员会组织法》(该法于2010年作了修改)。这部法律在立法上贯彻了我们党一贯坚持的发展社会主义民主政治的精神,是党对加强农村基层民主政治建设的方针、政策的法律化,充分反映了广大农民更好地行使当家做主权利的愿望,进一步推动了我国农村以村民自治为内容的社会主义民主政治建设的历程。

以村民自治为内容的农村基层民主政治建设,也推动了以加强和完善农村基层政权建设为内容的基层民主政治建设。农村基层政权的发展主要表现为农村乡镇人民政府和乡镇人民代表大会的发展,而这又主要体现在乡镇人民代表大会的选举,即乡镇人民代表大会主席、副主席、乡长、副乡长、镇长、副镇长的选举上。1979年7月第五届全国人大第二次会议通过的《地方各级人民代表大会和地方各级人民政府组织法》,是我国第二部地方组织法,它就人民公社、镇人民代表大会的选举中,候选人的产生和选举范围作了如下规定:人民公社、镇人民代表大会选举人民公社主任、副主任、管理委员会委员,决定镇长、副镇长人选。镇长、副镇长、人民公社管理委员会组成人员的人选,由本级人民代表大会主席团或者代表联合提名。候选人名额一般应多于应选人名额。如果所提候选人名额过多,可以进行预选,根据多数人意见,确定正式候选人名单。

我国第二部地方组织法的制定还是处在改革开放之初和思想上的拨乱反正时期,所以带有明显的过渡性质。1982年12月10日对第二部地方组织法进行了第一次修改,有关乡镇人民代表大会候选人的产生和选举范围修改为:涉及人民公社的,一律改称为乡、民族乡;将乡、民族乡、镇人民代表大会选举的范围限定为选举乡长、副乡长、镇长、副镇长,不再选举政府其他组成人员;选举可以采用候选人数多于应选人数的办法,也可以经过预选产生候选人名单,然后进行选举。

1982年对地方组织法所作的修改,是以新宪法为依据,在候选人的产生和选举范围等方面,形成了新时期我国农村基层政权建设的雏形。随着经济体制改革的深入开展和政治体制改革被提到议事日程，1986年12月，地方组织法进行了第二次修改。其修改的主要内容有：乡、民族乡、镇的人民代表大会举行会议的时候，选举主席团，由主席团主持会议，并负责召集下一次的本级人民代表大会；乡长、副乡长、镇长、副镇长的人选，由本级人民代表大会主席团或者十人以上代表联合提名；乡长、镇长的候选人数一般应多一人，进行差额选举；如果提名的候选人只有一人，也可以等额选举；副乡长、副镇长的候选人数应比应选人数多一至三人，进行差额选举；如果提名的候选人超过上述差额，由主席团将全部候选人名单提交代表酝酿、讨论，根据多数代表的意见确定正式候选人名单；补选乡长、副乡长、镇长、副镇长时，候选人数可以多于应选人数，也可以同应选人数相等；主席团或者1/5以上代表联名，可以提出对乡长、副乡长、镇长、副镇长的罢免案。

我国1986年地方组织法的修改，使候选人的产生、选举范围更加明确、具体，可操作性更强，从而把我国农村基层政权建设向前推进了一大步。但随着我国社会主义市场经济体制的确立和发展，地方组织法又表现出了与经济发展要求的不相适应性。1995年2月，第八届全国人大常委会第十二次会议对地方组织法进行了第三次修正。第三次修正后的地方组织法，除了重申乡、民族乡、镇人民代表大会选举乡长、副乡长、镇长、副镇长外，增加了选举本级人民代表大会主席、副主席的内容；对候选人的提名作出更为严密的规定：乡、民族乡、镇的人民代表大会代表十人以上书面联名，可以提出本级人民代表大会主席、副主席和人民政府领导人员的候选人。不同选区或者选举单位选出的代表可以酝酿并联合提出候选人。主席团提名的候选人人数，每一代表与其他代表联合提名的候选人人数，均不得超过应选名额。提名人应当如实介绍所提名的候选人的情况。在确定正式候选人的方式上，新修正的地方组织法恢复了预选的内容，并就乡、民族乡、镇的人民代表大会主席、副主席、人民政府正职、副职四种职务候选人的确定，作出了更为详细的规定。

（二）实践活动的探索与发展

新修正的地方组织法的实行，推动了我国现行乡镇国家机关领导人员的选举的改革探索。这种选举改革包括了选举前的人事考察程序，以民主评议与民主测评、民主推荐、组织考察与党委决定、酝酿协商为人事考察的主要步骤；设立大会主席团程序，通过选举办法程序；组织提名与代表提名候选人程序；确定与介绍候选人程序；投票选举程序等。由于各个地方政治、经济、文化发展程度的不同，使得一些地方在乡镇人大主席、副主席、乡长、副乡长、镇长、副镇长选举中，并不是完全固守这种已有的选举模式，而是结合本地的实际情况进行了改革与探索，采取了一些新的做法。如山西省临猗县在村民自治组织村民委员会选举的基础上，探索出了两票选任制，即在乡镇人民代表大会选举人大主席和乡镇长、乡镇党员代表大会选举党委书记之前的人事考察中，将民主评议和民主测评的范围扩大到全体选民的一种新型选举制度。其实际内容就是村民投信任票推荐候选人，人大代表和党员投选举票选举人大主席、乡镇长和党委书记及党委成员。四川省遂宁市市中区改革探索出了"公选制"，这是公开推荐选拔乡镇长、乡镇党委书记的制度设计。其具体做法就是改变组织提拔干部为干部自荐，在干部候选人提名方式中引进竞争机制和自我选择机制；增加了考试程序，以"考"的办法来筛选预备候选人人选；建立了通过对考试选拔之后的候选人人选进行民意测评投票的预选程序，以确定候选人选；确定公选过程的透明度，一改过去选拔干部前人事考察的秘密状态或半秘密状态。我国各地在以农村基层政权建设为内容的社会主义民主政治建设改革探索过程中所出现的上述做法，不论它们叫什么名称，也不论它们采取何种外在形式，在实际内容上它们都包含了如何产生候选人以及如何对候选人进行投票选举两个部分。因此，我们可以用宽泛意义上的"两票制"来概括上述各种形式。这种"两票制"形式的出现和推行，是新时期中国农村基层民主政治建设的新尝试。"两票制"真正体现和贯穿了民主选举的基本原则，对候选人的确定体现了由下而上的民主集中原则。

综上所述，我国基层民主建设取得了举世瞩目的成就，基层政权不断得到加强，村民自治也日益深入人心，但由于种种原因，也存在一些急需解决的问题，如少数农村基层党组织对党内民主缺乏正确的认识，法治意识、服务群众意识比较薄弱；部分村没有理顺"两委关系"，削弱了农村基层组织的战斗力,影响了党的路线方针政策的贯彻落实;一些基层干部素质能力不高,改革创新意识不强,组织管理水平有限;缺乏监督制约机制,村务不公开、办事不透明情况比较严重;相关法律法规不够明确具体,不能有效地保障村民自治等。

五、加快推进农村基层民主政治建设的基本要求

(一)坚持中国共产党的领导核心地位是加快推进农村基层民主政治建设的基本政治保证

一要坚定不移地维护农村党组织的领导核心地位。在农村,中国共产党执政是通过村党支部领导和支持农民群众管理农村事务实现的。为切实维护党在农村的领导核心地位,可以规定让村党支部书记在村委会换届选举中按法定程序担任选举委员会负责人,主持选举工作。为增强村党组织在村级组织中的影响力,应当推行村干部交叉兼职。

二要切实巩固党的阶级基础和扩大党的群众基础。要形成新形势下对党的阶级基础的新的科学认识,特别是要根据农村劳动力在产业间转移和地区间流动的新情况,积极吸收农村优秀青年入党,进一步优化农村党员结构,为推进农村基层民主政治建设打下坚实的组织基础。从我们的实践来看,"两推一选"是扩大党的群众基础的有效途径。"两推一选",即在村党支部班子建设中,通过群众推荐、党内推荐,确定支委候选人,再由党内选举产生支部班子。"两推一选"明显增强了党组织在群众中的公认度。

三要坚持发展党内民主制度,以此影响和带动群众民主。党内民主制度是社会主义群众民主的前提。在农村充分发扬党内民主就是坚持村里重大问题由村支部集体讨论,并广泛征求支委成员意见,最后根据少数服从多数原则进行表决。同时,要不断完善党内组织生活制度,定期召开党员大会,在处理重大问题上广泛听取广大党员意见,切实保障党员的各项民主权利。同时在充分发扬党内民主的基础上,进一步把民主扩大到广大村民,实现党内民主与群众民主的交相辉映,推动全社会民主的蓬勃发展。

四要努力实现农村党组织的领导方式和领导方法的创新。正确处理好两委会的关系是落实农村各项民主制度的关键。新形势下,村支部特别是村支书要摆正自身位置,由"为民做主"向领导"由民做主"转变,要树立全局观念,学会站在全局的高度把方向、抓重点、管大事,把主要精力放在保证党的路线、方针、政策的贯彻执行,监督村委会的产生,规范村委会运作过程,保证村民依法自治,讨论和研究本村建设的重大问题等方面上。在方式上按照先党内后党外、先党员后群众的原则和民主集中制的办法,实行民主决策。决策事项一般先由村党支部酝酿提出处理方案,然后由党支部书记召开村党支部、村委会、村经济组织联席会议进行讨论,统一思想后,提交村民大会或代表会议作出决议,从而使党组织的主张变为党员干部和广大群众的自觉实践活动。

(二) 全面贯彻实施农村各项民主制度,是大力推进农村基层民主政治建设的关键举措

一要牢固树立各项民主制度有机统一的观念。民主选举、民主决策、民主管理和民主监督是村民自治的基本内容,其中,民主选举是基础和前提,民主决策和民主管理是基本内容,民主监督是保障,它们是相互联系、相互作用的有机整体。在实践中,必须克服把这四项制度简单化、片面化甚至对立化的倾向,确保农村基层民主政治建设健康发展。

二要大力加强民主制度建设,实现社会主义民主政治的规范化、科学化、制度化。结合目前农村实际,重点要健全以下五项制度:一是村民委员会的选举制度。二是村民代表会议议事制度。由于农民农活较多,在农村召开村民大会较为困难,因此村民代表会议应该成为决定村务的权力机关。三是财务管理监督制度。加强财务监督是村级财务管理的关键。要建立一套比较符合农村实际的村级财务管理制度,普遍设立村民主理财小组,具体负责对村财务收支监督,对村民代表会议负责并报告工作。四是民主评议村干部制度。可结合年终工作总结,对村党支部、村民委员会的主要负责人进行民主评议并在条件成熟时扩大到其他村干部。评议结果要作为奖惩村干部的重要依据。五是村务公开制度。应及时向村民公开群众关心的热点问题。

三要坚持德治和法治并举,保证各项民主制度落到实处。首先,加强思想道德建设。坚持把宣传教育作为推进农村基层民主建设的重要手段，在每次村委会换届前重视舆论宣传，在村委会换届选举过程中加强对村干部和选举工作人员的法律培训，换届结束后，由民政部门及各乡镇党委对村干部和村民代表进行教育培训，并形成定期培训制度。其次，要坚持依法办事。要广泛进行普法宣传，使法律规定的内容广为人知。目前尤其要强调县、镇乡干部依法行政。镇乡干部一定要确立依法行政观念，做到多指导而不干预村民自治事务。最后，要进一步加强民主监督。民主监督作为民主政治的重要部分，是治理腐败的根本途径。在实践中，关键是要把这种民主监督以制度形式确定下来，使之成为一种日常的有效的监督。根据反腐败的实践经验，失去监督的权力一定会产生腐败。以前农村经济力量薄弱，村干部掌握的经济资源少，因此基层腐败没有引起太多的注意。但随着农村乡镇企业的发展，集体经济越来越强，农村中严重腐败现象也越来越多。因此，必须依法惩治村干部的腐败行为，才能改变少数村干部"一言堂"的现象，使群众享有真实的民主。

（三）现代社会的民主政治是建立在法治基础之上的，需要法治的规范和保障

中共十八届四中全会通过的《中共中央关于全面推进依法治国若干重大问题的决定》指出了推进基层治理法治化的任务。《决定》指出，全面推进依法治国，基础在基层，工作重点在基层。发挥基层党组织在全面推进依法治国中的战斗堡垒作用，增强基层干部的法治观念和法治意识，提高依法办事能力。加强基层法治机构建设，强化基层法治队伍，建立重心下移、力量下沉的法治工作机制，改善基层基础设施和装备条件，推进法治干部下基层活动。

目前，由于我国社会主义新农村建设和城镇化建设的推行，农村社会正由传统向现代转型。转型社会处在一种失范状态，法治不彰是目前农村社会转型面临的重大问题之一。自从农村实行村民自治以来，农民参与政治的热情十分高涨，大部分村选出了村民满意的干部，也有一些不合民意的村干部被依法罢免。政治参与的扩大有力地促进了基层民主建设，但是如果出现参与过度或大量的非法参与，就会影响农村的政治稳定,最终会阻碍民主政治自身的健康发展,这是在发展中国家政治发展中经常出现的现象。这就要求我们在民主政治的发展中建立和完善各项法律制度,坚持依法行政,健全依法决策机制,推进多层次多领域依法治理,为法治中国的建设添砖加瓦。

第二节 农村基本经济制度

马克思主义认为,经济决定政治,政治是经济的集中表现。我国在政治上实行社会主义制度,因此在经济上必须坚持以生产资料公有制和按劳分配为主体。我国农村在改革开放以前为实现重工业化和社会主义而实行的几乎全部的农业生产资料公有制、绝对的生活资料平均分配制度、政社合一的人民公社化①农村管理模式,纯粹的国家和集体经营模式大大阻碍了劳动生产率的提高、劳动者积极性的提高和生产力的发展。因此要巩固社会主义制度,充分体现社会主义的优越性,还必须在公有制、按劳分配基础上采取一些有利于提高劳动生产率、劳动者生产积极性和生产力水平的所有制形式、分配方式和经营模式。

一、我国农村现阶段的生产资料所有制结构

(一)生产资料所有制

1. 生产资料所有制的含义

生产资料所有制是指人们在生产资料所有、占有、支配和使用等方面所结成的经济关系。从表面上看,生产资料所有制是人对物的占有关系,实质上它是通过对物的占有而发生的人与人之间的关系。生产资料所有制是生产关系的基础,不同的生产资料所有制形式决定人们在生产中的地位及其相互关系,进而又决定劳动产品的分配方式。

---

① 在人民公社体制下,农业实行统一经营、统一核算的计划模式,农业生产一般由生产队组织,社员以生产队为单位劳动并取得报酬。参加集体统一劳动的社员没有积极性,农业效率非常低下。

2. 生产资料所有制的历史类型

人类历史上相继出现过五种基本的生产资料所有制，即原始公社的、奴隶主的、封建的、资本主义的和社会主义的生产资料所有制。在几个社会里，还伴存着不占统治地位的生产资料个体所有制。生产资料所有制的更替是由生产力的性质和发展要求决定的。"生产者相互发生的这些社会关系，他们借以互相交换其活动和参与共同生产的条件，当然依照生产资料的性质而有所不同。"①

生产资料的发展和社会化程度的提高，要求建立与它相适应的生产资料所有制，使能够促进生产力发展的新的生产资料所有制代替阻碍生产力发展的过时的生产资料所有制。这是不以人们的意志为转移的历史发展过程。每一种基本的生产资料所有制，从它产生直到被发展程度更高的所有制代替为止，也都存在不断发展的过程。它会随着生产力的发展，在保持所有制根本性质的限度内，在不同阶段里采取不同的具体形式。例如，生产资料资本主义私有制就采取过个人资本、股份资本、国家资本、跨国资本等具体形式。

（二）我国现阶段的生产资料所有制结构

我国农村实行的生产资料所有制与城市实行的生产资料所有制相同，即都是以生产资料公有制为主体，多种所有制形式并存的所有制结构。区别是在城市中的国家机关、企事业单位多以全民所有制为主，在农村多以土地的集体所有制为主。

1. 生产资料公有制的含义和地位

生产资料公有制是指生产资料由劳动者共同所有、占有、支配和使用的所有制形式。社会主义初级阶段的公有制形式主要包括全民所有制、集体所有制、混合所有制经济中的国有成分和集体成分，以及股份合作制等，它是社会主义的基本经济特征，是社会主义经济制度的基础。

消灭生产资料私有制和建立生产资料公有制，是社会主义经济革命的根本任务。以生产资料公有制为主体是社会主义制度同资本主义

---

① 马克思恩格斯选集(第1卷)[M].北京：人民出版社，1995：362—363.

制度的本质区别。马克思主义认为,所有制是生产关系的基础,它决定人们在生产中的相互关系、产品交换和分配的关系;生产关系的总和又构成整个社会的基础,它决定该社会的政治、经济、法律、文化等制度。因此,生产资料所有制形式是区别各种社会制度的根本标志。

2. 我国社会主义初级阶段实行生产资料公有制为主体、多种经济成分并存的经济制度的原因及历史必然性

把生产资料公有制为主体、多种经济成分并存的经济制度确定为我国社会主义初级阶段的基本经济制度,并写入党章,这是党中央从社会主义制度的性质、我国的基本国情以及今后改革的总目标等方面,综合考虑得出的科学结论。

首先,我国是社会主义国家,要坚持和完善工人阶级领导的以工农联盟为基础的人民民主专政的政治制度,必须走共同富裕的道路。坚持以公有制为主体、多种经济成分并存,是坚持国家的社会主义性质和方向的经济基础。生产资料所有制决定分配方式,坚持以生产资料公有制为主体才能在分配上坚持以按劳分配为主体的分配方式。对于每个劳动者来说,按劳分配不会使彼此收入差距过大,这有助于实现共同富裕。

其次,我国还处在社会主义初级阶段,经济虽然有了明显的发展,但与世界发达国家比较,我国的生产力仍然落后,地区发展不平衡,人民生活水平仍然不高,还有相当一部分地区和人民没有摆脱落后状况,解放和发展社会生产力仍然是我国长期的艰巨任务。历史经验证明,搞单一的公有制经济,不利于社会生产力发展。在公有制为主体的前提下,发展多种所有制经济,有利于我国经济的迅速发展,有利于综合国力的增强和人民群众生活水平的不断提高,是发展我国社会生产力的客观需要和必然要求。非公有制经济形式,包括个体经济、私营经济以及外资经济等。非公有制经济是社会主义市场经济的重要组成部分,并已成为我国国民经济中一支不可缺少的力量。

再次,我国社会主义建设的历史实践也充分证明,确立公有制为主体、多种经济成分并存的所有制结构是完全必要的。新中国成立以后很长一段时间,由于我们对基本国情认识不足,对什么是社会主义、怎

样建设社会主义以及我国处在社会主义的什么阶段等基本问题还缺乏正确认识,在所有制关系上,盲目追求"一大二公""纯而又纯",搞"穷过渡",致使所有制关系政策出现了偏差,严重地影响了我国经济发展。历史经验充分说明,所有制关系的每一次冒进,给我们带来的是生产力的破坏、经济的衰退、人民生活水平的下降,而所有制关系的每一次调整和完善,带来的则是生产力的发展、经济的恢复和人民生活水平的提高。中共十一届三中全会以后,我们党针对我国国情,首先从调整所有制关系入手,提出了以公有制为主体,多种经济成分共同发展的方针,批判了严重影响我国生产力发展的"一大二公"观念,改革了人民公社体制,在广大农村推行了以家庭联产承包为主的责任制和双层经营体制,并积极推进多种所有制经济的发展。在农村所有制结构改革成功的推动下,城市工业和其他行业的所有制结构也进行了大调整,对公有制的实现形式进行了大胆的探索,从而把生产力发展推向了新的阶段,初步形成了以公有制为主体、多种经济成分共同发展的新局面。

二、我国农村现阶段的分配制度

我国农村实行以按劳分配为主体、多种分配方式并存的分配制度。

(一)按劳分配的定义

按劳分配是指凡是有劳动能力的人都应尽自己的能力为社会劳动,社会以劳动作为分配个人消费品的尺度,按照劳动者提供的劳动数量和质量分配个人消费品,等量劳动获取等量报酬,多劳多得,少劳少得,不劳不得。

分配制度即劳动产品在社会主体中如何分配制度的总称。有按劳分配、按需分配、按资分配、按生产要素分配等多种分配方式。劳动差别的存在决定了我国现阶段的分配结构。以按劳分配为主体、多种分配方式并存的分配制度实质上反映出劳动、管理、资本、技术、土地等各种生产要素,都按贡献参与了收益分配,其中按劳分配为主体反映了劳动要素是各种生产要素中最受重视的部分。

按劳分配在我国现阶段分配结构中居于主体地位,其主体地位表现在:一是全社会范围的收入分配中,按劳分配占最大比重,起主要作用;二是公有制经济范围内劳动者总收入中,按劳分配收入是最主要的收入来源。

实行按劳分配为主体、多种分配方式并存的制度,把按劳分配和按生产要素分配结合起来,可以调动各方面的积极性,提高经济效益,推动生产力的发展,同时也是发展社会主义市场经济的客观要求。

(二) 采取按劳分配的原因

在个人消费品分配领域实行按劳分配原则,是由社会主义社会的客观经济条件决定的:

1. 社会主义生产资料公有制是实行按劳分配的前提条件。生产资料公有制的建立,实现了劳动者在生产资料占有方面的平等,在公有制内部人们不能凭借公有的生产资料无偿占有他人劳动成果,从而使消费品能够按照有利于劳动者的方式分配。

2. 社会生产力发展水平是实行按劳分配的物质条件。社会生产力水平及劳动生产率的高低,决定着可供分配的社会产品的数量,制约着分配的方式。社会主义社会的生产力水平有了很大发展,但还未达到共产主义那样高的程度,产品尚未极大丰富,消费品还不能充分满足人们的各种需要,还不能实行按需分配,只能实行按劳分配。

3. 在社会主义社会,劳动还存在着重大差别,同时劳动还是人们谋生的手段,这些是实行按劳分配的直接原因。在这种情况下,只有承认劳动的差别,把劳动贡献和劳动报酬紧密地联系起来,才能充分调动劳动者的积极性,促进社会生产力的快速发展。

(三) 多种分配方式存在的原因

社会主义初级阶段实行以按劳分配为主体、多种分配方式并存的分配制度是由我国的社会经济条件决定的:

1. 生产方式决定分配方式,生产资料所有制结构决定分配结构。以公有制为主体、多种所有制经济长期共同发展的所有制结构,决定了以按劳分配为主体、多种分配方式同时并存的分配结构。

2. 公有制实现形式的多样化也决定了分配形式的多样化。由于实行股份制、股份合作制、合作制、承包经营等公有制实现形式,必然产生按劳分配以外的各种分配收入。

3. 社会主义市场经济体制的内在要求。发展社会主义市场经济，就必须遵循市场经济的规律，各种生产要素（劳动力、土地、资本、管理）都要有相应的市场评价，这些生产要素的所有者都应得到相应的收入。此外，市场经济中还需要有风险收入以及通过社会保障获得的收入等。

总之，社会主义初级阶段多种分配方式的并存，是多种所有制经济、多种经营方式、市场经济运行的内在机制等诸多因素共同作用的结果。

三、我国农村现阶段的经营体制

我国农村现阶段实行的是家庭联产承包经营为基础、统分结合的双层经营体制。

家庭联产承包责任制是 20 世纪 80 年代初期在我国农村推行的一项重要的改革，是农村土地制度的重要转折，也是农村现行的一项基本经济制度。中共十一届三中全会以来，我国推行全面改革，而改革最早始于农村，农村改革的标志为"包产到户（分田到户）"，即后来所称的"家庭联产承包责任制"（俗称"大包干"）。

（一）家庭联产承包经营为基础、统分结合的双层经营体制的含义和意义

家庭作为生产、决策和分配单位，具有降低交易成本和激励兼容的特征，是一个有效率的经济组织。家庭联产承包责任制是指农户以家庭为单位向集体组织承包土地等生产资料和生产任务的农业生产责任制形式。其基本特点是在保留集体经济必要的统一经营的前提下，集体将土地和其他生产资料承包给农户，承包户根据承包合同规定的权限，独立作出经营决策，并在完成国家和集体任务的前提下分享经营成果。一般做法是将土地等按人口或劳动力比例根据责、权、利相结合的原则分给农户经营。承包户和集体经济组织签订承包合同。通过承包使用合同，把承包户应向国家上交的定购粮和集体经济组织提留的粮款等义务同承包土地的权利联系起来；把发包方应为承包方提供的各种服务明确起来。

家庭联产承包责任制有两种承包方式：

1. 包干到户

各承包户向国家交纳农业税①,交售合同定购产品以及向集体上交公积金、公益金等公共提留,其余产品全部归农民自己所有。简单来说,就是"交够国家的、留足集体的、剩余都是自己的"。包干到户在解决劳动激励问题上的彻底性,使其在较短的时间内就成为家庭承包制最主要的形式。

2. 包产到户

实行定产量、定投资、定工分,超产归自己,减产赔偿。

家庭联产承包责任制是我国农村集体经济的主要实现形式。主要生产资料仍归集体所有;在分配方面仍实行按劳分配原则;在生产经营活动中,集体和家庭有分有合。"统分结合的双层经营体制"具体体现在集体和农户两个经营层次。集体在经营中的作用主要体现在土地发包,产前、产中、产后服务等,农户则成为基本的生产经营单位。"统"和"分"是相互依存、相互促进、共同发展的关系。其中,集体经济组织是双层经营的主体,家庭承包经营是双层经营的基础,离开了其中任何一方,联产承包责任制就不能成立,双层经营体制就不存在。可以这样说,家庭联产承包责任制,如果离开了集体经济组织,离开了"统"的功能的发挥,家庭承包就失去了主体,家庭经营实质上就成为个体小农经济,偏离了农业的社会主义方向;如果离开了承包家庭的分散经营,农民的生产积极性就不能很好激发,农业集体经济就失去了活力,集体经济的优越性也就不能发挥。

家庭联产承包责任制是中国农民的伟大创造,是农村经济体制改革的产物。家庭联产承包责任制的实质是打破了人民公社体制下土地集体所有、集体经营的旧的农业耕作模式,实现了土地集体所有权与经营权的分离,确立了土地集体所有制基础上以户为单位的家庭承包经营的新型农业耕作模式。家庭联产承包责任制的实行取消了人民公社,又没有走土地私有化的道路,而是实行家庭联产承包为主,统分结

---

① 农业税是国家对一切从事农业生产、有农业收入的单位和个人征收的一种税,俗称"公粮"。从1992年开始,中国对农业体制进行改革,2006年,这一延续千年的税种被废除。

合,双层经营,既发挥了集体统一经营的优越性,又调动了农民生产积极性,是适应我国农业特点和当前农村生产力发展水平以及管理水平的一种较好的经济形式。家庭联产承包责任制是特定社会经济条件下的历史选择,该种农业生产组织形式与传统的农业生产组织方式(大集体时期)相比具有较大的进步,在改变农村经济格局的同时,奠定了经济发展和后续改革的基础,调动了农业生产者的积极性,为我国农民脱贫起到了重要作用,推动了农业生产的快速发展,极大地改变了我国农业生产和农民生活,被邓小平同志誉为中国农村改革与发展的"第一次飞跃"。

(二)家庭联产承包责任制的由来及发展

"文化大革命"期间,我国农村生产力受到很大的破坏。"文化大革命"结束后,党和国家从那场浩劫中走出来,农民也开始从禁锢自己发展的桎梏中挣脱出来。1978年春天开始的关于真理标准问题的讨论,拉开了思想解放的序幕,使人们有勇气并且有可能用实践的标准衡量是非对错。在关于农业生产责任制的激烈争论中,农民开始思考适合自己的生产和生活方式,并最终勇敢地选择了一种适合农村发展的生产经营方式。1978年11月24日晚上,安徽省凤阳县小岗村18位农民签下"生死状",将村内土地分开承包,开创了家庭联产承包责任制的先河。当年,小岗村粮食大丰收,粮食总产量66吨,相当于全村1966年到1970年5年粮食产量的总和。

中共十一届三中全会后,在党中央的积极支持和大力倡导下,家庭联产承包责任制逐步在全国推开。1980年5月31日,邓小平同志在一次重要谈话中公开肯定了小岗村"大包干"的做法。当时国务院主管农业的国务院副总理万里也表示支持。高层领导人的表态传达了一个信息:农村改革势在必行。1982年1月1日,《全国农村工作会议纪要》作为中国共产党历史上第一个关于农村工作的一号文件正式出台,明确指出包产到户、包干到户都是社会主义集体经济的生产责任制,指出联产承包制是在党的领导下我国农民的伟大创造,是马克思主义农业合作化理论在我国实践中的新发展。到1984年底,全国农村100%的生产队和98%的农户都接受了家庭承包制这种新的农业经营体制。在确立了家庭承包制的合法性之后,农村改革开始向市场体系和宏观环境等领域推进。

1991年11月举行的中共十三届八中全会通过了《中共中央关于进一步加强农业和农村工作的决定》。《决定》提出把以家庭联产承包为主的责任制、统分结合的双层经营体制作为我国乡村集体经济组织的一项基本制度长期稳定下来,并不断充实完善。家庭联产承包责任制作为农村经济体制改革第一步,突破了"一大二公""大锅饭"的旧体制。而且,随着承包制的推行,个人付出与收入挂钩,使农民生产的积极性大增。此后,我国政府不断稳固和完善家庭联产承包责任制,鼓励农民发展多种经营,使广大农村地区迅速摘掉贫困落后的帽子,逐步走上富裕的道路。家庭联产承包责任制的实行,解放了我国农村的生产力,开创了我国农业发展史上的第二个黄金时代,充分体现了社会主义公有制的优越性。粮食总产量从1978年的3 047.5亿公斤,增至2013年的60 194万吨。中国因此创造了令世人瞩目的用世界上7%的土地养活世界上22%人口的奇迹。两种经营体制的比较见表2-1①。

表2-1 两种农业经营体制的比较

项 目	人民公社体制	家庭承包制
生产单位	生产队	农户家庭
经营目标	完成计划指标和维护社会稳定	完成定购任务后的利润最大化
经济决策	收购计划和劳动工分制	家庭享有较高的自主决策权
土地使用	国家控制	土地使用权可以流动
劳动力	限制流动	自主决策劳动力配置和流动
资 金	国家控制	家庭拥有自主决策权
专业化	高度自给自足	部分专业化获取比较利益
集贸市场	几乎全部关闭	开放集贸市场、价格"双轨制"

(三)在新型城镇化背景下,如何稳定和完善以家庭联产承包经营为基础、统分结合的双层经营体制

中国农村自改革开放以来实行的以家庭联产承包经营为基础、统

---

① 沃尔特·加勒森.中国经济改革[M].北京:社会科学文献出版社,1993:24.

分结合的双层经营体制,改变了我国农村旧的经营管理体制,解放了农村生产力,调动了广大农民的生产经营积极性,也发挥了集体的优越性,既能适应分散经营的小规模经营,也能适应相对集中的适度规模经营,因而促进了劳动生产率的提高以及农村经济的全面发展,提高了广大农民的生活水平。

但是随着市场经济在中国的深入发展,家庭联产承包责任制本身的局限性也逐步显现出来:

1. 家庭分散经营,经营规模过小,难以形成规模经济效益

现代社会的许多生产经营活动,其收益都是与规模经济密切相关的①。农业的适度规模经营,是指与一定的农业生产技术相适应,在保证提高土地生产率的前提下,使农户经营的耕地面积得到适度扩张,从而使从事专业化农业生产的农民取得规模经济收益,收入水平与其他行业同等劳动力的收入水平基本持平。我国家庭联产承包责任制,土地按人口平均分配,各种质量的土地均匀搭配。80年代中期,平均每户所承包的土地只有8.35亩。到了90年代中期,我国农户平均拥有的耕地下降到6亩,户均承包土地9到10块,有三分之一的省、市人均耕地不足1亩。如此细小分散的农田结构,耕作经营十分不便,给日常的经营管理造成很多麻烦,浪费了很多人力,农民无法进行大规模的投入,农业技术进步的成果也无法共享。

2. 农民不能自由处置土地,限制了农民的择业自由

我国农村实行的是集体经济制度,农村的土地属于集体所有,农民对土地只有使用权,没有所有权。因此农民没有对土地的自由处置权。农民不能自由处置土地一方面限制了农田的规模化经营;另一方面限制了农民的生产积极性及其选择谋生方式的自由。农民如果自己耕种,收入太少缺乏动力,完全抛荒又有点可惜,同时怕被集体处罚或者收回,所以有很多地方出现由妇幼老弱耕种的现象,只是对较好较近的土地进行管理,把经营土地当成了义务,目的只是保留对承包的土地应有的那点权利,有的农民则为了保留对承包土地的权利,徘徊在留守耕

---

① 规模经济是指通过扩大生产规模而引起经济效益增加的现象。

地与外出择业之间。

3. 农村基础设施建设缓慢,农业生产长期高成本

在我国的农村集体经济中,农田水利等基础设施的建设是靠集体组织来进行的。因为农民个体能力有限,无力单独进行大规模的基础设施建设。但是,由于实行家庭联产承包责任制,农田水利基础设施建设、道路建设等公共产品的建设,在很大程度上受到了阻碍甚至破坏。如:一条水渠自上而下,水渠的产权归集体所有,具体为能够从该水渠中得到灌溉利益的农户共同所有,产权主体不具体,因此,处于上游田块的农户为了自身的利益最大化,往往会破坏水渠的规划设计,私自破渠灌溉,从而造成了对农村中公共产品的破坏。另一方面,对于农村中需要修建的公共产品,却因占用土地的问题难以解决或解决的成本过高而无法实施。这也间接造成农业生产长期的高成本运行。

4. 家庭小块田地分散经营,不利于农业科技水平的提高

现代农业的发展以及农业的现代化离开了农业科学技术的进步是寸步难行的。在农业发达国家,其农业的发展大都充分考虑了科技成果在农业中的推广,它们充分利用新的科学技术,发展农村的灌溉事业,普及机械化,推广生物技术和改进耕作方法,使其农业生产率大幅度提高。我国由于是家庭分散经营,每家每户分得的土地极为有限,每户的总产量不高,在当前的农产品购销政策下,主要农产品比较收益低。因此农民一方面是缺乏积累和扩大再生产的能力,难以进行更大更多的技术改造;另一方面农民也缺乏提高农业科技水平的动力。因为每家每户土地有限,只要靠部分劳动力或劳动时间就可以耕种,不需要普遍使用机器等新技术,也不便普遍采用机械化耕种。

5. 家庭小块田地分散经营,增加了农业生产的管理成本

实行家庭联产承包责任制,农户有了对自己生产活动的自由安排权,同一地区农作物在耕作时间上虽总体上一致,但也有前后的差别。而恰是这种前后的差别,就会导致农作物的生产、管理成本增加。如,在农作物病虫害防治方面,由于有的病虫害具有扩散性和流动性,先耕种的田块可能先发生,也首先进行了防治,但先发生病虫害的可能已感染了后耕种的田块,后发病虫害的又会继续感染已经防治过的田块,所

以只有继续且加大防治,直到农作物成熟。这样反复多次,导致了生产的成本增加,也导致农产品农药残留高,品质下降,相对收入减少。另外实行家庭联产承包责任制,许多地方为了做到平等,分配土地实行"远、近插花""好、中、差搭配",土地碎化分散,必然增加时间成本,从而导致总成本的增加。

6. 农村家庭联产承包责任制的土地制度缺乏规范化的法律保障,制约了农民通过经营土地提高收入的能力

土地使用权没有一定的法律规范,土地使用权的主体、地位、界限、获取与转让的法律程序、法律形式及法律保护手段都没有明确的法律规定。家庭联产承包责任制推行以来,土地使用权长期作为一种政策规定在运行,而不是作为一种法律规定在操作。地方政府部门随意调整农民承包的土地,缩短承包期限,中止承包合同,收回农户承包地高价发包,非法征用农地等侵害农民土地使用权的事件时有发生。农民对土地占有和使用不稳定,导致农民缺乏对土地进行长期投资的热情,土地经营短期化行为不可避免,这必然导致农业产业化经营的生产条件无法改善,科技含量低,农业生产力无法提高,农民收入增长缓慢。

7. 家庭联产承包责任制,不能很好地适应市场经济发展的需要

市场化是农业产业化经营的基本特征之一,但家庭联产承包责任制所推行的土地经营分散化,难以协调农户在商品生产经营中的利益矛盾,难以克服分散农户在商品生产中的盲目性,经常会出现"跟风农业"现象。分散农户由于得不到市场上供求的及时准确信息,农业生产经营就会经常处于一种不稳定状态,同时家庭经营的规模过小,专业化程度低,使农民也没有多少产品进入市场,即使进入市场的农产品,交易方式也是分散成交,加大了市场交易的成本。

农业现代化和工业现代化的实现过程也是我国实现由农业国向工业国转变的过程。这一过程的完成从根本上依赖于城镇化进程的完成。城镇化是我们最大的内需潜力所在。从历史的角度和发展的角度来看,城镇化是一个必然的趋势,是经济社会发展必然的趋势、是现代化的应有之义。从世界范围看,已经实现现代化的高收入国家都是工业化国家,城镇化率很高,同时农业现代化也达到相当水平,因此,现

代化的过程必然也是工业化、城镇化的过程。

从《国家新型城镇化规划(2014—2020年)》为农村土地制度和经营体制所提供的最新改革信息来看,我国今后对"以家庭联产承包为基础、统分结合的双层经营体制"要进行改革,改革思路为:为了进一步加强农业的基础地位,中国将继续长期稳定并不断完善以家庭承包经营为基础、统分结合的双层经营体制。依法保障农民对土地承包经营的各项权利。农户在承包期内可依法、自愿、有偿流转土地承包经营权,完善流转办法,逐步发展适度规模经营。实行最严格的耕地保护制度,保证国家粮食安全。按照保障农民权益、控制征地规模的原则,改革征地制度,完善征地程序。严格界定公益性和经营性建设用地,征地时必须符合土地利用总体规划和用途管制,及时给予农民合理补偿。建立兼顾国家、集体和个人的土地增值收益分配机制,合理提高个人收益,保障被征地农民的长远生计。

 材料阅读:

安徽凤阳小岗村首创家庭联产承包责任制

1978年底,安徽省凤阳县小岗村18户农民作出在当时有坐牢危险的大胆决定:"分田单干,包产到户",他们作了最坏的打算:"如果失败,干部坐牢杀头也心甘。"可让他们万万想不到的是,三十年前仅仅是出于"填饱肚子"这种原始冲动的冒险尝试,却在无意间成为史诗般中国改革开放的序幕。

第二年,包产到户的小岗村迎来前所未有的丰收,粮食产量从1.5万公斤猛增到6万公斤。年年"吃粮靠返销,花钱靠救济,生产靠贷款"的小岗村,还第一次向国家交了公粮。小岗村的突破,具有思想启蒙、思想解放的重要意义。这份合同书如今被珍藏在国家博物馆,成为中国改革开放的重要见证。1982年1月,中央发出第一个关于"三农"问题的"一号文件",总结了具有划时代意义的农村改革,肯定了"包产到户、包干到户"。从20世纪80年代初开始,中国农村普遍实行了"土地生产家庭承包责任制"。

邓小平曾经这样评价包产到户:"农村搞家庭联产承包,这个发明权是农民的。农村改革中的好多东西,都是基层创造出来,我们把它拿来加工提高作为全国的指导。"

一、选择题

1. 农村( )制度就是广大农民在中国共产党的领导下,在村民委员会的组织下对村内事务实行民主选举、民主决策、民主管理和民主监督的制度。

  A. 基层民主政治   B. 基层经济
  C. 基层文化   D. 基层选举

2. 我国现阶段实行以生产资料( )为主体,多种所有制经济共同发展的基本经济制度。

  A. 公有制   B. 私有制   C. 混合制   D. 所有制

3. 我国农村现阶段实行的是( )为基础、统分结合的双层经营体制。

  A. 家庭联产承包经营   B. 家庭个人经营
  C. 家庭联营   D. 家庭作坊

二、思考题

1. 农村基层民主政治制度的含义是什么?
2. 加快推进农村基层民主政治建设的基本要求是什么?
3. 农村为什么要实行家庭联产承包责任制?
4. 家庭联产承包责任制本身的局限性体现在哪些方面?

第三章 农业土地政策与法规

 **本章要点**

本章重点介绍了农业土地政策与法规。学习者需要了解土地的概念和特性以及土地政策的变迁,了解土地管理法的相关规定。通过本章的学习,要理解土地的特性是制定有效土地政策的前提,成功的土地政策是以对土地特性的认识为基础的。要掌握土地权属制度、土地利用总体规划、耕地保护制度以及建设用地管理制度和农村土地承包法律制度。

第一节 农业土地政策与法规概述

一、土地的概念和特性

土地是地表某一地段包括地质、地貌、气候、水文、土壤、植被等多种自然要素在内的自然综合体。英国古典政治经济学创始人威廉·配第有一句名言:"土地是财富之母,劳动是财富之父。"马克思也指出:"土地是一切生产和一切存在的源泉,并且它又是同农业结合着的。"土地是人类进行生产活动所必需的物质条件和自然基础。在农业生产中,土地是不可替代的最基本的生产资料,是一种极为珍贵的资源,具有特殊的作用。没有土地,就没有农业生产,也就不会有人类社会的存续。我国人口多,耕地少,十分珍惜每寸土地,合理利用每寸土地,是我们的一项基本国策。因此,我们必须认真地研究、制定、执行土地政策,以便充分合理地开发利用和科学地管理土地资源。

了解土地的特性是制定有效土地政策的前提,成功的土地政策是以对土地特性的认识为基础的。作为农业的基本生产资料,土地有着与其他生产资料不同的特性:

(一)土地位置的固定性与等级的差异性

每一块土地都有固定的空间位置,是不可以移动的,故土地属于不动产。这一特性使地位的优劣成为决定土地品质高低的重要因素,对土地的利用与地价有重大影响。因此,人们只能根据土地所处的位置和特定的自然、经济条件因地制宜地合理利用土地资源。土地政策的制定要有利于充分地利用各类土地,以实现地尽其利。土地位置的固定性,还影响到土地的自然、经济、社会特性。土地的质量与等级受自然的、经济的、社会的等多种影响因素综合制约,而且会随着这些因素的变化而变化。

(二)土地数量的有限性

土地是自然的产物,具有原始性和不可再生性。土地的数量为地球的大小所决定,人们可以改变土地的用途但不可以改变土地的数量。土地数量的有限性对土地的利用、供给、价格变化乃至社会的稳定都有重大影响,使土地的稀缺性随社会的发展与人口的增加而不断增强,导致土地供求矛盾的形成与激化。历史上,因土地数量的有限性而导致的土地的稀缺与占有的不公平,往往成为战争爆发、社会动荡的重要原因。因此,合理土地政策的制定,有利于人们努力节约用地,集约利用土地资源,以提高土地资源配置效率。土地政策是政府管理土地,协调土地供求矛盾的重要手段。

(三)土地使用的永续性

一般的生产资料在使用过程中,会不断地磨损、陈旧,乃至报废,土地则不然。土地功能具有可再生性与永久性。在土地利用的过程中,土壤的养分、水分虽然不断地被植物所消耗,但通过施肥、灌溉、耕作等措施，又可以使土壤的肥力等得到恢复和补充，成为人类永久性的生产资料。而且土地的价值还会随土地稀缺性与土地使用选择性的增加而升值，土地这一特点对人类提出了合理利用和保护土地的客观要求，也为人类合理利用与保护土地提供了可能。这一特点使能否合理分配土地收益，激励人们以可持续方式使用土地资源成为土地政策成败的关键。

（四）土地供给的稀缺性

土地供给的稀缺性是由土地数量的有限性、土地位置的固定性、土地等级的差异性等自然特性所决定的，人口与经济发展对土地需求的不断增长也大大助长了土地供给的稀缺性。土地稀缺性导致供求矛盾，是政府借助土地政策管理土地资源、协调土地供求矛盾的原因。总之，土地的利用既要受自然规律的制约，又要受经济规律的制约，土地政策的制定只有遵循自然规律，同时又不违背经济规律，才能使土地政策得到有效运行，实现预期政策目标。

二、土地政策的变迁

新中国成立前，中国实行的是封建土地所有制，占乡村人口10%的地主和富农，占有约70%—80%的农村土地，而占乡村人口90%以上的贫农、中农、佃农却仅占20%—30%的农村土地。中华人民共和国成立后，我国彻底消灭了封建土地所有制，解放了农业生产力。新中国成立后，农村土地政策的变迁大致经历了这样几个阶段，即土地改革到农业合作化运动，人民公社体制到现在的家庭联产承包责任制。1950年进行了土地改革，实现了耕者有其田，相对平均了地权。土地改革后开始了合作运动，到1956年全面实现了农业合作化，土地等生产资料由农民私有改变为集体所有。1958年，农业生产合作社改组为人民公社。人民公社彻底消灭了农村土地的私有制，实行了"三级所有，队为基础"的土地所有制，农村土地集体所有制关系相对稳定下来。但是由于劳动方式高度集中以及存在分配中的平均主义，人民公社化影响了农民生产的积极性，农村经济的发展受到了制约。

1978年中共十一届三中全会后，中国的改革首先从农村开始。短短几年间,农村家庭联产承包责任制在全国全面推行,人民公社随之解体。家庭联产承包责任制改革将土地产权分为所有权和经营权。所有权仍归集体所有,经营权则由集体经济组织按户均分包给农户自主经营,集体经济组织负责承包合同履行的监督,公共设施的统一安排、使用和调度,土地调整和分配,从而形成了一套有统有分、统分结合的双层经营体制。在家庭联产承包责任制之下,"交够国家的,留足集体的,剩下都是自己的"。家庭联产承包责任制的推行,纠正了长期存在的管理高度集中和经营方式过分单调的弊端,使农民在集体经济中由单纯的劳动者变成既是生产者又是经营者,从而大大调动农民的生产积极性,较好地发挥了劳动和土地的潜力。

20世纪90年代中期以来,随着中国工业化与城市化飞速发展,现行农村家庭联产承包责任制的局限性也渐渐显露了出来。突出表现为由于土地承包期太短,农村土地难以流转,规模经营难以实现;由于农业比较效益低,千千万万农民进城打工,不少土地抛荒撂荒;无恒产者无恒心,农村出现种地不养地、生态退化现象;在大量的征地行为中,农民权益得不到有效保障,许多农民不仅没有享受到现代化的成果,有的甚至还沦为失地农民;由于耕地、宅基地、农民的住宅不能直接进入市场,农民至今仍然无法实现"财产性收入"……①总之,土地这个要素长期无法按照市场经济规律去实现优化配置,已经成为中国农村发展滞后的重要原因。近年来,中央不断深化农村土地制度改革,完善农村土地承包政策和农村宅基地管理制度,引导和规范农村集体经营性建设用地入市,加快推进征地制度改革,使农村生产力得到了极大释放。

**材料阅读:**

松江在严苛条件下试验土地流转　家庭农场"激"出土地红利

"2007年以前,地里就没见到过钱。"松江区叶榭镇徐姚村农民陆志刚不胜唏嘘:"只有在承包家庭农场后,收入才有明显改善,

---

① 王开明.土地是财富之母.福建日报,2008-12-22(10).

现在每年能赚 10 万元左右。"

2007 年，正是叶榭镇推广家庭农场的节点。这是一场试图赋予农民更多财产权利的土地流转"试验"。在充分的补贴政策和严苛的准入条件下，以保障承包权、分离经营权为核心，意在回答既有土地制度不变的前提下，谁来种地的问题。

"陆志刚们"的经历已经提供了一个答案——迄今为止，松江 99% 以上的农户自愿将土地流转到家庭农场，并从土地租赁补贴中获益。试验的"正效应"显著。

陆志刚算了一笔账：家庭农场成立以前，每家农民的土地在 5 亩左右。如果种植蔬菜，仅能自给自足，少有结余。若是种植水稻，每亩收入仅 100 多元。

但规模化之后，情况就有所不同。大面积的水稻能够统播统割，农闲时节还能充分利用起来种植其他作物，或进行土壤养护。人工减少了，生产要素得到合理调配，成本大幅降低，务农者的收入就会提高，而且还有利于农村土地质量、生态环境的保护。

松江区农委主任封坚强告诉记者，从全球范围来看，规模化、机械化是现代农业最重要的前提。家庭农场的初衷，正是走成规模的现代农业之路。

"土地是农民的命根子，哪怕自己不种，也会想着要不要留给子女种。让农民把土地流转出来，没有那么容易。"徐姚村副主任顾庆锋的一席话，传递了农民的普遍心声。为此，土地流转试验的首要工作是确权。中央农村工作领导小组办公室主任陈锡文介绍说，松江家庭农场经营者手中的土地有 3 个"权利人"：所有权是集体的，承包权是被确权的村民的，经营权则是家庭农场主的。

松江的"改变"是这样进行的：在坚持家庭承包经营原则的同时，将经营权从承包权中分离出来。换句话说，小农户把地流转给村委会，村委会再挑选合适的人选来规模化经营。村委会牵头，从家庭农场收入中划出一部分土地流转租赁费补贴给农民。2011 年，松江区每年亩均流转价格高达 687 元。此后至今，补贴按照每亩 250 公斤稻谷的市价折算。由于小规模耕种每亩的收益也和补贴相差无几,原先的农民不再种地,收入却并未显著减少。如果进城务工,还能多一份收入。想通这一点,大家就愿意将土地流转给村委会。另一方面,由于家庭农场的规模化生产收益颇丰,除去各项费用,一户家庭农场通过劳动,也能获得超过10万元的净收入,有志成为"职业农民"的申请者,自然越来越多。

资源来源:《文汇报》,2013年11月20日第1版,作者:傅盛裕

第二节 土地管理法律制度

为了加强土地保护,我国陆续制定了一系列关于土地管理的法律法规。目前土地资源保护方面的主要法律法规主要有:《土地管理法》及其实施条例、《水土保持法》及其实施条例、《农村土地承包法》《基本农田保护条例》《土地复垦规定》等。

《土地管理法》第3条规定:十分珍惜、合理利用土地和切实保护耕地是我国的基本国策,并要求各级人民政府应当采取措施,全面规划,严格管理,保护、开发土地资源,制止非法占用土地的行为。这是继计划生育、环境保护之后,我国公开宣布的又一项基本国策,说明了我国对保护土地工作的重视程度。

一、土地权属制度

我国实行土地的社会主义公有制,即全民所有制和劳动群众集体所有制。城市市区的土地属于国家所有。农村和城市郊区的土地(包括宅基地、自留地、自留山)除由法律规定属于国家所有的以外,属于农民集体所有。坚持土地公有原则,是由我国社会主义性质决定的。土地作为最基本的生产生活资料,由国家或者集体所有可保障社会公平、保持社会稳定,有利于实现社会公共利益。

全民所有,即国家所有土地的所有权由国务院代表国家行使。任何单位和个人不得侵占、买卖或者以其他形式非法转让土地。土地使

用权可以依法转让。国家为了公共利益的需要,可以依法对土地实行征收或者征用并给予补偿。国家依法实行国有土地有偿使用制度。但是,国家在法律规定的范围内划拨国有土地使用权的除外。任何单位和个人都有遵守土地管理法律、法规的义务,并有权对违反土地管理法律、法规的行为提出检举和控告。

国有土地和农民集体所有的土地,可以依法确定给单位或者个人使用。使用土地的单位和个人,有保护、管理和合理利用土地的义务。农民集体所有的土地依法属于村农民集体所有的,由村集体经济组织或者村民委员会经营、管理;已经分别属于村内两个以上农村集体经济组织的农民集体所有的,由村内各该农村集体经济组织或者村民小组经营、管理;已经属于乡(镇)农民集体所有的,由乡(镇)农村集体经济组织经营、管理。农民集体所有的土地,由县级人民政府登记造册,核发证书,确认所有权。农民集体所有的土地依法用于非农业建设的,由县级人民政府登记造册,核发证书,确认建设用地使用权。单位和个人依法使用的国有土地,由县级以上人民政府登记造册,核发证书,确认使用权,其中,中央国家机关使用的国有土地的具体登记发证机关,由国务院确定。依法登记的土地的所有权和使用权受法律保护,任何单位和个人不得侵犯。

农民集体所有的土地由本集体经济组织的成员承包经营,从事种植业、林业、畜牧业、渔业生产。土地承包经营期限为三十年。发包方和承包方应当订立承包合同,约定双方的权利和义务。承包经营土地的农民有保护和按照承包合同约定的用途合理利用土地的义务。农民的土地承包经营权受法律保护。在土地承包经营期限内,对个别承包经营者之间承包的土地进行适当调整的,必须经村民会议三分之二以上成员或者三分之二以上村民代表的同意,并报乡(镇)人民政府和县级人民政府农业行政主管部门批准。

国有土地可以由单位或者个人承包经营,从事种植业、林业、畜牧业、渔业生产。农民集体所有的土地,可以由本集体经济组织以外的单位或者个人承包经营,从事种植业、林业、畜牧业、渔业生产。发包方和承包方应当订立承包合同,约定双方的权利和义务。土地承包经营的期限由承包合同约定。承包经营土地的单位和个人,有保护和按照承包合同约定的用途合理利用土地的义务。

农民集体所有的土地由本集体经济组织以外的单位或者个人承包经营的,必须经村民会议三分之二以上成员或者三分之二以上村民代表的同意,并报乡(镇)人民政府批准。

土地所有权和使用权争议,由当事人协商解决;协商不成的,由人民政府处理。单位之间的争议,由县级以上人民政府处理;个人之间、个人与单位之间的争议,由乡级人民政府或者县级以上人民政府处理。当事人对有关人民政府的处理决定不服的,可以自接到处理决定通知之日起三十日内,向人民法院起诉。在土地所有权和使用权争议解决前,任何一方不得改变土地利用现状。

二、土地利用总体规划制度

土地利用总体规划是各级人民政府依据国民经济和社会发展规划、国土整治和资源环境保护的要求、土地供给能力及各项建设对土地的需求情况,对土地的使用所进行的总体安排。土地利用规划是根据土地开发利用的自然和社会经济条件、历史基础和现状特点、国民经济发展的需要等,对一定地区范围内的土地资源进行合理的组织利用和经营管理的一项综合性的技术经济措施。它是从全局和长远利益出发,以区域内全部土地为对象,合理调整土地利用结构和布局;以利用为中心,对土地开发、利用、整治、保护等方面做统筹安排和长远规划。其目的在于加强土地利用的宏观控制和计划管理,合理利用土地资源,促进国民经济健康协调发展。

(一)国家实行土地用途管制制度

国家编制土地利用总体规划,规定土地用途,将土地分为农用地、建设用地和未利用地。其中,农用地是指直接用于农业生产的土地,包括耕地、林地、草地、农田水利用地、养殖水面等;建设用地是指建造建筑物、构筑物的土地,包括城乡住宅和公共设施用地、工矿用地、交通水利设施用地、旅游用地、军事设施用地等;未利用地是指农用地和建设用地以外的土地。国家严格限制农用地转为建设用地,控制建设用地总量,对耕地实行特殊保护。使用土地的单位和个人必须严格按照土地利用总体规划确定的用途使用土地。

(二) 土地总体规划编制的原则和要求

土地利用总体规划按照下列原则编制:

1. 严格保护基本农田,控制非农业建设占用农用地;
2. 提高土地利用率;
3. 统筹安排各类、各区域用地;
4. 保护和改善生态环境,保障土地的可持续利用;
5. 占用耕地与开发复垦耕地相平衡。

土地利用总体规划有如下要求:

1. 各级人民政府应当依据国民经济和社会发展规划、国土整治和资源环境保护的要求、土地供给能力以及各项建设对土地的需求,组织编制土地利用总体规划。土地利用总体规划的规划期限由国务院规定。

2. 各级人民政府应当加强土地利用计划管理,实行建设用地总量控制。土地利用年度计划,根据国民经济和社会发展计划、国家产业政策、土地利用总体规划以及建设用地和土地利用的实际状况编制。土地利用年度计划的编制审批程序与土地利用总体规划的编制审批程序相同,一经审批下达,必须严格执行。

3. 下级土地利用总体规划应当依据上一级土地利用总体规划编制。地方各级人民政府编制的土地利用总体规划中的建设用地总量不得超过上一级土地利用总体规划确定的控制指标,耕地保有量不得低于上一级土地利用总体规划确定的控制指标。省、自治区、直辖市人民政府编制的土地利用总体规划,应当确保本行政区域内耕地总量不减少。县级土地利用总体规划应当划分土地利用区,明确土地用途。乡(镇)土地利用总体规划应当划分土地利用区,根据土地使用条件,确定每一块土地的用途,并予以公告。

4. 城市建设用地规模应当符合国家规定的标准,充分利用现有建设用地,不占或者尽量少占农用地。城市总体规划、村庄和集镇规划,应当与土地利用总体规划相衔接,城市总体规划、村庄和集镇规划中建设用地规模不得超过土地利用总体规划确定的城市和村庄、集镇建设用地规模。在城市规划区内、村庄和集镇规划区内,城市和村庄、集镇建设用地应当符合城市规划、村庄和集镇规划。江河、湖泊综合治理和开发利用规划,应当与土地利用总体规划相衔接。在江河、湖泊、水库的管理和保护范围以及蓄洪滞洪区内,土地利用应当符合江河、湖泊综合治理和开发利用规划,符合河道、湖泊行洪、蓄洪和输水的要求。

5. 省、自治区、直辖市人民政府应当将土地利用年度计划的执行情况列为国民经济和社会发展计划执行情况的内容,向同级人民代表大会报告。经批准的土地利用总体规划的修改,须经原批准机关批准;未经批准,不得改变土地利用总体规划确定的土地用途。经国务院批准的大型能源、交通、水利等基础设施建设用地,需要改变土地利用总体规划的,根据国务院的批准文件修改土地利用总体规划。经省、自治区、直辖市人民政府批准的能源、交通、水利等基础设施建设用地,需要改变土地利用总体规划的,属于省级人民政府土地利用总体规划批准权限内的,根据省级人民政府的批准文件修改土地利用总体规划。

(三)土地利用总体规划实行分级审批

省、自治区、直辖市的土地利用总体规划,报国务院批准。省、自治区人民政府所在地的市、人口在一百万以上的城市以及国务院指定的城市的土地利用总体规划,经省、自治区人民政府审查同意后,报国务院批准。上述以外的土地利用总体规划,逐级上报省、自治区、直辖市人民政府批准,其中,乡(镇)土地利用总体规划可以由省级人民政府授权的设区的市、自治州人民政府批准。土地利用总体规划一经批准,必须严格执行。

(四)国家建立土地调查制度

县级以上人民政府土地行政主管部门会同同级有关部门进行土地调查。土地所有者或者使用者应当配合调查,并提供有关资料。县级以上人民政府土地行政主管部门会同同级有关部门根据土地调查成果、规划土地用途和国家制定的统一标准,评定土地等级。

(五)国家建立土地统计制度

县级以上人民政府土地行政主管部门和同级统计部门共同制定统计调查方案,依法进行土地统计,定期发布土地统计资料。土地所有者或者使用者应当提供有关资料,不得虚报、瞒报、拒报、迟报。土地行政主管部门和统计部门共同发布的土地面积统计资料是各级人民政府编制土地利用总体规划的依据。国家建立全国土地管理信息系统,对土地利用状况进行动态监测。

三、耕地保护制度

耕地是人类赖以生存和发展的基础。面对中国耕地严重不足的严峻形势,采取各种措施,预防和消除危害耕地及环境的因素,稳定和扩大耕地面积,维持和提高耕地的物质生产能力,预防和治理耕地的环境污染,是保证土地得以永续和合理使用,稳定农业基础地位和促进国民经济发展的重大问题。耕地保护是指运用法律、行政、经济、技术等手段和措施,对耕地的数量和质量进行的保护。保护耕地是我国的一项基本国策,是关系我国经济和社会可持续发展的全局性战略问题[①]。

《土地管理法》规定,国家保护耕地,严格控制耕地转为非耕地。保护耕地的主要措施有:

(一)占用耕地补偿制度

非农业建设经批准占用耕地的,按照"占多少,垦多少"的原则,由占用耕地的单位负责开垦与所占用耕地的数量和质量相当的耕地;没有条件开垦或者开垦的耕地不符合要求的,应当按照省、自治区、直辖市的规定缴纳耕地开垦费,专款用于开垦新的耕地。省、自治区、直辖市人民政府应当制定开垦耕地计划,监督占用耕地的单位按照计划开垦耕地或者按照计划组织开垦耕地,并进行验收。县级以上地方人民政府可以要求占用耕地的单位将所占用耕地耕作层的土壤用于新开垦耕地、劣质地或者其他耕地的土壤改良。

(二)耕地总量动态平衡制度

省、自治区、直辖市人民政府应当严格执行土地利用总体规划和土地利用年度计划,采取措施,确保本行政区域内耕地总量不减少;耕地

---

① 保护耕地在我国《物权法》中也有体现。《物权法》第43条规定,国家对耕地实行特殊保护,严格限制农用地转为建设用地,控制建设用地总量。不得违反法律规定的权限和程序征收集体所有的土地。

总量减少的,由国务院责令在规定期限内组织开垦与所减少耕地的数量与质量相当的耕地,并由国务院土地行政主管部门会同农业行政主管部门验收。个别省、直辖市确因土地后备资源匮乏,新增建设用地后,新开垦耕地的数量不足以补偿所占用耕地的数量的,必须报经国务院批准减免本行政区域内开垦耕地的数量,进行易地开垦。

(三) 基本农田保护制度

基本农田,是指按照一定时期人口和社会经济发展对农产品的需求,依据土地利用总体规划确定的不得占用的耕地。基本农田保护实行全面规划、合理利用、用养结合、严格保护的方针。各级人民政府在编制土地利用总体规划时,应当将基本农田保护作为规划的一项内容,明确基本农田保护的布局安排、数量指标和质量要求。各省、自治区、直辖市划定的基本农田应当占本行政区域内耕地的百分之八十以上。基本农田保护区以乡(镇)为单位进行划区定界,由县级人民政府土地行政主管部门会同同级农业行政主管部门组织实施。

地方各级人民政府应当采取措施,确保土地利用总体规划确定的本行政区域内基本农田的数量不减少。基本农田保护区经依法划定后,任何单位和个人不得改变或者占用。国家能源、交通、水利、军事设施等重点建设项目选址确实无法避开基本农田保护区,需要占用基本农田,涉及农用地转用或者征用土地的,必须经国务院批准。

禁止任何单位和个人在基本农田保护区内建窑、建房、建坟、挖砂、采石、采矿、取土、堆放固体废弃物或者进行其他破坏基本农田的活动。禁止任何单位和个人占用基本农田发展林果业和挖塘养鱼。禁止任何单位和个人闲置、荒芜基本农田。

下列耕地应当根据土地利用总体规划划入基本农田保护区,严格管理:

1. 经国务院有关主管部门或者县级以上地方人民政府批准确定的粮、棉、油生产基地内的耕地;

2. 有良好的水利与水土保持设施的耕地,正在实施改造计划以及可以改造的中、低产田;

3. 蔬菜生产基地;

4. 农业科研、教学试验田；

5. 国务院规定应当划入基本农田保护区的其他耕地。

（四）土地开发整理复垦制度

国家鼓励单位和个人按照土地利用总体规划，在保护和改善生态环境、防止水土流失和土地荒漠化的前提下，开发未利用的土地；适宜开发为农用地的，应当优先开发成农用地。国家依法保护开发者的合法权益。

国家鼓励土地整理。县、乡（镇）人民政府应当组织农村集体经济组织，按照土地利用总体规划，对山、水、田、林、路、村综合整治，提高耕地质量，增加有效耕地面积，改善农业生产条件和生态环境。

因挖损、塌陷、压占等造成土地破坏的土地，用地单位和个人应当按照国家有关规定负责复垦；没有条件复垦或者复垦不符合要求的，应当缴纳土地复垦费，专项用于土地复垦。复垦的土地应当优先用于农业。

开垦未利用的土地，必须经过科学论证和评估，在土地利用总体规划划定的可开垦的区域内，经依法批准后进行。禁止毁坏森林、草原开垦耕地，禁止围湖造田和侵占江河滩地。根据土地利用总体规划，对破坏生态环境开垦、围垦的土地，有计划有步骤地退耕还林、还牧、还湖。

四、建设用地管理制度

为防止因建设用地而占用耕地，土地管理法规定了土地使用申请制度和征用土地补偿制度。任何单位和个人进行建设，需要使用土地的，必须依法申请使用国有土地；但是，兴办乡镇企业和村民建设住宅经依法批准使用本集体经济组织农民集体所有的土地的，或者乡（镇）村公共设施和公益事业建设经依法批准使用农民集体所有的土地的除外。

建设占用土地，涉及农用地转为建设用地的，应当办理农用地转用审批手续。省、自治区、直辖市人民政府批准的道路、管线工程和大型基础设施建设项目、国务院批准的建设项目占用土地，涉及农用地转为建设用地的，由国务院批准。

在土地利用总体规划确定的城市和村庄、集镇建设用地规模范围内,为实施该规划而将农用地转为建设用地的,按土地利用年度计划分批次由原批准土地利用总体规划的机关批准。在已批准的农用地转用范围内,具体建设项目用地可以由市、县人民政府批准。

征收下列土地的,由国务院批准:

(一)基本农田;

(二)基本农田以外的耕地超过三十五公顷的;

(三)其他土地超过七十公顷的。

征收土地的,按照被征收土地的原用途给予补偿。征收耕地的补偿费用包括土地补偿费、安置补助费以及地上附着物和青苗的补偿费。

材料阅读:

农业部《农村土地承包经营权流转管理办法》(摘编)

第一章 总 则

第一条 为规范农村土地承包经营权流转行为,维护流转双方当事人合法权益,促进农业和农村经济发展,根据《农村土地承包法》及有关规定制定本办法。

第二条 农村土地承包经营权流转应当在坚持农户家庭承包经营制度和稳定农村土地承包关系的基础上,遵循平等协商、依法、自愿、有偿的原则。

第三条 农村土地承包经营权流转不得改变承包土地的农业用途,流转期限不得超过承包期的剩余期限,不得损害利害关系人和农村集体经济组织的合法权益。

第四条 农村土地承包经营权流转应当规范有序。依法形成的流转关系应当受到保护。

第五条 县级以上人民政府农业行政主管(或农村经营管理)部门依照同级人民政府规定的职责负责本行政区域内的农村土地承包经营权流转及合同管理的指导。

第二章 流转当事人

第六条 承包方有权依法自主决定承包土地是否流转、流转的对象和方式。任何单位和个人不得强迫或者阻碍承包方依法流转其承包土地。

第七条 农村土地承包经营权流转收益归承包方所有,任何组织和个人不得侵占、截留、扣缴。

第八条 承包方自愿委托发包方或中介组织流转其承包土地的,应当由承包方出具土地流转委托书。委托书应当载明委托的事项、权限和期限等,并有委托人的签名或盖章。

没有承包方的书面委托,任何组织和个人无权以任何方式决定流转农户的承包土地。

第九条 农村土地承包经营权流转的受让方可以是承包农户,也可以是其他按有关法律及有关规定允许从事农业生产经营的组织和个人。在同等条件下,本集体经济组织成员享有优先权。

受让方应当具有农业经营能力。

第三章 流转方式

第十五条 承包方依法取得的农村土地承包经营权可以采取转包、出租、互换、转让或者其他符合有关法律和国家政策规定的方式流转。

第十六条 承包方依法采取转包、出租、入股方式将农村土地承包经营权部分或者全部流转的,承包方与发包方的承包关系不变,双方享有的权利和承担的义务不变。

第四章 流转合同

第二十一条 承包方流转农村土地承包经营权,应当与受让方在协商一致的基础上签订书面流转合同。

农村土地承包经营权流转合同一式四份,流转双方各执一份,发包方和乡(镇)人民政府农村土地承包管理部门各备案一份。

承包方将土地交由他人代耕不超过一年的,可以不签订书面合同。

第五章 流转管理

第二十五条 发包方对承包方提出的转包、出租、互换或者其他方式流转承包土地的要求,应当及时办理备案,并报告乡(镇)人民政府农村土地承包管理部门。

承包方转让承包土地,发包方同意转让的,应当及时向乡(镇)人民政府农村土地承包管理部门报告,并配合办理有关变更手续;发包方不同意转让的,应当于七日内向承包方书面说明理由。

第二十六条 乡(镇)人民政府农村土地承包管理部门应当及时向达成流转意向的承包方提供统一文本格式的流转合同,并指导签订。

第三节 农村土地承包法律制度

一、农村土地承包合同

(一)概述

农村土地承包合同是指农村集体经济组织的成员或农村集体经济组织以外的人与其集体经济组织之间签订的承包农村土地,并交付一定收益的协议。它具有如下法律特征[①]:

一是主体具有特定性。农村土地承包合同的发包人只能是农村集体经济组织,包括村内各农村集体经济组织或者村民小组、村经济组织或者村民委员会、乡(镇)农村集体经济组织等。

二是客体的特殊性。农村土地承包合同的客体是集体所有或国家所有依法由集体使用的农村土地的使用权。

三是期限具有长期性。农村土地承包合同的客体为农村土地,而土地的生产、开发周期都很长,所以农村土地承包合同的期限一般也较长。

四是承包人依法取得的承包经营权受法律保护。《农村土地承包法》对承包地的取得、交回、调整、补偿、合同的权利义务等内容作了专门规定,不能因合同其他因素的改变而改变。

---

① 吕伯涛.适用物权法重大疑难问题研究[M].北京:人民法院出版社,2008:165.

五是形式的特定性。《农村土地承包法》明确规定发包方应当与承包方签订书面合同,因此,农村土地承包合同在形式上具有特定性。

农村土地承包合同按照不同的标准可以区分为不同类别:

1. 按照承包方的主体资格的不同,可以区分为发包方与本集体经济组织成员订立的承包合同和与本集体经济组织成员以外人员订立的承包合同两种。

2. 按照承包土地种类的不同,农村土地承包合同可以区分为耕地承包、草地承包、林地承包。这种分类的意义在于:不同种类的土地,法定的承包期限长短不一。按照《农村土地承包法》第20条的规定,耕地的承包期限为30年,草地的承包期限为30—50年,林地的承包期限为30—70年;特殊林木的林地承包期,经国务院林业行政主管部门批准可以延长。

(二) 农村土地承包合同的订立

1. 农村土地承包合同订立的原则

(1) 平等行使承包权的原则。按照我国《宪法》《土地管理法》《农业法》以及其他有关法律的规定,农村集体经济组成员对本集体经济组织的财产享有平等的承包权。

(2) 民主协商、公平合理的原则。发包过程中要充分听取承包方对承包方案的意见和建议,承包方案要努力做到公平合理,不同承包阶段同等质量、面积的土地承包指标要具有相对稳定性,同一轮土地承包的各个不同地块之间承包指标的确定,都要考虑到承包人之间获益上的公平合理性。

(3) 承包方案必须经过大多数集体成员讨论同意的原则。《农村土地承包法》第18条规定,承包方案应当经过本集体经济组织村民会议2/3以上成员同意,或者经2/3以上村民代表同意,方可通过。对于集体重大事务的决策,必须实行民主决策。各集体经济组织成员有权参加村民大会或者推举村民代表组成村民代表大会,行使村级事务管理。

2. 农村土地承包合同订立的程序

农村土地承包事关广大村民的切身利益,能否做到承包过程的公开、公平和公正,直接关系到广大农民的切身利益,因此,《农村土地承

包法》规定了严格的发包程序。根据该法第19条的规定,农村土地承包应当按照下列程序进行:

(1) 选举产生承包工作小组。在承包程序启动之时,首先要通过选举的方式产生承包工作小组。承包工作小组不能由村乡(镇)负责人或村支书、村委会主任指定或者自行任命,必须通过选举产生。具体的选举方式,可以由全体村民参加选举,也可以由部分村民提名,村民大会审议通过。村党支部、村委会成员可以作为承包工作小组的候选人,但他们并不是当然的候选人,不具有必然参加承包工作小组的资格。

(2) 拟定并公布承包方案。承包工作小组产生以后,要针对特定土地的承包拟定承包方案,并予以公布。承包方案的拟定必须严格依照《农村土地承包法》和其他相关法律法规的规定,不得超出法律规定增加内容。

(3) 村民会议讨论通过方案。经过公布的承包方案,承包工作小组应当在适当时间召集村民会议,听取村民对承包方案的意见,在民主的基础上,通过投票表决,如经过2/3以上村民会议成员或者2/3以上村民代表同意,承包方案才产生法律拘束力。否则,没有法律拘束力,不能进入实施。

(4) 组织实施承包方案。承包方案通过以后,便受到法律保护,产生法律效力。承包工作小组应当按照方案组织具体落实。属于家庭承包的,应当在全体村民范围内按照承包方案所确立的承包原则、方法和要求将土地承包到户。如属于不宜由家庭承包的四荒地①和数量较少的果园、茶园以及养殖水面等,按照《土地承包法》第3条的规定可以采取招标、拍卖、协商的方式确定承包人,但是,在同等条件下,本集体经济组织的成员享有优先承包权。

(5) 签订承包合同。确定了具体的承包人以后,承包工作小组应当督促承包人签订承包合同。必须明确,发包方并不是承包工作小组,而是村集体经济组织,承包工作小组只承担有关承包的具体工作。按照《农村土地承包法》的规定,农村土地承包合同应当采用书面形式。发包方应当在合同上签章,同时也须有发包方代表和承包人签字。合

---

① 农村四荒地是指属于农村集体经济组织所有的荒山、荒沟、荒丘和荒滩。

同签订后,发包人、承包人和承包合同管理机关各执一份。

3. 农村土地承包合同的主要条款

农村土地承包合同一般包括以下条款:

(1)发包方、承包方的名称,发包方负责人和承包方代表的姓名、住所。发包方一般是集体经济组织,签订合同时应当有作为发包人的该集体经济组织的公章,并由集体经济组织负责人签字。承包方是农户的,签订合同时应当由户主作为代表签字,并在合同中表明承包人的住所。

(2)承包土地的基本属性。一般指承包的耕地、山林、荒山、荒滩、水面、山岭、草原、鱼塘等农业基本生产资料。应当写清楚土地的具体位置、坐落、四至或者其他表明土地范围的界线标志。按照《土地管理法》的规定,我国对土地实行分等定级制度。因此,在承包合同中应当写清楚承包土地的质量等级。

(3)承包期限和起止日期。该项是承包人权利的具体行使期间,应当写清楚具体的时间界限,起止日期应当精确到年月日,不能写约数。

(4)承包土地的用途。我国农村土地承包依照是否为本集体经济组织成员而有不同。不同主体所能承包的土地的类别是不一样的,这是土地承包合同的重要内容,应在合同中写清。按照我国土地管理法的规定,我国实行土地用途管制制度,合同中应当写清发包土地的用途,以便发包人通过合同监督承包人是否履行了合同所规定的义务。

(5)发包方与承包方的权利义务。《农村土地承包法》第13条、第14条、第16条、第17条规定了土地承包人的权利义务。这些规定是农村土地承包合同的当然内容,无须当事人协商即具有法律约束力。此外,双方还可以在法律规定的范围内,协商确定当事人认为需要明确的内容。

(6)违约责任。在土地承包合同中,任何一方有违约行为的产生都应承担一定的法律责任,给对方造成损失的,应给予赔偿或者补偿。

案例分析:

村委会私签合同被判无效

案情:2005年10月,双城村委会召开村民代表会议,专门讨论该组果园发包一事。但会议未能就果园承包期限、竞标底价等问题达成一致意见,代表们也未在会议记录上签字。2006年1月初,村委会张贴招标广告,明示将果园发包,并确定发包底价及期限。1月10日村委会又召开村民会议,但发包方案未被村民通过。而村委会于1月底与他人签订了三份承包合同,将果园全部发包。村民不服,集体向法院提出起诉。

判决:县人民法院受理了双城村全体村民状告村民委员会违法与他人签订果树承包合同一案。经过依法审理,法院判决村委会与他人签订的三份果树承包合同均属无效,依法保护了全体村民的合法利益。

评析:法院审理认为,村委会与他人签订果树承包合同,既未在村民代表会议上与村民代表形成一致意见,又未在全体村民会议上通过村委会公告的发包方案,发包程序不合法。根据有关法律规定,该三份果园承包合同均属无效。

(三) 农村土地承包合同的变更和解除

1. 农村土地承包合同的变更

农村土地承包合同变更的原因主要有以下几个方面:

(1) 自然灾害。在土地承包合同有效期间,如果发生了重大的自然灾害,以致严重毁损土地的,法律允许对土地承包合同加以变更。根据《农村土地承包法》第27条规定,承包期内,因自然灾害严重毁损承包地等特殊情形对个别农户的耕地和草地需要适当调整的,必须经本集体经济组织成员的村民会议2/3以上成员或者2/3以上村民代表同意并报乡(镇)人民政府和县级人民政府农业等行政主管部门批准。承包合同约定不得调整的,按照其约定。

(2) 林地承包的承包人死亡。按照《土地承包法》第31条规定,林地承包的承包人死亡的,其继承人可以在承包期内继续承包。

(3) 特殊林木林地承包期的延长。《农村土地承包法》第20条规定,特殊林木的林地承包期,经国务院林业行政主管部门批准可以延长。这主要是考虑到林地投资的回报周期比较长,通常需要二三十年甚至更长。有些特殊林木即使在法定的70年期限内,承包人也难以收回投资收益。如果不区分林木类别一概规定林地的承包期为70年,对承包人不公平。

2. 农村土地承包合同的解除

农村土地承包合同的解除原因有以下几个方面:

(1) 期限届满。我国法律针对不同的土地用途规定了不同的承包的最长期限,因此,承包期限届满,承包合同解除,由发包方收回土地。

(2) 土地灭失。土地承包合同的订立和继续应当以土地的存在为前提,土地是土地承包合同法律关系的客体,如果客体不存在,则法律关系当然消灭。

(3) 承包人自愿交回土地。承包人则可以在承包期届满之前,自愿交回所承包的土地。《农村土地承包法》第29条规定,承包期内,承包方可以自愿将承包地交回发包方。承包人自愿交回承包的土地的,承包合同即告解除。

(4) 承包人全家迁入设区的市,转为非农业户口。《农村土地承包法》第26条规定,承包期内,承包方全家迁入设区的市,转为非农业户口的,应当将承包的耕地和草地交回发包方。承包方不交回的,发包方可以收回承包的耕地和草地。根据该条规定,承包人因为迁入城市会导致合同解除。

(5) 国家征收。宪法规定,为了公共利益的需要,可以依法对集体所有的土地征收。征收当然不排除已经承包的土地。如果涉及承包的土地的,则承包合同因国家征收而解除。

二、农村土地承包合同当事人的权利义务

(一) 发包人的权利和义务

1. 发包人的权利

按照《农村土地承包法》第13条规定,发包人享有下列权利:

(1) 发包土地的权利。该项权利是发包方的基本权利。发包方有权依照法律规定发包属于本集体经济组织的土地或者虽然属于国家所有但交由本集体经济组织经营的土地。依照法律规定,我国目前实行

三级所有的集体所有制形式。应当分别按照土地不同的所有权主体,由享有所有权的集体经济组织组织发包。除此以外的其他任何组织和个人均不具有发包权。

(2)监督权。发包方有权依照法律规定和承包合同的约定,对承包方实施合同的情况进行监督管理。如承包方有无擅自违规转包的情况是否按照合同约定的面积、用途经营使用承包土地等。

(3)制止承包方损害承包地和农业资源的权利。《土地承包法》第17条规定,承包方应当保护和合理利用承包地,不得给土地造成永久性损害。如果承包人违反这些法律规定,发包人有权制止。对于拒不接受制止的,发包人可以请求乡(镇)人民政府或者县级土地行政管理部门依法给予承包方相应的处罚。

2. 发包方的义务

根据《农村土地承包法》第14条规定,发包方应当承担下列义务:

(1)维护承包方的土地承包经营权,不得非法变更、解除承包合同。承包方通过家庭承包取得的土地承包经营权,是依法享有的一项独立的权利,受国家法律保护。包括发包方在内的任何组织和个人不得侵犯承包方的土地承包经营权。不仅如此,发包方还有义务维护承包方的土地承包经营权,不得非法解除、变更土地承包合同。发包方只有在有法律规定的理由时,才可以解除承包合同,收回承包的土地。

(2)尊重承包方的生产经营自主权,不得干涉承包方依法进行正常的生产经营活动。承包方依法享有土地承包经营权,有权依法自主组织生产经营活动,不受其他组织和个人的干涉。发包方有义务尊重承包方的生产经营自主权,承包方依法开展正常的生产、经营活动,发包方不得干涉。

(3)依照承包合同约定为承包方提供生产、技术、信息等服务。集体经济组织或村民委员会具有一定的经济实力,而且,作为发包方有权依照法律规定和承包合同约定向承包方收取承包费。与此相对应,发包方也有义务依照承包合同的约定,为承包方提供生产、技术、信息等服务。

(4)严格执行土地利用总体规划,进行农业基础设施建设。土地利用总体规划是土地利用的基本依据,发包方在发包土地、依法调整承包地的过程中,必须认真执行县、乡(镇)土地利用总体规划,不得违反规划占用耕地或者开发利用其他土地资源。作为农业基础设施的乡村机耕道路、机井和灌溉排水等工程建设,通常涉及本集体经济组织全体成员的共同利用,而且依靠个别承包户的力量又很难完成,必须由发包方统一组织进行。

(5) 法律、行政法规规定的其他义务。例如《农村土地承包法》第63条的规定,发包方在承包过程中不得违反规定预留机动地或者增加机动地的面积,预留的机动地面积不得超过本集体经济组织耕地总面积的5%。

(二) 承包人的权利和义务

1. 承包人的权利

根据《农村土地承包法》第16条规定,承包人享有下列权利:

(1) 依法享有承包地使用、收益和土地承包经营权流转的权利,有权自主组织生产经营和处置产品。这一权利具体包括:第一,承包人有使用土地和获得收益的权利。这是承包人最基本的权利,也是承包人订立承包合同的目的。只有通过使用土地,承包人的经济利益才能实现。第二,生产经营自主决策权和产品处置权。《土地承包法》第6条明确表明承包人有权自主组织生产经营和处置产品。承包方有权对承包土地的出产品自行处置,任何人不得非法干涉。第三,承包土地经营权的流转权。通过承包取得的土地承包经营权可以依法采取转包、出租、互换、转让或者其他方式流转。

(2) 在土地被依法征收、征用之后,有获得相应补偿的权利。2004年宪法修正案明确规定国家有权为了公共利益的需要而征收、征用集体所有的土地,但需要给予合理的补偿。

(3) 法律、行政法规规定的其他权利。

2. 承包方的义务

(1) 维护土地的农业用途,不得用于非农建设。人多地少是我国的基本国情,耕地资源尤其匮乏,因此《土地管理法》等法律都把珍惜和合理利用土地作为我国的一项基本国策。承包地是用于农业的土地,承包方必须维持承包地的农业用途,不得擅自用于非农建设。

(2)依法保护和合理利用土地,不得给土地造成永久性损害。该项义务要求承包方在承包经营的过程中,应当保护承包地的土地生态及其环境的良好性能和质量。在利用土地、提高土地生产能力的同时,注意采取相应的措施,保护土地的质量和生态环境,防止水土流失和盐渍化等,保护和提高地力。

(3)法律、行政法规规定的其他义务。

案例分析:

承包方有权收回代耕的土地

案情:某县农民李某、于某是同村村民。李某自农村实行家庭联产承包责任制时起,就从村集体获得一块土地的承包经营权。1998年农村土地二轮承包时,李某继续承包这块地,并获得了《农村集体土地承包经营权证书》,有效期为30年。1999年,李某全家外出做生意,将这块承包地交给于某夫妇代为耕种,并口头约定可随时收回。2005年,李某回乡后向于某夫妇索要这块耕地,但于某夫妇拒绝了李某的要求,认为自己耕种这块土地多年,土地承包关系早已发生改变。李某将于某夫妇告上法庭,要求他们立即退还耕地。

判决:法院审理后,依法支持了李某的诉讼请求。

评析:《农村土地承包法》规定,耕地的承包期限为30年,承包期内发包方不得收回或随意调整承包地。通过家庭承包取得的土地承包经营权可以采取转包、出租、互换、转让或者其他方式流转,流转的主体是承包方,承包方有权依法自主决定土地承包经营权是否流转和流转的方式。承包方如有稳定的非农职业或者有稳定的收入来源的,经发包方同意,可以将全部或者部分土地承包经营权转让给其他从事农业生产经营的农户(双方应签订书面合同),由该农户确立新的承包关系,原承包方与发包方同发包方在该土地上的承包关系即行终止。本案中,李某依法取得了争议土地的承包经营权,因生意繁忙无暇耕种而将承包地临时交给于某夫妇代为耕种,原、被告之间土地承包经营权的流转属于临时代耕性质,而非经发包方同意后的正式转让,李某仍是该块土地的承包方,被告于某夫妇与发包方之间并没有形成新的承包关系。于某夫妇虽因此取得了该块土地的耕种、收益的权利,但这种权利只是临时的,原告李某可以随时收回。

三、农村土地承包合同纠纷的解决

农村土地承包合同纠纷解决机制是有效化解农村土地承包合同纠纷、稳定和完善农村土地承包关系,保障农民权益,促进农业发展和保持农村社会稳定的重要保障。近年来,农村土地承包合同纠纷频发,纠纷主体的多元化、纠纷类型的多样化、纠纷内容和社会关系的复杂化,与农村土地承包合同纠纷解决途径在司法实践中的单一化形成强烈反差,也对纠纷解决主体的多元化提出了客观需求。

(一)农村土地承包合同纠纷的主要类型

1. 承包合同纠纷

承包合同纠纷是指承包合同的当事人,因农村土地承包合同的签订、履行、变更或终止而发生的纠纷。此类纠纷主要表现为:发包方违反民主议定原则发包土地或未经有关管理部门批准越权发包土地,签订土地承包合同,由该无效承包合同引起的纠纷;承包方未经发包方同意擅自转让、转包土地引起的纠纷。

2. 承包经营权侵权纠纷

农村土地承包法中明确规定了发包方和承包方各自享有的权利和义务,因此,承包经营权纠纷的侵权是双方的,发包方会侵害承包方的占有、收益、自主使用土地使用权的权利,承包方会侵害发包方保护和监督承包方合理合法使用土地的监督权。实践中,发包方的侵权主要表现为:干涉承包方依法享有的生产经营自主权;违反农村土地承包法规定收回、调整承包地;强迫或者阻碍承包方进行土地经营权流转;剥夺、侵害妇女依法享有的土地承包经营权;侵占承包方的土地收益;

不按法律法规规定,变更或解除土地承包合同。承包方的侵权主要表现为:改变承包土地的农业用途,用于非农建设;对承包土地进行掠夺性生产活动;撂荒或弃耕承包土地;对承包土地造成了永久不可恢复性的破坏。

3. 承包经营权流转纠纷

通过家庭承包取得的土地承包经营权,可以依法采取转让、转包、出租、互换等方式流转。承包经营权流转纠纷就是土地承包经营权流转当事人因转让、转包、出租和互换土地承包经营权,在履行土地承包经营权流转协议过程中而发生的纠纷。主要表现为:流转当事人之间采取的流转方式和签订的流转合同违反了国家有关的法律规定或流转方式未经发包方同意流转土地经营权,流转合同无效;流转当事人之间不签订正式的书面流转合同,自行流转,不到土地流转管理部门报批、备案、登记的严重不规范流转行为引起的纠纷;外出务工农民工、有稳定的非农收入或全家已迁入城镇但户口仍为农民户口把承包土地交由其他农户代耕、代种引发的纠纷。

4. 承包地征收补偿费用分配纠纷

农村土地承包合同履行期限一般较长,承包人为了生产经营的需要,一般要进行先期投入。在承包期内,因工业占地或其他项目征地,承包合同需要解除。承包合同解除后,承包方与发包方就补偿问题达不成协议就会引发纠纷。主要表现为:发包方擅自截留、扣发、挪用村集体的征地补偿费用;补偿给农户的地上附着物和青苗补助费不合理;安置补助费标准过低,补偿太少不足以解决就业和社保;因承包经营权侵权、承包经营权流转等问题引起的分配纠纷。

5. 承包经营权继承纠纷

此类纠纷主要有:承包人死亡后其所得承包收益的继承问题;林地承包人死亡后其继承人在承包期内继续承包的问题;其他方式承包中,承包方的继承人或者权利义务承受者请求在承包期内继续承包的问题等。

(二)农村土地承包合同纠纷解决机制

多元化纠纷解决机制已经成为世界性的发展趋势,在我国农村土地承包合同纠纷解决机制也应走向多元化。随着社会的逐步发展,我国对农村土地承包以及对土地承包纠纷的规范,经历了从依靠国家政策调整为主,过渡到以政策调整为主,法律调整为辅,再到国家政策调整与法律调整并重,再到目前主要由法律进行规制调整的过程。随着立法的不断完善,目前我国基本确立了协商、调解、仲裁和诉讼四种农村土地承包合同纠纷解决方式。

《农村土地承包法》第51条规定,因土地承包经营发生纠纷的,双方当事人可以通过协商解决,也可以请求村民委员会、乡(镇)人民政府等调解解决。当事人不愿协商、调解或者协商、调解不成的,可以向农村土地承包仲裁机构申请仲裁,也可以直接向人民法院起诉。

一、选择题

1. 成功的土地政策是以对土地( )的认识为基础的。
   A. 特性　　　B. 质量　　　C. 建设　　　D. 权利
2. 国家编制土地利用总体规划,规定土地用途,将土地分为( )。
   A. 农用地　　B. 建设用地　C. 未利用地　D. 利用地
3. 基本农田保护实行( )的方针。
   A. 全面规划　B. 合理利用　C. 用养结合　D. 严格保护

二、思考题

1. 我国实行怎样的土地权属制度?
2. 耕地保护的主要措施有哪些?
3. 什么是基本农田保护制度?
4. 农村土地承包合同当事人有哪些权利和义务?

第四章 农村市场主体法律制度

**本章要点**

本章重点介绍了个体工商户、农村承包经营户、乡镇企业、农民股份合作企业等农村市场主体的法律制度以及农业社会化服务体系的有关知识。学习者还需了解自然人的民事权利能力和民事行为能力对其作为市场主体的影响,比较自然人、个体工商户与农村承包经营户的区别,理解乡镇企业与农民股份合作企业的异同;掌握农民专业合作社的概念、本质、设立程序和条件、活动原则等。

第一节 农业劳动者个人或家庭作为市场主体的法律制度

随着我国改革开放的深入和市场经济的发展,农业劳动者逐渐以个人或家庭的名义融入了社会主义市场经济的大潮中,在法律上一般称为自然人、个体工商户和农村承包经营户,他们均具有民事主体的法律地位,在经济法上一般称为市场主体。根据《农业法》第3条的规定,国家把农业放在发展国民经济的首位。农业和农村经济发展的基本目标是:建立适应发展社会主义市场经济要求的农村经济体制,不断解放和发展农村生产力,提高农业的整体素质和效益,确保农产品供应和质量,满足国民经济发展和人口增长、生活改善的需求,提高农民的收入和生活水平,促进农村富余劳动力向非农产业和城镇转移,缩小城乡差别和区域差别,建设富裕、民主、文明的社会主义新农村,逐步实现农业和农村现代化。为了实现这一目标,就需要充分调动和发挥农村市场主体的积极性,合理优化配置农业资源。

一、自然人

自然人是社会活动中与组织相对的一类民事主体,是指在自然状态下出生的人。自然人的范围比公民要广,公民是指具有一个国家国籍的人,自然人不仅包括本国公民、外国公民,还包括无国籍人。农业劳动者可以以自然人身份从事农业生产,作为市场主体从事经济活动,如购买农业生产资料或将多余农产品及经济作物在市场上出售。这种活动依照民法进行调整即可,无须单独立法。但是,需要注意,自然人的民事权利能力和民事行为能力并不总是一致的,自然人一出生就具有民事权利能力,但其民事行为能力则受其年龄、智力和精神状况的影响。根据《民法通则》规定,不满10周岁的公民为无民事行为能力人,其民事活动要由其法定代理人代理;已满10周岁不满18周岁的公民为限制民事行为能力人,其民事活动要由其法定代理人代理或征得其法定代理人同意;已满16周岁不满18周岁的公民,以自己的劳动收入为主要生活来源的,视为完全民事行为能力人,已满18周岁的公民为完全民事行为能力人。不能辨认自己行为的精神病人是无民事行为能力人,由他的法定代理人代理民事活动;不能完全辨认自己行为的精神病人是限制民事行为能力人,可以进行与他的精神健康状况相适应的民事活动。

二、个体工商户

(一) 个体工商户的定义

公民在法律允许的范围内,依法经核准登记,从事工商业经营的,为个体工商户。2014年施行的《个体工商户条例》第2条规定:"有经营能力的公民,依照本条例规定经工商行政管理部门登记,从事工商业经营的,为个体工商户。个体工商户可以个人经营,也可以家庭经营。

个体工商户的合法权益受法律保护,任何单位和个人不得侵害。"

在依法核准登记的范围内,个体工商户享有从事个体工商业经营的民事权利能力和民事行为能力。个体工商户的正当经营活动受法律保护,对其经营的资产和合法收益,个体工商户享有所有权。个体工商户可以在银行开设账户,向银行申请贷款,有权申请商标专用权,有权签订劳动合同及请帮工、带学徒,还享有起字号、刻印章的权利。

个体工商户从事生产经营活动必须遵守国家的法律,应照章纳税,服从工商行政管理。个体工商户从事违法经营的,必须承担民事责任和其他法律责任。

(二)个体工商户的登记机关、登记事项

《个体工商户条例》第3条规定:"县、自治县、不设区的市、市辖区工商行政管理部门为个体工商户的登记机关(以下简称登记机关)。登记机关按照国务院工商行政管理部门的规定,可以委托其下属工商行政管理所办理个体工商户登记。"第8条规定:"申请登记为个体工商户,应当向经营场所所在地登记机关申请注册登记。"

《个体工商户条例》第4条规定:"国家对个体工商户实行市场平等准入、公平待遇的原则。申请办理个体工商户登记,申请登记的经营范围不属于法律、行政法规禁止进入的行业的,登记机关应当依法予以登记。"

《个体工商户条例》第8条第2款规定:"个体工商户登记事项包括经营者姓名和住所、组成形式、经营范围、经营场所。个体工商户使用名称的,名称作为登记事项。"

对于个体工商户名称管理,适用《个体工商户名称登记管理办法》。这里要注意两点:一是个体工商户名称是或然的,也就是说,个体工商户可以有名称,也可以没有名称,这与作为组织的市场主体有所不同;二是名称预先核准问题,经营范围涉及登记前置许可的,应当申请名称预先核准。个体工商户名称组织形式可以选用"厂""店""馆""部""行""中心"等字样,但不得使用"企业""公司"和"农民专业合作社"字样。

(三)开业登记

《个体工商户条例》第8条第1款规定:"申请登记为个体工商户,应当向经营场所所在地登记机关申请注册登记。申请人应当提交登记

申请书、身份证明和经营场所证明。"《个体工商户登记管理办法》第14条进一步做了明确和细化。申请个体工商户注册登记,应当提交下列文件:申请人签署的个体工商户注册登记申请书;申请人身份证明;经营场所证明;国家工商行政管理总局规定提交的其他文件。

(四)个体工商户经营行为的规范

《个体工商户条例》主要作了以下几方面的规定:

一是工商行政管理部门和县级以上人民政府其他有关部门应当依法对个体工商户实行监督和管理。个体工商户从事经营活动,应当遵守法律、法规,遵守社会公德、商业道德,诚实守信,接受政府及有关部门依法实施的监督。

二是为维护个体工商户招用从业人员的权益,规定个体工商户应当依法与招用的从业人员订立劳动合同,履行法律、行政法规规定和合同约定的义务,不得侵害从业人员的合法权益。

三是对个体工商户违反本条例规定的行为规定了相应的法律责任。如:个体工商户提交虚假材料骗取注册登记,或者伪造、涂改、出租、出借、转让营业执照的,由登记机关责令改正,处4 000元以下的罚款;情节严重的,撤销注册登记或者吊销营业执照;个体工商户未办理税务登记的,由税务机关责令限期改正;逾期未改正的,经税务机关提请,由登记机关吊销营业执照。

(五)变更登记和注销登记

《个体工商户条例》第10条规定:"个体工商户登记事项变更的,应当向登记机关申请办理变更登记。个体工商户变更经营者的,应当在办理注销登记后,由新的经营者重新申请办理注册登记。"个体工商户登记事项变更,未办理变更登记的,由登记机关责令改正,处1 500元以下的罚款;情节严重的,吊销营业执照。

《个体工商户条例》第12条规定:"个体工商户不再从事经营活动的,应当到登记机关办理注销登记。"

三、农村承包经营户

(一)农村承包经营户的定义

根据《民法通则》规定,农村集体经济组织的成员,在法律允许的范围内,按照承包合同规定从事商品经营的,为农村承包经营户。

（二）农村承包经营户的法律特征

农村承包经营户具有如下法律特征:

1. 农村承包经营户是农村集体经济组织的成员

农村承包经营户是农村集体经济的一个经营层次,所以,农村承包经营户一般为农村集体经济组织的成员。农村承包经营户是由作为农村集体经济组织的成员的一人或多人所组成的农户,但它和以往的农户不同,农村承包经营户是在推行联产承包责任制中,通过承包合同的形式,把农民家庭由生活单位变成了生产和生活相结合的单位所产生的。在承包合同中,一方总是集体经济组织,另一方是承包经营户,他们或者是本组织的内部成员,或者是非本组织的内部成员,但他们都是农村集体经济组织的成员。

2. 农村承包经营户以户的名义从事承包经营

农村承包经营户的"户",可以是一人经营,也可以是家庭经营,但须以户的名义进行经营活动。

3. 农村承包经营户依照承包合同的规定从事经营

农村承包合同是农村集体经济组织与农村承包经营户之间,为完成某项农业生产任务所签订的协议,包括书面合同、口头合同、任务下达书以及其他能够证明承包关系的事实和文件。

农村承包经营户是通过承包合同产生的,其所利用的是集体的资源。根据承包合同,集体经济组织的大部或全部生产资料要转归承包经营户占有、使用和收益,承包经营户享有合法的经营权。在合同规定的范围内,承包经营户自主地安排生产计划、作物布局、增产措施,并统一支配户内劳动力,组织生产协作,独立或相对独立地完成生产任务。承包经营户也要承担经营风险,若违反了承包合同,要承担财产责任。承包经营户依据合同享有权利,也应依据合同承担义务。

4. 农村承包经营户必须在法律允许的范围内,从事生产和经营活动

农村承包经营户承包集体所有的生产资料,从事生产和经营活动时,必须符合国家法律和政策的规定。从事承包经营的家庭或个人,对

第四章 农村市场主体法律制度

于承包的生产资料不享有所有权,只享有经营权。任何人不得买卖土地,不得在承包地上建房、起土、造坟、建坟,更不得哄抢、私分属于集体或国家的财产。对于少数承包经营户因经营不善造成土地荒芜或地力严重下降的,所有权人有权进行干涉或给予惩罚,以至收回土地。

(三)农村承包经营户的法律地位

农村承包经营户的法律地位,是指农村承包经营户由法律规定的对内、对外的权利、义务关系。

1. 农村承包经营户具有经济组织所享有的全部权利、独立承担其全部义务。包括享有财产所有权、所承包土地及其他生产资料的占有使用权、生产经营计划权、产品收益分配权、雇工权、土地转包权、银行开户权和借款权等广泛的民事权利。《民法通则》第28条对此作了规定:"农村承包经营户的各项民事权益,受法律保护。"

2. 农村承包经营户在其合同财产范围内,享有对土地、山林、水面、滩涂等生产资料的生产经营权等各项权利。《农业法》第12条至第19条对农村承包经营户的各项生产经营权利作了具体的法律规定:"个人或集体的承包经营权,受法律保护。承包方承包荒山荒地造林的,按照森林法的规定办理。""国家保护农村承包经营户的合法财产不受侵犯。""农村承包经营户有权拒绝不符合法律、法规、政策规定的收费、摊派和集资。"

3. 农村承包经营户民事主体法律地位,是自签订农业承包合同时产生的,农村承包经营户是与发包方(集体经济组织、村民委员会)具有平等权利义务关系的民事主体。双方在农业承包合同的基础上平等地享有合同约定的及法律规定的各项民事权利,平等地履行合同约定的及法律规定的各项民事义务。

材料阅读:

个体工商户、农村承包经营户的财产责任

《民法通则》第29条规定:个体工商户、农村承包经营户的债

务,个人经营的,以个人财产承担;家庭经营的,以家庭财产承担。

《最高人民法院关于贯彻执行〈中华人民共和国民法通则〉若干问题的意见(试行)》第42条规定:"以公民个人名义申请登记的个体工商户和个人承包的农村承包经营户,用家庭共有财产投资,或者收益的主要部分供家庭成员享用的,其债务应以家庭共有财产清偿。"第43条规定:"在夫妻关系存续期间,一方从事个体经营或者承包经营的,其收入为夫妻共有财产,债务亦应以夫妻共有财产清偿。"第44条规定:"个体工商户、农村承包经营户的债务,如以其家庭共有财产承担责任时,应当保留家庭成员的生活必需品和必要的生产工具。"

第二节　乡镇企业法律制度

一、乡镇企业的概念和特点

乡镇企业是指农村集体经济组织或者农民投资为主,在乡镇(包括所辖村)举办的承担支援农业义务的各类企业。乡镇企业是中国乡镇地区多形式、多层次、多门类、多渠道的合作企业和个体企业的统称,包括乡镇办企业、村办企业、农民联营的合作企业、其他形式的合作企业和个体企业等。乡镇企业符合企业法人条件的,依法取得企业法人资格。

乡镇企业是独立自主的经济实体,具有如下特点:产供销活动主要靠市场调节;职工大都实行亦工亦农的劳动制度和灵活多样的分配制度;与周围农村联系密切,便于利用本地各种资源;分布点多、面广,便于直接为各类消费者服务;经营范围广泛,几乎涉及各行各业;规模较小,能比较灵活地适应市场需求的不断变化;在现阶段大多是劳动密集型的经济组织,技术设备比较简陋,能容纳大量农村剩余劳动力。这些特点使得乡镇企业具有极大的适应性和顽强的生命力,也具有较大的盲目性和不稳定性,劳动生产率一般都比较低。

二、乡镇企业的地位、任务和作用

乡镇企业是农村经济的重要支柱和国民经济的重要组成部分。乡镇企业依法实行独立核算,自主经营,自负盈亏。具有企业法人资格的乡镇企业,依法享有法人财产权。

乡镇企业的主要任务是,根据市场需要发展商品生产,提供社会服务,增加社会有效供给,吸收农村剩余劳动力,提高农民收入,支援农业,推进农业和农村现代化,促进国民经济和社会事业发展。

20 世纪 80 年代以来,中国乡镇企业获得迅速发展,对充分利用乡村地区的自然及社会经济资源、向生产的深度和广度进军,对促进乡村经济繁荣和人们物质文化生活水平的提高,改变单一的产业结构,吸收数量众多的乡村剩余劳动力,以及改善工业布局、逐步缩小城乡差别和工农差别,建立新型的城乡关系均具有重要意义。

三、乡镇企业出现的原因

乡镇企业的前身是在改革开放前即已存在于中国农村的社队企业。1978 年,全国社队企业的数量已经达到 152 万个,有 2 827 万农村劳动力在企业中就业。随着农村改革的启动和逐步推进,社队企业的发展环境逐步宽松,一些鼓励农村发展非农经济的措施纷纷出台。1984 年 3 月,社队企业的提法正式更名为"乡镇企业"。到 20 世纪 90 年代中期,乡镇企业进入其发展的黄金时期,在乡镇企业就业的劳动力更是占农村劳动力的近 30%。此时,乡镇企业不仅成为农村经济中的一支重要力量,也为整个国民经济的发展作出了重要贡献①。

乡镇企业的出现既和农村经济环境的变化有关,也得益于城乡关系的转变。农村改革导致的技术效率释放,以及随后的农业要素投入的边际递减使乡镇企业获得了充足的劳动力来源;农业产出水平和农民收入的增加,使乡镇企业的发展得到了获取资金的渠道,也为以轻工

---

① 蔡昉,王德文,都阳.中国农村改革与变迁:30 年历程和经验分析[M].上海:格致出版社,上海人民出版社,2008:76—81.

业为主的乡镇企业的发展提供了充足的原材料来源。

更重要的一点是，在农村经济体制率先改革的初期，城乡经济体制改革相对滞后，以国有企业为主的传统经济体制并没有形成市场化的预算硬约束机制，也没有形成和乡镇企业对资金、原材料和产品市场的竞争。在发展乡镇企业可以稳定农村经济、为农业剩余劳动力提供就业机会、增加农民收入，而又不触及城市经济利益的情况下，自然也就可以迎来乡镇企业发展的黄金时期。

四、乡镇企业的管理制度

乡镇企业按照法律、行政法规规定的企业形式设立，投资者依照有关法律、行政法规决定企业的重大事项，建立经营管理制度，依法享有权利和承担义务。

1. 乡镇企业依法实行民主管理，投资者在确定企业经营管理制度和企业负责人，作出重大经营决策和决定职工工资、生活福利、劳动保护、劳动安全等重大问题时，应当听取本企业工会或者职工的意见，实施情况要定期向职工公布，接受职工监督。

2. 乡镇企业应当按照市场需要和国家产业政策，合理调整产业结构和产品结构，加强技术改造，不断采用先进的技术、生产工艺和设备，提高企业经营管理水平。

3. 举办乡镇企业，其建设用地应当符合土地利用总体规划，严格控制、合理利用和节约使用土地，凡有荒地、劣地可以利用的，不得占用耕地、好地。举办乡镇企业使用农村集体所有的土地的，应当依照法律、法规的规定，办理有关用地批准手续和土地登记手续。乡镇企业使用农村集体所有的土地，连续闲置两年以上或者因停办闲置一年以上的，应当由原土地所有者收回该土地使用权，重新安排使用。

4. 乡镇企业应当依法合理开发和使用自然资源。乡镇企业从事矿产资源开采，必须依照有关法律规定，经有关部门批准，取得采矿许可证、生产许可证，实行正规作业，防止资源浪费，严禁破坏资源。

5. 乡镇企业应当按照国家有关规定，建立财务会计制度，加强财务管理，依法设置会计账册，如实记录财务活动。

6. 乡镇企业应当加强产品质量管理，努力提高产品质量；生产和销售的产品必须符合保障人体健康，人身、财产安全的国家标准和行业标准；不得生产、销售失效、变质产品和国家明令淘汰的产品；不得在产品中掺杂、掺假，以假充真，以次充好。

7. 乡镇企业应当依法使用商标，重视企业信誉；按照国家规定，制作所生产经营的商品标志，不得伪造产品的产地或者伪造、冒用他人厂名、厂址和认证标志、名优标志。

8. 乡镇企业必须遵守有关环境保护的法律、法规，按照国家产业政策，在当地人民政府的统一指导下，采取措施，积极发展无污染、少污染和低资源消耗的企业，切实防治环境污染和生态破坏，保护和改善环境。

9. 乡镇企业必须遵守有关劳动保护、劳动安全的法律、法规，认真贯彻执行安全第一、预防为主的方针，采取有效的劳动卫生技术措施和管理措施，防止生产伤亡事故和职业病的发生；对危害职工安全的事故隐患，应当限期解决或者停产整顿。严禁管理者违章指挥，强令职工冒险作业。发生生产伤亡事故，应当采取积极抢救措施，依法妥善处理，并向有关部门报告。

10. 乡镇企业违反国家产品质量、环境保护、土地管理、自然资源开发、劳动安全、税收及其他有关法律、法规的，除依照有关法律、法规处理外，在其改正之前，应当根据情节轻重停止其享受法律规定的部分或者全部优惠。

五、国家对乡镇企业的鼓励和优惠政策

国务院乡镇企业行政管理部门和有关部门按照各自的职责对全国的乡镇企业进行规划、协调、监督、服务；县级以上地方各级人民政府乡镇企业行政管理部门和有关部门按照各自的职责对本行政区域内的乡镇企业进行规划、协调、监督、服务。国家对乡镇企业积极扶持、合理规划、分类指导、依法管理。国家鼓励和重点扶持经济欠发达地区、少数民族地区发展乡镇企业，鼓励经济发达地区的乡镇企业或者其他经济组织采取多种形式支持经济欠发达地区和少数民族地区举办乡镇企

业。国家保护乡镇企业的合法权益;乡镇企业的合法财产不受侵犯。任何组织或者个人不得违反法律、行政法规干预乡镇企业的生产经营,撤换企业负责人;不得非法占有或者无偿使用乡镇企业的财产。

国家根据乡镇企业发展的情况,在一定时期内对乡镇企业减征一定比例的税收。减征税收的税种、期限和比例由国务院规定。国家对符合下列条件之一的中小型乡镇企业,根据不同情况实行一定期限的税收优惠:

1. 集体所有制乡镇企业开办初期经营确有困难的;
2. 设立在少数民族地区、边远地区和贫困地区的;
3. 从事粮食、饲料、肉类的加工、贮存、运销经营的;
4. 国家产业政策规定需要特殊扶持的。

国家运用信贷手段,鼓励和扶持乡镇企业发展。对于符合上述规定条件之一并且符合贷款条件的乡镇企业,国家有关金融机构可以给予优先贷款,对其中生产资金困难且有发展前途的可以给予优惠贷款。

县级以上人民政府依照国家有关规定,可以设立乡镇企业发展基金。基金由下列资金组成:

1. 政府拨付的用于乡镇企业发展的周转金;
2. 乡镇企业每年上缴地方税金增长部分中一定比例的资金;
3. 基金运用产生的收益;
4. 农村集体经济组织、乡镇企业、农民等自愿提供的资金。

乡镇企业发展基金专门用于扶持乡镇企业发展,其使用范围如下:

1. 支持少数民族地区、边远地区和贫困地区发展乡镇企业;
2. 支持经济欠发达地区、少数民族地区与经济发达地区的乡镇企业之间进行经济技术合作和举办合资项目;
3. 支持乡镇企业按照国家产业政策调整产业结构和产品结构;
4. 支持乡镇企业进行技术改造,开发名特优新产品和生产传统手工艺产品;
5. 发展生产农用生产资料或者直接为农业生产服务的乡镇企业;
6. 发展从事粮食、饲料、肉类的加工、贮存、运销经营的乡镇企业;
7. 支持乡镇企业职工的职业教育和技术培训;

8. 其他需要扶持的项目。

国家积极培养乡镇企业人才,鼓励科技人员、经营管理人员及大中专毕业生到乡镇企业工作,通过多种方式为乡镇企业服务。乡镇企业通过多渠道、多形式培训技术人员、经营管理人员和生产人员,并采取优惠措施吸引人才。国家采取优惠措施,鼓励乡镇企业同科研机构、高等院校、国有企业及其他企业、组织之间开展各种形式的经济技术合作。

第三节 农民股份合作企业法律制度

一、农民股份合作企业的含义

农民股份合作制是继农村家庭联产承包责任制之后,广大农民在发展农村市场经济过程中发展起来的一种新型的农村经济组织形式和产权制度。目前调整农民股份合作企业的法律依据是农业部1990年发布,并于1997年12月修改的《农民股份合作企业暂行规定》。依据该《暂行规定》,农民股份合作企业是指由三户以上劳动农民,按照协议,以资金、实物、技术、劳力等作为股份,自愿组织起来从事生产经营活动,接受国家计划指导,实行民主管理,以按劳分配为主,又有一定比例的股金分红,有公共积累,能独立承担民事责任,经依法批准建立的经济组织。

二、农民股份合作企业的性质、任务和意义

农民股份合作企业是劳动农民的合作经济,是社会主义劳动群众集体所有制经济,是乡镇企业的重要组成部分和农村经济的重要力量。

农民股份合作企业的主要任务是:发展农村社会主义商品经济,安排农村剩余劳动力,支援农业生产,增加农民和国家财政收入,发展出口创汇生产,为大工业配套和服务,促进社会生产力的发展,满足人民日益增长的物质和文化生活的需要。

农民股份合作企业是马克思关于合作经济理论在中国的新发展,

是深化农村改革的一个突破口,是在市场经济条件下对社会主义公有制的自我完善,是广大农民继农村家庭联产承包责任制和乡镇企业之后的第三个伟大创造。农民股份合作企业有利于创建市场经济主体,完善企业经营机制,有利于实行政企分开,增强企业经营活力,有利于改革农村投资体制,拓展资金融通渠道,有利于组织农民进入市场,实现共同富裕的目标[①]。

三、农民股份合作企业的权利与义务

(一)农民股份合作企业的权利

1. 企业财产所有权

农民股份合作企业股份资产属举办该企业的全体成员集体所有,由股东大会(股东代表大会)选举产生的董事会代表全体股东行使企业财产的所有权。

2. 生产经营自主权

农民股份合作企业实行独立核算,自主经营,自负盈亏。依法享有自行确定企业的组织管理机构、经营方式、生产计划、产品销售、资金使用、计酬形式、收益分配、职工招聘或辞退等权利。根据生产发展需要,可以扩股或增股,也可以向银行(信用社)申请贷款。生产列入国家计划产品、名优新特产品、出口产品和市场紧缺商品的企业,在税收、信贷、能源、原材料和运输等方面,享受乡镇集体企业同等待遇。

3. 合法权益受法律保护

农民股份合作企业的合法权益受国家法律保护,任何单位和个人不得以任何方式或借口,平调、侵占和无偿使用企业的资金、设备、产品和劳力。企业按县以上人民政府的明文规定交纳费用后,有权抵制和拒付其他各种摊派。

(二)农民股份合作企业的义务

1. 开办企业必须接受行政审批的义务

开办企业须持有村民委员会证明,并提交合股者的协议书和企业

---

① 巫国兴.新编农业经济管理概论[M].厦门:厦门大学出版社,2001:30—31.

股份合作章程等文件报乡级以上乡镇企业主管部门批准,依法办理工商、企业法人和税务登记。

2. 签订书面劳务合同招聘员工义务

农民股份合作企业招聘职工应根据国家有关劳动法规,双方签订书面的劳务合同,明确双方的权利和义务,包括期限、报酬和劳保福利待遇等。严禁企业招用童工。有条件的企业应逐步建立职工退休劳动保险制度。

3. 确立以按劳分配为主体的收入分配方式的义务

农民股份合作企业实行按劳分配和按股分红相结合以按劳分配为主的分配方式。经营者的报酬可以从优,但一般最高不得超过职工平均工资和奖金收入的五倍。个人收入超过国家规定征税标准的,应依法交纳个人收入调节税。

4. 依法纳税的义务

农民股份合作企业领取营业执照后,应在30日内向当地税务机关办理税务登记手续,接受税务机关的管理和监督。企业应按国家对集体企业征税的有关规定,依法纳税。企业减免税款必须转入生产发展基金,全部用于发展生产,不得作为盈利用于分配。

5. 加强财务管理的义务

农民股份合作企业应执行国家制定的乡村集体企业财会制度,加强财务管理。企业各项专用基金、经营费用和补农建农基金,可按乡村集体企业的标准提取和列支。股金分红中相当于储蓄利息部分,企业可按有关规定列入生产经营成本。企业应按农业部、财政部规定,及时、足额向乡镇企业主管部门交纳管理费。

6. 合理分配税后利润的义务

农民股份合作企业应注重自身积累。企业在税后利润中,必须提取一部分作为不可分割的公共积累。企业税后利润分配,应有60%以上用于扩大再生产(其中50%作为不可分割的公共积累),其余40%用于股金分红(股金分红一般不得超过税后利润的20%)、集体福利基金、职工奖励基金等,具体比例由各地确定。

四、农民股份合作企业的组织形式和管理制度

农民股份合作企业应实行股东大会(股东代表大会)制度。股东大会(股东代表大会)是企业的最高权力机构,可选举产生董事会作为常设机构。董事会向股东大会(股东代表大会)负责,决定企业生产经营中的重大问题。企业实行承包经营责任制和厂长(经理)负责制。

股份是投资入股者在企业财产中所占的份额。为保证企业稳定发展,企业必须加强股份管理。入股者一般不得退股。个别因特殊情况要求退股的,在注册资本不减少的前提下,经股东大会(股东代表大会)或董事会批准可以退股。股权可依法继承、转让、馈赠,但须向企业股东大会(股东代表大会)或董事会申报,并办理有关手续。

农民股份合作企业改变名称、合并、分立、迁移、歇业、终止或其他登记事项,须向原批准和发证机关申请办理手续。企业分立、合并或终止时,必须保护其财产,依法清理债权债务。公共积累或其剩余部分的处理,可以用于发展新企业,可以作为股份对外入股,可以用于支农建农,也可以用于建立职工保险、福利基金等,但不得分给职工个人。具体由职工大会或职工代表大会决定。企业破产,应组建清产组织,依法进行清算,以企业财产承担有限责任。企业必须遵照国家法律、法规和政策,维护社会经济秩序和消费者的利益,开展合法的生产经营活动。违者,由有关行政主管机关责令改正。各级人民政府的乡镇企业管理部门是企业的主管部门,负责对企业进行指导、管理、监督、协调和服务。

第四节 农民专业合作社法

一、农民专业合作社的概念和地位

农民专业合作社是在农村家庭承包经营基础上,同类农产品的生产经营者或者同类农业生产经营服务的提供者、利用者,自愿联合、民

主管理的互助性经济组织。农民专业合作社以其成员为主要服务对象,提供农业生产资料的购买,农产品的销售、加工、运输、贮藏以及与农业生产经营有关的技术、信息等服务。

目前调整农民专业合作社的法律文件是《农民专业合作社法》,该法自 2007 年 7 月 1 日起施行。依法成立的农民专业合作社可以取得法人身份。农民专业合作社依照本法登记,取得法人资格。农民专业合作社对由成员出资、公积金、国家财政直接补助、他人捐赠以及合法取得的其他资产所形成的财产,享有占有、使用和处分的权利,并以上述财产对债务承担责任。农民专业合作社成员以其账户内记载的出资额和公积金份额为限对农民专业合作社承担责任。国家保护农民专业合作社及其成员的合法权益,任何单位和个人不得侵犯。

二、农民专业合作社应遵循的原则

农民专业合作社应当遵循下列原则:
1. 成员以农民为主体;
2. 以服务成员为宗旨,谋求全体成员的共同利益;
3. 入社自愿、退社自由;
4. 成员地位平等,实行民主管理;
5. 盈余主要按照成员与农民专业合作社的交易量(额)比例返还。

三、农民专业合作社的设立和登记

依据《农民专业合作社法》,设立农民专业合作社,应当具备下列条件:
1. 有五名以上符合规定的成员;
2. 有符合本法规定的章程;
3. 有符合本法规定的组织机构;
4. 有符合法律、行政法规规定的名称和章程确定的住所;
5. 有符合章程规定的成员出资。

设立农民专业合作社应当召开由全体设立人参加的设立大会。设立时自愿成为该社成员的人为设立人。设立大会行使下列职权:通过本社章程,章程应当由全体设立人一致通过;选举产生理事长、理事、执行监事或者监事会成员;审议其他重大事项。农民合作社章程应当载明下列事项:

1. 名称和住所;
2. 业务范围;
3. 成员资格及入社、退社和除名;
4. 成员的权利和义务;
5. 组织机构及其产生办法、职权、任期、议事规则;
6. 成员的出资方式、出资额;
7. 财务管理和盈余分配、亏损处理;
8. 章程修改程序;
9. 解散事由和清算办法;
10. 公告事项及发布方式;
11. 需要规定的其他事项。

设立农民专业合作社,应当向工商行政管理部门提交下列文件,申请设立登记:

1. 登记申请书;
2. 全体设立人签名、盖章的设立大会纪要;
3. 全体设立人签名、盖章的章程;
4. 法定代表人、理事的任职文件及身份证明;
5. 出资成员签名、盖章的出资清单;
6. 住所使用证明;
7. 法律、行政法规规定的其他文件。

登记机关应当自受理登记申请之日起二十日内办理完毕,向符合登记条件的申请者颁发营业执照。农民专业合作社法定登记事项变更的,应当申请变更登记。农民专业合作社登记办法由国务院规定。办理登记不得收取费用。

四、关于成员的规定

《农民专业合作社法》第 14 条规定:"具有民事行为能力的公民,以及从事与农民专业合作社业务直接有关的生产经营活动的企业、事业单位或者社会团体,能够利用农民专业合作社提供的服务,承认并遵守农民专业合作社章程,履行章程规定的入社手续的,可以成为农民专业合作社的成员。但是,具有管理公共事务职能的单位不得加入农民专业合作社。"第15条规定:"农民专业合作社的成员中,农民至少应当占成员总数的百分之八十。成员总数二十人以下的,可以有一个企业、事业单位或者社会团体成员;成员总数超过二十人的,企业、事业单位和社会团体成员不得超过成员总数的百分之五。"

农民专业合作社成员享有下列权利:

1. 参加成员大会,并享有表决权、选举权和被选举权,按照章程规定对本社实行民主管理;

2. 利用本社提供的服务和生产经营设施;

3. 按照章程规定或者成员大会决议分享盈余;

4. 查阅本社的章程、成员名册、成员大会或者成员代表大会记录、理事会会议决议、监事会会议决议、财务会计报告和会计账簿;

5. 章程规定的其他权利。

农民专业合作社成员承担下列义务:

1. 执行成员大会、成员代表大会和理事会的决议;

2. 按照章程规定向本社出资;

3. 按照章程规定与本社进行交易;

4. 按照章程规定承担亏损;

5. 章程规定的其他义务。

五、关于组织机构的规定

农民专业合作社成员大会由全体成员组成,是本社的权力机构,行使下列职权:

1. 修改章程;

2. 选举和罢免理事长、理事、执行监事或者监事会成员;

3. 决定重大财产处置、对外投资、对外担保和生产经营活动中的其他重大事项;

4. 批准年度业务报告、盈余分配方案、亏损处理方案；
5. 对合并、分立、解散、清算作出决议；
6. 决定聘用经营管理人员和专业技术人员的数量、资格和任期；
7. 听取理事长或者理事会关于成员变动情况的报告；
8. 章程规定的其他职权。

农民专业合作社召开成员大会，出席人数应当达到成员总数三分之二以上。成员大会选举或者做出决议，应当由本社成员表决权总数过半数通过；做出修改章程或者合并、分立、解散的决议应当由本社成员表决权总数的三分之二以上通过。章程对表决权数有较高规定的，从其规定。

农民专业合作社设理事长一名，可以设理事会。理事长为本社的法定代表人。农民专业合作社可以设执行监事或者监事会。理事长、理事、经理和财务会计人员不得兼任监事。理事长、理事、执行监事或者监事会成员，由成员大会从本社成员中选举产生，依照本法和章程的规定行使职权，对成员大会负责。农民专业合作社的理事长、理事、经理不得兼任业务性质相同的其他农民专业合作社的理事长、理事、监事、经理。

六、国家对农民专业合作社的扶持政策

农民专业合作社从事生产经营活动，应当遵守法律、行政法规，遵守社会公德、商业道德，诚实守信。国家通过财政支持、税收优惠和金融、科技、人才的扶持以及产业政策引导等措施，促进农民专业合作社的发展。国家鼓励和支持社会各方面力量为农民专业合作社提供服务。县级以上各级人民政府应当组织农业行政主管部门和其他有关部门及有关组织，依据各自职责，对农民专业合作社的建设和发展给予指导、扶持和服务。

国家支持发展农业和农村经济的建设项目，可以委托和安排有条件的有关农民专业合作社实施。中央和地方财政应当分别安排资金，支持农民专业合作社开展信息、培训、农产品质量标准与认证、农业生产基础设施建设、市场营销和技术推广等服务。对民族地区、边远地区

第四章 农村市场主体法律制度

和贫困地区的农民专业合作社和生产国家与社会急需的重要农产品的农民专业合作社给予优先扶持。

国家政策性金融机构应当采取多种形式,为农民专业合作社提供多渠道的资金支持。国家鼓励商业性金融机构采取多种形式,为农民专业合作社提供金融服务。农民专业合作社享受国家规定的对农业生产、加工、流通、服务和其他涉农经济活动相应的税收优惠。

 材料阅读:

上海探索农村产权制改革

初冬的上海,寒意渐浓。"喝咖啡还是喝茶?"在陈承秋、顾冠英的家里,夫妻俩招呼记者围坐在小餐桌旁,一时间竟让人忘记他们曾经是农民,上海闵行区虹桥镇先锋村的农民。

陈承秋夫妇的生活转变,有两个转折点,第一个是土地被征,因为拆迁,他们分得4套房,从农民变成了居民。第二个是村级产权制度改革,他们由农民变成了村级合作社的股东,拥有了终身的股权。

闵行是上海的城乡结合区,随着城市化的进程,1990年后,虹桥镇的10个村逐步成了三无村:无农田、无农民、无农宅,越来越城市化。但是,村级组织还在,村级集体经济的资产还在,离开了土地的农民,如何分享这些资产权益?

2001年,随着村级建制的撤销,虹桥镇在上世纪90年代的农村集体经济改制的基础上,启动了存量资产的改革,按农民的农龄把村级资产量化后分给村民。然后组建由村民入股的股份合作社。当时改了3个村:红欣村、先锋村、红春村。在组建村级合作社时,因为村民对这一改革的认识不统一,仅其中一村就有69%的村民没入股,把股权兑换成了现金;有的入股了,也没入够。陈承秋一家老小有农龄120多年,分得了近10万元。按方案可以入10万股,但是,因为要给两个孩子装修房子,资金紧张,只入了4万股,共4万元。

但是,几年过后,入股的村民明显尝到甜头,每年可以按比例分红。以陈承秋一家为例,他们夫妻俩的4万股,每年可以获得12%的红利,扣掉税,可净得10%,也有4 000多元。在这样的情况下,那些没有入股的村民怎么办?

2011年,虹桥镇再次启动村级集体经济产权改革。针对前一次改革的不足,作了很多改变。取消了干部岗位股,干部与村民同股同权,村民心服了。不允许用股权兑现现金。全部过程公开,如何改、怎样分配由村民集体讨论。镇政府派工作组进入改制村,强化领导,实现"公平公开公正"的承诺。

按照这一做法,虹桥镇在西郊村、红四村、红二村3个村改制成功,全部实现了百分百资产量化,百分百村民入股的目标。此后,又对先期进行改革的几个村进行再次改革,按照新的方法,让原先没有入股的村民重新入股,股份不足的村民重新补足股份。

陈承秋夫妇补足了10万股,此后按10万股分红,而且终身拥有,还可以继承。2013年,先锋村合作社收益可达8 000万,陈承秋夫妇按10万股比例,可以分得15%—18%的红利。因为收益增加,明年可能获20%的分红,这也是约定的最高的分红比例。陈承秋给记者算了一笔账:现在,夫妇俩每月可以有4 000元左右的退休和养老金,每年还可以有2万元左右的股东分红。

2011年底,闵行区成为新一轮农村改革试验区,试验的主题为农村产权制度改革。2011年,闵行已有30个村完成改革;2012年,又完成了23个村;2013年,将基本完成集中城市化地区村的改革;2015年,完成全区所有村的改革。

虹桥镇的镇级产权制度改革也正在推进,最终目的是通过一系列的产权制度改革,让虹桥镇的所有农民公平享受村级资产以及镇级资产带来的红利。

资料来源:2013年12月16日《人民日报》,第2版,作者:谢卫群

第五节　农业社会化服务体系

一、农业社会化服务体系的概念

农业社会化服务是指为农业生产经营各环节提供必要的经营条件,保证农业生产经营活动顺利进行的社会性活动。社会化服务是农业生产正常进行的保障,可以有效地提高农业生产抗御风险的能力。农业社会化服务体系是为农业、农村和农民生产生活服务的一系列社会组织与服务体制的总称。农村社会化服务体系是农村商品经济和社会分工发展到一定阶段的产物,是在市场经济条件下,伴随着农村社会化服务业的发展,为适应农民生产、生活社会化趋势而逐渐形成和发展起来的。农业社会化服务体系运用社会各方面力量,使经营规模相对较小的农业生产单位,适应市场经济体制的要求,克服自身规模较小的弊端,从而获得大规模生产效益。社会化服务体系可以有效地解决农户家庭难以解决的经营问题,更好地与市场联系,不断提高农业生产经营的专业化水平。完善的社会化服务体系是现代农业所具有的重要特征和优势之一,并已成为农业和农村经济发展的重要保障。

二、建立新型农业社会化服务体系的原因

党的十八大明确提出要"坚持和完善农村基本经营制度,构建集约化、专业化、组织化、社会化相结合的新型农业经营体系"。这不仅需要培育新型的农业经营主体以拓展经营形式,更需要建立一套新型的农业社会化服务体系作为支撑。因此,加快建立新型的农业社会化服务体系是构建新型农业经营体系的主要内容,也是完善农村基本经营制度的客观需要。

早在1991年,《国务院关于加强农业社会化服务体系建设的通知》就指出,加强农业社会化服务体系建设,是深化农村改革,推动农村有计划商品经济发展的一项伟大事业,对于稳定和完善以家庭联产承包

为主的责任制,健全双层经营体制,壮大集体经济,实现小康目标,促进农业现代化,具有极其重要而深远的意义。时至今日,我国农业和农村发展已经进入了一个新的阶段,迫切需要建立一套新型的农业社会化服务体系与之配套:一是因为在家庭经营规模较小,农业劳动力又呈现低质化、老龄化、妇女化的趋势的背景下农民专业合作社、农业龙头企业、家庭农场等新型的农业经营主体不断涌现,对农业社会化服务提出了更高的需求。二是因为在农业市场化、国家化不断深入的背景下具有公共产品性质的农业服务供给既存在市场失灵问题,又存在政府失灵问题,建立适应农业新阶段特征的新型农业社会化服务体系迫在眉睫。三是因为农业发展方式的转变和农村基本经营制度的完善必然要求一个覆盖全程、形式多样、综合配套、便捷高效的社会化服务体系来支撑。

  农业社会化服务体系,就是农业的分工体系和市场体系。随着农业生产力的发展和农业商品化程度的不断提高,传统上由农民直接承担的农业生产环节越来越多地从农业生产过程中分化出来,发展成为独立的新兴涉农经济部门;这些部门同农业生产部门通过商品交换相联系,其中有不少通过合同或其他组织形式,在市场机制作用下,同农业生产结成了稳定的相互依赖关系,形成一个有机整体。农业社会化服务如果能够形成一个完备的体系,就表明商品农业已经进入了高度发达的阶段。

三、农业社会化服务体系的基本架构

  农业社会化服务体系是由农业部门和各涉农部门,企业事业单位、各类经济组织、社会团体等各种社会力量参与组成的。农业部门包括农业、林业、水利、气象等农业行政部门。涉及农业的部门包括科技、教育、发改、财政、金融、商务、工商、税务、人力资源与社会保障、卫生、民政、工业与信息化、广电、交通、电力、环境保护、动植物检疫、食品与药品监督等相关部门。

  农业社会化服务涉及农业产前、产中、产后等多个领域。如产前的生产资料供应、产中的耕种技术、栽培技术、病虫害防治技术等技术服

务以及产后的销售、运输、加工等服务。新型农业社会化服务体系主要由农业科技服务体系、农业生产服务体系、农业基础设施服务体系、农村经营管理服务体系、农村商品流通服务体系、农村金融服务体系、农村信息服务体系、农产品质量安全服务体系八个方面构成。

四、农业社会化服务体系的具体内容

农业社会化服务体系由各个子系统组成,具体包括[①]:

(一) 农业科技服务体系

农业科技服务的公益性特征,使之成为各部门服务农业的重点领域。农业科技服务体系既有相对独立的农业科研体系、农业教育体系、农业技术推广体系,同时又融于农业社会化服务体系的各个领域。由于农业科技服务体系的业务分别属于不同的行政部门主管,各部门如果都关心支持农业,对于农业发展将起到积极的促进作用。但实践中却出现了各部门自成体系、重复建设、资源利用不合理的问题,需要加强农科教结合、产学研结合,充分发挥党和政府有关部门在农业科技服务中的组织领导作用以及科技教育单位的科技支撑作用。

(二) 农业基础设施服务体系

政府或国有企业应投资建设大中型项目,如乡村公路、电力、大中型水利设施等与农业相关的基础设施,由相关行业部门直接管理或政府委托有关单位维护管理和服务,列入财政预算支撑运行。鼓励社会力量投资建设经营性项目。小型农业基础设施项目以租赁、承包经营为主。如小型水库、排灌站、渠道管理维护、大型农机具等农业设施,一般是政府出资,或政府出资与农民投工、出资相结合兴建或购置,具有公益性质。这些设施不由管理者实行有偿服务,政府有关部门实施监督管理。分散到户的农业基础设施,实行自主经营管理,有偿服务。

(三) 农业生产服务体系

农业生产过程中的社会化服务,除公益性科技服务外,耕地、播种、灌溉、防治病虫害、收割等大量的生产服务是通过市场化运作完成。这

---

① 陈建华.新型农业社会化服务体系及运行机制[N].农民日报,2012-7-21(3).

些市场化生产服务,也需要政府的扶持和帮助。如通过农机购置补贴政策,帮助种植养殖大户、农民专业合作社、提高农业生产服务的组织规模和效益等。

(四)农村经营管理服务体系

农村经营管理服务体系建设必须把服务"三农"作为立足点和出发点,把有效履行职能作为推进农村经营管理服务体系建设的关键点,把改革创新作为推进农村经营管理服务体系建设的着力点,围绕深化行政管理体制改革,科学设置机构,合理配置职权,不断提高服务能力和水平。行政部门负责制定政策、行政监管和宏观指导等职能,把如土地承包经营权流转管理和服务、农村集体"三资"和财务管理、农村产权交易、农民专业合作社服务等业务性工作交由事业单位或企业承担。

(五)农村商品流通服务体系

建立新型农村商品流通体系,就要增加农村商品流通的渠道,发挥农业生产企业和农民专业合作社对农户的带动作用,并增强农户与经销商谈判的能力和在市场交易中的话语权,提高整个体系的活力和效率。

(六)农村金融服务体系

农村金融机构之间应强化分工和合作,以满足不同层次的金融服务需求。从我国的实际情况出发,银行资金实力雄厚,重点发放额度较大的项目贷款;新型农村金融机构融资比较困难,资金实力不强,重点经营小额贷款;农民合作社开展信用合作,重点为合作社成员解决小额资金互助问题。

(七)社会化农村信息服务体系

农村信息服务体系呈现出农村信息服务内容多样化、服务手段现代化、服务渠道社会化的趋势。农业生产技术信息、国家政策信息、农产品供求和价格信息等的选择性获取,正在从单纯的被动接受型,向手机、网络互动型转变。

(八)农产品质量安全体系

农产品质量安全体系应当以政府为主导,各部门各司其职,社会各方面参与管理、认证、检测等社会化服务,实行委托制度或准入制度,同时加强农产品质量安全预警和日常监管,并接受媒体和社会监督。

五、农村社会化服务体系的基本特征

农村社会化服务体系的基本特征主要表现为以下三个方面[①]:

(一) 服务内容系统化

随着我国国民经济快速发展,社会各项事业全面进步,农业与农村经济社会发展取得显著成就,快步迈入加快推进农业现代化和社会主义新农村建设的新时期。农村社会化服务体系的服务内容不仅全面具体,而且质量高、协调性好。其服务涵盖面不仅涉及农业生产各个环节,在农业生产资料供应、良种繁育及技术推广、土壤肥力测定及改良、农业机械化作业、水利灌溉、动植物病虫害防疫防治、农业保险与资金借贷、农业信息发布、农副产品加工、包装、储运、销售以及质量监测、农业技术培训等方面可以向农户提供比较全面的服务,建立了农业服务体系(包括农业技术推广体系、动植物疫病防控体系、农产品质量监管体系、农产品市场体系、农业信息收集以及发布体系和农业金融和保险服务体系等);而且覆盖到农村各类公共基础设施如通村通组公路、农田道路、农田水利、农村饮水安全、农村通电通信等基础设施建设等领域,建立了农村基础设施服务体系;并全面延伸到农村社会事业的各个方面,包括农村医疗、卫生、养老、教育、文化等多方面,建立了农村社会事业服务体系。

(二) 服务主体多元化

农村社会化服务体系是由各种社会经济组织构成的一个庞大而复杂的系统,因此,其服务主体应该是多元化的。近年来,随着农村各类服务需求和供给的逐步扩大,农村社会化服务主体也有了较快发展。当前,通过政府的积极引导、大力培育和扶持,各种形式的农村社会化

---

① 彭玮,王金华.构建新型农村社会化服务体系[M].武汉:湖北科学技术出版社,2012:19.

服务组织(包括公益性服务组织、营利性服务组织和非营利性服务组织)大量涌现,改变了过去那种农村社会化服务主体单一化和有效服务供给不足的局面,初步形成了以国家及地方各级政府职能部门对口的公共服务机构为主体、农业院校和科研机构、合作经济组织、行业协会、各类涉农公司或企业、专业户和其他服务实体等多方参与的多元化服务主体共同发展、各司其职和竞合有序共办农村社会化服务的服务格局。

(三)服务性质社会化

农村社会化服务体系所提供的服务完全不同于自然经济条件下农民的自我服务,它是农业生产力和农村商品经济发展到一定阶段的必然产物,是以社会化分工为前提和商品交换为基础的。随着农村商品经济的发展,尤其是农村市场经济的发展,农村的社会分工越来越细,专业化程度越来越高,协作化趋势越来越明显,农产品产供销一体化不断加强,生产者与市场的联系越来越紧密。从而,面向整个农村为农村生产生活提供的各项服务不可能由个别农民或农业生产经营者进行自我提供,而必须依赖其他产业部门的服务活动。因此,农村社会化服务具有社会化的性质。

材料阅读:

CSA:社区支持农业

CSA,全称为 Community Support Agriculture,也就是"社区支持农业"。该模式于20世纪70年代在欧洲、日本和台湾地区形成发展,并逐渐成为有机食品消费的主要渠道。CSA是一种以"风险共担、收益共享"的核心理念,搭建消费者和生产者之间的直接沟通桥梁,不通过超市、批发商等中间渠道,把社区居民和有机农场或小农直接联结起来组织自己的市场。CSA的重要原则是农民在具有生态安全的农业系统中生产耕作,消费者也是"股东",也要承担生产耕作的风险,比如可能遇到的自然灾害等,农民、消费者和生态环境在这一模式下实现了共赢。

贵阳市公布的《促进生态文明建设条例》明确提出,倡导"社区支持农户的绿色纽带模式,促进城乡相互支持、共同发展"。将这种模式写进法规,是全国首次,不仅有利于落实"城市反哺农村"的政策,也有利于将农业生产与社区居民需要直接挂钩,避免生产的盲目性和农产品浪费。不通过中间商环节,让农民获得公平贸易的权利,从而有利于增加农民收入,调动农民生产有机食品的积极性。

在贵阳等地兴起的"包田购菜"给普通人带来了绿色希望。一些公益机构,组织一些有意愿的市民,同郊区的农民合作社签了三方协议。市民预付4个月菜钱,合作社帮种不用农药化肥的菜,每周两次送到城里来。由于是和农民直接交易,所以菜并不贵。农民不用担心卖菜难,市民吃到了有机菜,实现了互惠共赢。更重要的是,有了感情纽带,便有了信任。

"社区支持农业"近年逐渐在北京、成都、柳州、珠海等城市推广,因为有别于主流市场而被称为"另类市场"。贵阳市将倡导社区支持农业的模式写入地方性法规,有望让"另类"逐步融入"主流",让更多的平民有机会享受健康食品的同时,也让更多的农民有机会健康地生产。生态文明建设有望从餐桌与耕作起步,成为惠及千家万户、润泽百姓日常生活的民心工程。

本章习题

一、选择题

1. 农村集体经济组织的成员,在法律允许的范围内,按照承包合同规定从事商品经营的,为(　　)。

   A. 农村承包经营户　　　　B. 个体工商户

   C. 自然人　　　　　　　　D. 法人

2. 农民股份合作企业的权利有哪些(　　)?

   A. 企业财产权　　　　　　B. 生产经营自主权

   C. 合法权益受法律保护　　D. 税收优惠权

二、思考题

1. 农业市场主体有哪些？它们之间有何区别？
2. 试论述农民股份合作企业的含义、地位、特征及权利义务。
3. 如何认识农民专业合作社？
4. 谈谈你对新型农业社会化服务体系的认识。

第五章 农业生产安全法律制度

 **本章要点**

本章的主要内容包括种子法律制度、农药和兽药管理法律制度、无公害农产品管理制度和农业转基因生物安全管理制度。学习者需要了解《种子法》《农药管理条例》《兽药管理条例》《无公害农产品管理办法》《农业转基因生物安全管理条例》和《农产品质量安全法》的相关法律规定。通过本章的学习,要掌握种子生产法律制度,种子经营法律制度,种子使用和质量保证法律制度,农药生产、经营和使用法律制度,兽药生产、经营和使用法律制度以及农产品质量安全法律规定。还要理解无公害农产品、绿色农产品和有机农产品的区别,以及为什么要进行转基因生物安全管理。

第一节 种子法律制度

一、种子的概念和作用

种子是指农作物和林木的种植材料或者繁殖材料,包括籽粒、果实和根、茎、苗、芽、叶等。主要农作物是指稻、小麦、玉米、棉花、大豆以及国务院农业行政主管部门和省、自治区、直辖市人民政府农业行政主管部门各自分别确定的其他一至二种农作物。

种子居于农业生产链条的最上源,是农业生产中最基本、最重要的生产资料,也是人类生存和发展的基础。根据国土资源部数据显示,中国耕地保有量人均不足 1.4 亩,为世界平均水平的 40%。粮食的增产增收,成为确保国家粮食供给安全的根本途径。粮食生产离不开种子,种子行业处于整个农业产业链的起点,在很大程度上影响甚至决定了农作物的产量和质量。

种子在农业生产中的作用主要体现在四个方面:

1. 提高农作物产量

培育和推广优良品种是提高农作物产量最有效的途径。据专家统计分析,在提高单产的农业增产技术中,优良品种的作用一般为 25%～30%,甚至可高达 50% 以上。

2. 改善和提高农产品质量

优良品种不仅可以提高农作物产量,而且可以大大改善农产品质量。随着生活水平的提高,人们对高营养及无污染、无公害的食品需求越来越迫切,要满足这一需求,培育推广优良品种是一条必由之路。

3. 促进种植业结构调整

为促进农业的发展,党中央作出了进行农业和农村经济结构战略性调整的重大决策。在农业结构战略性调整中,良种发挥了重要的先导作用,改变了品种结构,推动了农业结构战略性调整向纵深发展。

4. 提高农业竞争力

21 世纪是知识经济时代,市场竞争将是知识的竞争。对农业而言,由于种子是农业发展的源头,是不可替代的最基础的生产资料,所以,农业的竞争、农产品的竞争将聚集在种子的竞争。谁在种业革命中占据了科技制高点,谁就占领了市场竞争的制高点。

为了保护和合理利用种质资源,规范品种选育和种子生产、经营、使用行为,维护品种选育者和种子生产者、经营者、使用者的合法权益,提高种子质量水平,推动种子产业化,促进种植业和林业的发展,国家专门制定了《种子法》。在中华人民共和国境内从事品种选育和种子生产、经营、使用、管理等活动,适用本法。被列入《种子法》范畴的只是商品种子,即用来作为商品与他人进行交换的种子,不与他人发生社会关系的自用种子,不属于《种子法》所指的种子范围;不是作为商品种子出售,而是作为商品粮食、饮料等出售,但被购买者作为种子使用的,也不属于《种子法》界定的范畴。

二、《种子法》的相关法律制度

(一) 种质资源保护制度

种质资源是指选育新品种的基础材料,包括各种植物的栽培种、野生种的繁殖材料以及利用上述繁殖材料人工创造的各种植物的遗传材料。

国家依法保护种质资源,任何单位和个人不得侵占和破坏种质资源。禁止采集或者采伐国家重点保护的天然种质资源。因科研等特殊情况需要采集或者采伐的,应当经国务院或者省、自治区、直辖市人民政府的农业、林业行政主管部门批准。

国家有计划地收集、整理、鉴定、登记、保存、交流和利用种质资源,定期公布可供利用的种质资源目录。具体办法由国务院农业、林业行政主管部门规定。国务院农业、林业行政主管部门应当建立国家种质资源库,省、自治区、直辖市人民政府农业、林业行政主管部门可以根据需要建立种质资源库、种质资源保护区或者种质资源保护地。

国家对种质资源享有主权,任何单位和个人向境外提供种质资源的,应当经国务院农业、林业行政主管部门批准;从境外引进种质资源的,依照国务院农业、林业行政主管部门的有关规定办理。

(二) 种子生产法律制度

1. 种子生产许可制度

种子生产,是指种植、采收、晾晒或者烘干种子的活动。《种子法》第 20 条规定,主要农作物和主要林木的商品种子生产实行许可制度。主要农作物杂交种子及其亲本种子、常规种原种种子、主要林木良种的种子生产许可证,由生产所在地县级人民政府农业、林业行政主管部门审核,省、自治区、直辖市人民政府农业、林业行政主管部门核发;其他种子的生产许可证,由生产所在地县级以上地方人民政府农业、林业行政主管部门核发。种子生产许可证有效期3年。种子生产许可证有效期满后,种子生产者需在同一核发机关申领新证的,应当在许可证期满70日前重新提出申请。

2. 种子生产许可证的申领条件

申请领取种子生产许可证的单位和个人,应当具备下列条件:

(1) 具有繁殖种子的隔离和培育条件;

(2) 具有无检疫性病虫害的种子生产地点或者县级以上人民政府林业行政主管部门确定的采种林;

(3) 具有与种子生产相适应的资金和生产、检验设施;

(4) 具有相应的专业种子生产和检验技术人员;

(5) 法律、法规规定的其他条件。

种子生产许可证应当注明生产种子的品种、地点和有效期限等项目。禁止伪造、变造、买卖、租借种子生产许可证;禁止任何单位和个人无证或者未按照许可证的规定生产种子。

3. 种子生产者的义务

在林木种子生产基地内采集种子的,由种子生产基地的经营者组织进行,采集种子应当按照国家有关标准进行。禁止抢采掠青、损坏母树,禁止在劣质林内、劣质母树上采集种子。

商品种子生产者应当建立种子生产档案,载明生产地点、生产地块环境、前茬作物、亲本种子来源和质量、技术负责人、田间检验记录、产地气象记录、种子流向等内容。

(三) 种子经营法律制度

1. 种子经营和种子经营许可制度的概念

种子经营,是指对生产的种子进行清选、分级、干燥、包衣等加工处理,以及包装、标志、销售的活动。由于农作物种子是特殊商品,国家规定实行许可经营制度。《种子法》第26条规定,种子经营实行许可制度。种子经营者必须先取得种子经营许可证后,方可凭种子经营许可证向工商行政管理机关申请办理或者变更营业执照。

种子经营许可证应当注明种子经营范围、经营方式及有效期限、有效区域等项目。禁止伪造、变造、买卖、租借种子经营许可证;禁止任何

第五章 农业生产安全法律制度

单位和个人无证或者未按照许可证的规定经营种子。

种子经营许可证有效期为5年。经营许可证期满后继续从事种子经营的,种子经营者应当在期满6个月前重新申请。

2. 种子经营许可证的分级审批发放

种子经营许可证实行分级审批发放制度。种子经营许可证由种子经营者所在地县级以上地方人民政府农业、林业行政主管部门核发。主要农作物杂交种子及其亲本种子、常规种原种种子、主要林木良种的种子经营许可证,由种子经营者所在地县级人民政府农业、林业行政主管部门审核,省、自治区、直辖市人民政府农业、林业行政主管部门核发。实行选育、生产、经营相结合并达到国务院农业、林业行政主管部门规定的注册资本金额的种子公司和从事种子进出口业务的公司的种子经营许可证,由省、自治区、直辖市人民政府农业、林业行政主管部门审核,国务院农业、林业行政主管部门核发。农民个人自繁、自用的常规种子有剩余的,可以在集贸市场上出售、串换,不需要办理种子经营许可证,由省、自治区、直辖市人民政府制定管理办法。任何单位和个人不得非法干预种子经营者的自主经营权。

3. 种子经营许可证的申领条件

申请领取种子经营许可证的单位和个人,应当具备下列条件:

(1) 具有与经营种子种类和数量相适应的资金及独立承担民事责任的能力;

(2) 具有能够正确识别所经营的种子、检验种子质量、掌握种子贮藏、保管技术的人员;

(3) 具有与经营种子的种类、数量相适应的营业场所及加工、包装、贮藏保管设施和检验种子质量的仪器设备;

(4) 法律、法规规定的其他条件。

种子经营者专门经营不再分装的包装种子的,或者受具有种子经营许可证的种子经营者以书面委托代销其种子的,可以不办理种子经营许可证。

4. 种子经营者的义务

种子经营者应当遵守有关法律、法规的规定,向种子使用者提供种子的简要性状、主要栽培措施、使用条件的说明与有关咨询服务,并对种子质量负责。

销售的种子应当加工、分级、包装。但是,不能加工、包装的除外。大包装或者进口种子可以分装;实行分装的,应当注明分装单位,并对种子质量负责。

销售的种子应当附有标签①。标签应当标注种子类别、品种名称、产地、质量指标、检疫证明编号、种子生产及经营许可证编号或者进口审批文号等事项。标签标注的内容应当与销售的种子相符。销售进口种子的,应当附有中文标签。销售转基因植物品种种子的,必须用明显的文字标注,并应当提示使用时的安全控制措施。

种子经营者应当建立种子经营档案,载明种子来源、加工、贮藏、运输和质量检测各环节的简要说明及责任人、销售去向等内容。一年生农作物种子的经营档案应当在种子销售后保存两年,多年生农作物和林木种子经营档案的保存期限由国务院农业、林业行政主管部门规定。

(四)种子使用和质量保证法律制度

1. 种子使用者的合法权益维护

种子使用者有权按照自己的意愿购买种子,任何单位和个人不得非法干预。种子使用者因种子质量问题遭受损失的,出售种子的经营者应当予以赔偿,赔偿额包括购种价款、有关费用和可得利益损失。经营者赔偿后,属于种子生产者或者其他经营者责任的,经营者有权向生产者或者其他经营者追偿。

因使用种子发生民事纠纷的,当事人可以通过协商或者调解解决。当事人不愿通过协商、调解解决或者协商、调解不成的,可以根据当事人之间的协议向仲裁机构申请仲裁。当事人也可以直接向人民法院起诉。

2. 种子质量的监督检验机构

种子的生产、加工、包装、检验、贮藏等质量管理办法和行业标准,

---

① 标签是指固定在种子包装物表面及内外的特定图案及文字说明。种子标签制度是许多国家种子法律制度的主要内容之一,其实质是要求经营者真实标明其产品的质量,给使用者充分的选择权利。

由国务院农业、林业行政主管部门制定。农业、林业行政主管部门负责对种子质量的监督。农业、林业行政主管部门可以委托种子质量检验机构对种子质量进行检验。承担种子质量检验的机构应当具备相应的检测条件和能力,并经省级以上人民政府有关主管部门考核合格。

3. 种子检验员的条件

种子质量检验机构应当配备种子检验员。种子检验员应当具备以下条件:

(1) 具有相关专业中等专业技术学校毕业以上文化水平;

(2) 从事种子检验技术工作三年以上。

农作物种子检验员应当经省级以上人民政府农业行政主管部门考核合格;林木种子检验员应当经省、自治区、直辖市人民政府林业行政主管部门考核合格。

4. 假、劣种子的概念

假种子包括两种:

(1) 以非种子冒充种子或者以此种品种种子冒充他种品种种子的;

(2) 种子种类、品种、产地与标签标注的内容不符的。

劣种子包括五种:

(1) 质量低于国家规定的种用标准的;

(2) 质量低于标签标注指标的;

(3) 因变质不能作种子使用的;

(4) 杂草种子的比率超过规定的;

(5) 带有国家规定检疫对象的有害生物的。

《种子法》第46条规定,禁止生产、经营假、劣种子。生产、经营假、劣种子的行为都将受到法律的严厉制裁。

5. 防止种子病虫害的规定

从事品种选育和种子生产、经营以及管理的单位和个人应当遵守有关植物检疫法律、行政法规的规定,防止植物危险性病、虫、杂草及其他有害生物的传播和蔓延。禁止任何单位和个人在种子生产基地从事病虫害接种试验。

（五）违反《种子法》的法律责任

1. 生产、经营假、劣种子的，由县级以上人民政府农业、林业行政主管部门或者工商行政管理机关责令停止生产、经营，没收种子和违法所得，吊销种子生产许可证、种子经营许可证或者营业执照，并处以罚款；有违法所得的，处以违法所得五倍以上十倍以下罚款；没有违法所得的，处以二千元以上五万元以下罚款；构成犯罪的，依法追究刑事责任。

2. 有下列行为之一的，由县级以上人民政府农业、林业行政主管部门责令改正，没收种子和违法所得，并处以违法所得一倍以上三倍以下罚款；没有违法所得的，处以一千元以上三万元以下罚款；可以吊销违法行为人的种子生产许可证或者种子经营许可证；构成犯罪的，依法追究刑事责任：

（1）未取得种子生产许可证或者伪造、变造、买卖、租借种子生产许可证，或者未按照种子生产许可证的规定生产种子的；

（2）未取得种子经营许可证或者伪造、变造、买卖、租借种子经营许可证，或者未按照种子经营许可证的规定经营种子的。

3. 有下列行为之一的，由县级以上人民政府农业、林业行政主管部门责令改正，没收种子和违法所得，并处以违法所得一倍以上三倍以下罚款；没有违法所得的，处以一千元以上二万元以下罚款；构成犯罪的，依法追究刑事责任：

（1）为境外制种的种子在国内销售的；

（2）从境外引进农作物种子进行引种试验的收获物在国内作商品种子销售的；

（3）未经批准私自采集或者采伐国家重点保护的天然种质资源的。

4. 有下列行为之一的，由县级以上人民政府农业、林业行政主管部门或者工商行政管理机关责令改正，处以一千元以上一万元以下罚款：

（1）经营的种子应当包装而没有包装的；

（2）经营的种子没有标签或者标签内容不符合本法规定的；

第五章 农业生产安全法律制度 113

(3) 伪造、涂改标签或者试验、检验数据的；

(4) 未按规定制作、保存种子生产、经营档案的；

(5) 种子经营者在异地设立分支机构未按规定备案的。

5. 经营、推广应当审定而未经审定通过的种子的，由县级以上人民政府农业、林业行政主管部门责令停止种子的经营、推广，没收种子和违法所得，并处以一万元以上五万元以下罚款。

6. 抢采掠青、损坏母树或者在劣质林内和劣质母树上采种的，由县级以上人民政府林业行政主管部门责令停止采种行为，没收所采种子，并处以所采林木种子价值一倍以上三倍以下的罚款；构成犯罪的，依法追究刑事责任。

当事人认为有关行政机关的具体行政行为侵犯其合法权益的，可以依法申请行政复议，也可以依法直接向人民法院提起诉讼。

 材料阅读：

杂交水稻之父袁隆平

上世纪60年代，西方的生物学已经进入分子时代，奥地利科学家孟德尔和美国科学家摩尔根的遗传学理论已经获得明显效果，美国、墨西哥等利用这一理论研制成功的杂交玉米、杂交高粱等已经广泛应用于生产，只有水稻的杂交优势利用技术却一直止步不前。

国际上的许多专家经过多年探索，都在杂交水稻面前碰了壁，他们得出结论：自花授粉作物，自交不退化，杂交无优势。像水稻这样一朵花只结一粒种子的"单颖果植物"，就算利用杂交优势，必然制种困难，无法应用于大规模生产。杂交水稻研究，是世界公认的农业科学领域中的"哥德巴赫猜想"。

中国有着古老的稻作文明，有着丰富的水稻种类资源，辽阔的国土和充足的温光条件，难道外国人干不成的事情中国人就一定做不成吗？年轻的袁隆平毅然投入了摩尔根遗传学的怀抱，向杂交水稻进军。历尽数年的艰辛和磨难，袁隆平及其团队终于攻克了杂交水稻这道世界难题。

1976年,杂交水稻开始在湖南推广,随即在全国遍地开花结果,当年推广杂交稻208万亩,增产幅度全部在20%以上,平均亩产从300公斤一下子提高到500公斤。据不完全统计,在中国已经累计推广杂交水稻60亿亩,增产稻谷约6 000亿公斤,取得了划时代意义的经济和社会效益。2013年,亩产超过980公斤,创造了百亩连片平均亩产最新世界纪录。

一粒小小的种子改变了世界。目前,中国杂交水稻已在世界上30多个国家和地区进行研究和推广,并被冠以"东方魔稻""巨人稻""瀑布稻"等美称。国际上甚至把杂交稻作为中国继四大发明之后的第五大发明,誉之为"第二次绿色革命"。

第二节 农药管理法律制度

一、农药的概念

农药,是指用于预防、消灭或者控制危害农业、林业的病、虫、草和其他有害生物以及有目的地调节植物、昆虫生长的化学合成或者来源于生物、其他天然物质的一种物质或者几种物质的混合物及其制剂。

具体而言,农药包括用于不同目的、场所的下列各类:

(一)预防、消灭或者控制危害农业、林业的病、虫(包括昆虫、蜱、螨)、草和鼠、软体动物等有害生物的;

(二)预防、消灭或者控制仓储病、虫、鼠和其他有害生物的;

(三)调节植物、昆虫生长的;

(四)用于农业、林业产品防腐或者保鲜的;

(五)预防、消灭或者控制蚊、蝇、蜚蠊、鼠和其他有害生物的;

(六)预防、消灭或者控制危害河流堤坝、铁路、机场、建筑物和其他场所的有害生物的。

二、《农药管理条例》的法律规定

为了加强对农药生产、经营和使用的监督管理,保证农药质量,保护农业、林业生产和生态环境,维护人畜安全,国家制定了《农药管理条例》。在中华人民共和国境内生产、经营和使用农药的,应当遵守本条例。

(一) 农药登记制度

国家实行农药登记制度。生产(包括原药生产、制剂加工和分装)农药和进口农药,必须进行登记。

国内首次生产的农药和首次进口的农药的登记,按照下列三个阶段进行:

1. 田间试验阶段

申请登记的农药,由其研制者提出田间试验申请,经批准,方可进行田间试验。田间试验阶段的农药不得销售。

2. 临时登记阶段

田间试验后,需要进行田间试验示范、试销的农药以及在特殊情况下需要使用的农药,由其生产者申请临时登记,经国务院农业行政主管部门发给农药临时登记证后,方可在规定的范围内进行田间试验示范、试销。

3. 正式登记阶段

经田间试验示范、试销可以作为正式商品流通的农药,由其生产者申请正式登记,经国务院农业行政主管部门发给农药登记证后,方可生产、销售。

农药登记证和农药临时登记证应当规定登记有效期限;登记有效期限届满,需要继续生产或者继续向中国出售农药产品的,应当在登记有效期限届满前申请续展登记。经正式登记和临时登记的农药,在登记有效期限内改变剂型、含量或者使用范围、使用方法的,应当申请变更登记。

申请农药登记时,其研制者、生产者或者向中国出售农药的外国企业应当向国务院农业行政主管部门或者经由省、自治区、直辖市人民政府农业行政主管部门向国务院农业行政主管部门提供农药样品,并按照国务院农业行政主管部门规定的农药登记要求,提供农药的产品化学、毒理学、药效、残留、环境影响、标签等方面的资料。

国务院农业行政主管部门所属的农药检定机构负责全国的农药具体登记工作。省、自治区、直辖市人民政府农业行政主管部门所属的农药检定机构协助做好本行政区域内的农药具体登记工作。

国家对获得首次登记的、含有新化合物的农药的申请人提交的其自己所取得且未披露的试验数据和其他数据实施保护。除非为了公共利益需要,或者已采取措施确保该类信息不会被不正当地进行商业使用,否则登记机关不得披露这些数据。

(二) 农药生产

农药生产应当符合国家农药工业的产业政策。

开办农药生产企业(包括联营、设立分厂和非农药生产企业设立农药生产车间),应当具备下列条件,并经企业所在地的省、自治区、直辖市工业产品许可管理部门审核同意后,报国务院工业产品许可管理部门批准。但是,法律、行政法规对企业设立的条件和审核或者批准机关另有规定,其规定为:

1. 有与其生产的农药相适应的技术人员和技术工人;
2. 有与其生产的农药相适应的厂房、生产设施和卫生环境;
3. 有符合国家劳动安全、卫生标准的设施和相应的劳动安全、卫生管理制度;
4. 有产品质量标准和产品质量保证体系;
5. 所生产的农药是依法取得农药登记的农药;
6. 有符合国家环境保护要求的污染防治设施和措施,并且污染物排放不超过国家和地方规定的排放标准。

农药生产企业经批准后,方可依法向工商行政管理机关申请领取营业执照。

国家实行农药生产许可制度。生产有国家标准或者行业标准的农药的,应当向国务院工业产品许可管理部门申请农药生产许可证。生产尚未制定国家标准、行业标准但已有企业标准的农药的,应当经省、自治区、直辖市工业产品许可管理部门审核同意后,报国务院工业产品许可管理部门批准,发给农药生产批准文件。

(三) 农药经营

下列单位可以经营农药:

1. 供销合作社的农业生产资料经营单位;
2. 植物保护站;
3. 土壤肥料站;
4. 农业、林业技术推广机构;
5. 森林病虫害防治机构;
6. 农药生产企业;
7. 国务院规定的其他经营单位。经营的农药属于化学危险物品的,应当按照国家有关规定办理经营许可证。

农药经营单位应当具备下列条件和有关法律、行政法规规定的条件,并依法向工商行政管理机关申请领取营业执照后,方可经营农药:

1. 有与其经营的农药相适应的技术人员;
2. 有与其经营的农药相适应的营业场所、设备、仓储设施、安全防护措施和环境污染防治设施、措施;
3. 有与其经营的农药相适应的规章制度;
4. 有与其经营的农药相适应的质量管理制度和管理手段。

农药经营单位购进农药,应当将农药产品与产品标签或者说明书、产品质量合格证核对无误,并进行质量检验。

禁止收购、销售无农药登记证或者农药临时登记证、无农药生产许可证或者农药生产批准文件、无产品质量标准和产品质量合格证和检验不合格的农药。

农药经营单位销售农药,必须保证质量,农药产品与产品标签或者说明书、产品质量合格证应当核对无误。

农药经营单位应当向使用农药的单位和个人正确说明农药的用途、使用方法、用量、中毒急救措施和注意事项。

超过产品质量保证期限的农药产品,经省级以上人民政府农业行政主管部门所属的农药检定机构检验,符合标准的,可以在规定期限内销售；但是，必须注明"过期农药"字样，并附具使用方法和用量。

(四) 农药使用

县级以上各级人民政府农业行政主管部门应当根据"预防为主，综合防治"的植保方针，组织推广安全、高效农药，开展培训活动，提高农民施药技术水平，并做好病虫害预测预报工作。

县级以上地方各级人民政府农业行政主管部门应当加强对安全、合理使用农药的指导，根据本地区农业病、虫、草、鼠害发生情况，制定农药轮换使用规划，有计划地轮换使用农药，减缓病、虫、草、鼠的抗药性，提高防治效果。

使用农药应当遵守农药防毒规程，正确配药、施药，做好废弃物处理和安全防护工作，防止农药污染环境和农药中毒事故。

使用农药应当遵守国家有关农药安全、合理使用的规定，按照规定的用药量、用药次数、用药方法和安全间隔期施药，防止污染农副产品。

剧毒、高毒农药不得用于防治卫生害虫，不得用于蔬菜、瓜果、茶叶和中草药材。

使用农药应当注意保护环境、有益生物和珍稀物种。严禁用农药毒鱼、虾、鸟、兽等。

(五) 相关禁止性规定

《农药管理条例》还规定了若干禁止性规定，包括：

1. 任何单位和个人不得生产未取得农药生产许可证或者农药生产批准文件的农药。

2. 任何单位和个人不得生产、经营、进口或者使用未取得农药登记证或者农药临时登记证的农药。

3. 禁止生产、经营和使用假农药[①]。

4. 禁止生产、经营和使用劣质农药[②]。

5. 禁止经营产品包装上未附标签或者标签残缺不清的农药。

---

① 下列农药为假农药：1. 以非农药冒充农药或者以此种农药冒充他种农药的；2. 所含有效成分的种类、名称与产品标签或者说明书上注明的农药有效成分的种类、名称不符的。

② 下列农药为劣质农药：1. 不符合农药产品质量标准的；2. 失去使用效能的；3. 混有导致药害等有害成分的。

6. 未经登记的农药,禁止刊登、播放、设置、张贴广告。农药广告内容必须与农药登记的内容一致,并依照广告法和国家有关农药广告管理的规定接受审查。

7. 经登记的农药,在登记有效期内发现对农业、林业、人畜安全、生态环境有严重危害的,经农药登记评审委员会审议,由国务院农业行政主管部门宣布限制使用或者撤销登记。

8. 任何单位和个人不得生产、经营和使用国家明令禁止生产或者撤销登记的农药。

9. 禁止销售农药残留量超过标准的农副产品。

10. 处理假农药、劣质农药、过期报废农药、禁用农药、废弃农药包装和其他含农药的废弃物,必须严格遵守环境保护法律、法规的有关规定,防止污染环境。

(六)罚则

1. 有下列行为之一的,依照刑法关于非法经营罪或者危险物品肇事罪的规定,依法追究刑事责任;尚不够刑事处罚的,由农业行政主管部门按照以下规定给予处罚:

(1)未取得农药登记证或者农药临时登记证,擅自生产、经营农药的,或者生产、经营已撤销登记的农药的,责令停止生产、经营,没收违法所得,并处违法所得1倍以上10倍以下的罚款;没有违法所得的,并处10万元以下的罚款;

(2)农药登记证或者农药临时登记证有效期限届满未办理续展登记,擅自继续生产该农药的,责令限期补办续展手续,没收违法所得,可以并处违法所得5倍以下的罚款;没有违法所得的,可以并处5万元以下的罚款;逾期不补办的,由原发证机关责令停止生产、经营,吊销农药登记证或者农药临时登记证;

(3)生产、经营产品包装上未附标签、标签残缺不清或者擅自修改标签内容的农药产品的,给予警告,没收违法所得,可以并处违法所得3倍以下的罚款;没有违法所得的,可以并处3万元以下的罚款;

(4)不按照国家有关农药安全使用的规定使用农药的,根据所造成的危害后果,给予警告,可以并处3万元以下的罚款。

2. 有下列行为之一的,由省级以上人民政府工业产品许可管理部门按照以下规定给予处罚:

(1) 未经批准,擅自开办农药生产企业的,或者未取得农药生产许可证或者农药生产批准文件,擅自生产农药的,责令停止生产,没收违法所得,并处违法所得1倍以上10倍以下的罚款;没有违法所得的,并处10万元以下的罚款;

(2) 未按照农药生产许可证或者农药生产批准文件的规定,擅自生产农药的,责令停止生产,没收违法所得,并处违法所得1倍以上5倍以下的罚款;没有违法所得的,并处5万元以下的罚款;情节严重的,由原发证机关吊销农药生产许可证或者农药生产批准文件。

3. 假冒、伪造或者转让农药登记证或者农药临时登记证、农药登记证号或者农药临时登记证号、农药生产许可证或者农药生产批准文件、农药生产许可证号或者农药生产批准文件号的,依照刑法关于非法经营罪或者伪造、变造、买卖国家机关公文、证件、印章罪的规定,依法追究刑事责任;尚不够刑事处罚的,由农业行政主管部门收缴或者吊销农药登记证或者农药临时登记证,由工业产品许可管理部门收缴或者吊销农药生产许可证或者农药生产批准文件,由农业行政主管部门或者工业产品许可管理部门没收违法所得,可以并处违法所得10倍以下的罚款;没有违法所得的,可以并处10万元以下的罚款。

4. 生产、经营假农药、劣质农药的,依照刑法关于生产、销售伪劣产品罪或者生产、销售伪劣农药罪的规定,依法追究刑事责任;尚不够刑事处罚的,由农业行政主管部门或者法律、行政法规规定的其他有关部门没收假农药、劣质农药和违法所得,并处违法所得1倍以上10倍以下的罚款;没有违法所得的,并处10万元以下的罚款;情节严重的,由农业行政主管部门吊销农药登记证或者农药临时登记证,由工业产品许可管理部门吊销农药生产许可证或者农药生产批准文件。

5. 违反工商行政管理法律、法规,生产、经营农药的,或者违反农药广告管理规定的,依照刑法关于非法经营罪或者虚假广告罪的规定,依法追究刑事责任;尚不够刑事处罚的,由工商行政管理机关依照有关法律、法规的规定给予处罚。

6. 违反条例规定,造成农药中毒、环境污染、药害等事故或者其他经济损失的,应当依法赔偿。

7. 违反条例规定,在生产、储存、运输、使用农药过程中发生重大事故的,对直接负责的主管人员和其他直接责任人员,依照刑法关于危险物品肇事罪的规定,依法追究刑事责任;尚不够刑事处罚的,依法给予行政处分。

第三节　兽药管理法律制度

一、兽药的概念

兽药,是指用于预防、治疗、诊断动物疾病或者有目的地调节动物生理机能的物质,主要包括:血清制品、疫苗、诊断制品、微生态制品、中药材、中成药、化学药品、抗生素、生化药品、放射性药品及外用杀虫剂、消毒剂等。凡含有药物的饲料添加剂,均按兽药进行管理。

为了加强兽药管理,保证兽药质量,防治动物疾病,促进养殖业的发展,维护人体健康,国家制定了兽药管理条例。在中华人民共和国境内从事兽药的研制、生产、经营、进出口、使用和监督管理,应当遵守本条例。

二、《兽药管理条例》的管理制度规定

国务院在总结实践经验的基础上,借鉴国际通行做法,规定了一系列兽药管理制度:

一是确立了对兽药实行处方药和非处方药分类管理制度和兽药储备制度。禁止将兽用原料药拆零销售或者销售给兽药生产企业以外的单位和个人。禁止未经兽医开具处方销售、购买、使用国务院兽医行政管理部门规定实行处方药管理的兽药。考虑到目前的实际情况,兽药分类管理的具体管理办法和具体实施步骤由国务院兽医行政管理部门规定。国家实行兽药储备制度。发生重大动物疫情、灾情或者其他突发事件时,国务院兽医行政管理部门可以紧急调用国家储备的兽药,必要时,也可以调用国家储备以外的兽药。

二是建立了新兽药研制管理和安全监测制度。为尽量减少新兽药可能给人类、动物和环境带来的危害和风险,新兽药研制者必须符合一定的条件,研制新兽药应进行安全性评价,并在临床试验前经省级以上人民政府兽医行政管理部门批准。临床试验完成后,研制者应当向农业部提交新兽药样品和相关资料,经评审和复核检验合格的,方可取得新兽药注册证书。根据保证动物产品质量安全和人体健康的需要,农业部可以在新兽药投产后,对其设定不超过5年的监测期,监测期内不批准其他企业生产或者进口该新兽药。

三是规定了兽药生产、经营质量管理规范制度,要求兽药生产、经营企业严格按照兽药质量管理规范组织生产和经营。兽药生产企业所需的原料、辅料和兽药的包装应当符合国家标准或者兽药质量要求;兽药出厂应当经质量检验合格,并附具内容完整的标签或说明书;兽药经营企业应当建立购销记录,购进兽药应当做到兽药产品与标签或说明书、产品质量合格证核对无误,销售兽药应当向购买者说明兽药的功能主治、用法、用量和注意事项。

四是建立用药记录制度、休药期制度和兽药不良反应报告制度,确保动物产品质量安全,维护人民身体健康。《条例》要求兽药使用单位遵守兽药安全使用规定并建立用药记录,不得使用假、劣兽药以及农业部规定的禁用药品和其他化合物,不得在饲料和动物饮用水中添加激素类药品和其他禁用药品;有休药期规定的兽药用于食用动物时,饲养者应当向购买者或者屠宰者提供准确、真实的用药记录,购买者或者屠宰者应当确保动物及其产品在用药期、休药期内不用于食品消费;禁止销售含有违禁药物或者兽药残留量超标的食用动物产品。兽药生产、经营企业,兽药使用单位和开具处方的兽医人员发现可能与兽药使用有关的严重不良反应时,应当立即向当地人民政府畜牧兽医行政管理部门报告。

三、兽药生产

（一）设立兽药生产企业应当符合的条件

设立兽药生产企业,应当符合国家兽药行业发展规划和产业政策,并具备下列条件：

1. 与所生产的兽药相适应的兽医学、药学或者相关专业的技术人员；

2. 与所生产的兽药相适应的厂房、设施；

3. 与所生产的兽药相适应的兽药质量管理和质量检验的机构、人员、仪器设备；

4. 符合安全、卫生要求的生产环境；

5. 兽药生产质量管理规范规定的其他生产条件。

符合这些条件的,申请人方可向省、自治区、直辖市人民政府兽医行政管理部门提出申请,并附具符合前款规定条件的证明材料；省、自治区、直辖市人民政府兽医行政管理部门应当自收到申请之日起20个工作日内,将审核意见和有关材料报送国务院兽医行政管理部门。

国务院兽医行政管理部门,根据保证动物产品质量安全和人体健康的需要,可以对新兽药设立不超过5年的监测期；在监测期内,不得批准其他企业生产或者进口该新兽药。生产企业应当在监测期内收集该新兽药的疗效、不良反应等资料,并及时报送国务院兽医行政管理部门。

（二）兽药生产许可证

国务院兽医行政管理部门,应当自收到审核意见和有关材料之日起40个工作日内完成审查。经审查合格的,发给兽药生产许可证；不合格的,应当书面通知申请人。申请人凭兽药生产许可证办理工商登记手续。

兽药生产许可证应当载明生产范围、生产地点、有效期和法定代表人姓名、住址等事项。兽药生产许可证有效期为5年。有效期届满,需要继续生产兽药的,应当在许可证有效期届满前6个月到原发证机关申请换发兽药生产许可证。

兽药生产企业变更生产范围、生产地点的,应当依照规定申请换发兽药生产许可证,申请人凭换发的兽药生产许可证办理工商变更登记手续;变更企业名称、法定代表人的,应当在办理工商变更登记手续后15个工作日内,到原发证机关申请换发兽药生产许可证。

(三)兽药生产企业的义务

1. 兽药生产企业应当按照国务院兽医行政管理部门制定的兽药生产质量管理规范组织生产。国务院兽医行政管理部门,应当对兽药生产企业是否符合兽药生产质量管理规范的要求进行监督检查,并公布检查结果。

2. 兽药生产企业生产兽药,应当取得国务院兽医行政管理部门核发的产品批准文号,产品批准文号的有效期为5年。

3. 兽药生产企业应当按照兽药国家标准和国务院兽医行政管理部门批准的生产工艺进行生产。兽药生产企业改变影响兽药质量的生产工艺的,应当报原批准部门审核批准。兽药生产企业应当建立生产记录,生产记录应当完整、准确。

4. 生产兽药所需的原料、辅料,应当符合国家标准或者所生产兽药的质量要求。直接接触兽药的包装材料和容器应当符合药用要求。

5. 兽药出厂前应当经过质量检验,不符合质量标准的不得出厂。兽药出厂应当附有产品质量合格证。禁止生产假、劣兽药。

6. 兽药生产企业生产的每批兽用生物制品,在出厂前应当由国务院兽医行政管理部门指定的检验机构审查核对,并在必要时进行抽查检验;未经审查核对或者抽查检验不合格的,不得销售。强制免疫所需兽用生物制品,由国务院兽医行政管理部门指定的企业生产。

7. 兽药包装应当按照规定印有或者贴有标签,附具说明书,并在显著位置注明"兽用"字样。兽药的标签和说明书经国务院兽医行政管理部门批准并公布后,方可使用。兽药的标签或者说明书,应当以中文注明兽药的通用名称、成分及其含量、规格、生产企业、产品批准文号(进口兽药注册证号)、产品批号、生产日期、有效期、适应症状或者功能主治、用法、用量、休药期、禁忌、不良反应、注意事项、运输贮存保管条件及其他应当说明的内容。有商品名称的,还应当注明商品名称。

8. 兽用处方药的标签或者说明书还应当印有国务院兽医行政管

理部门规定的警示内容,其中兽用麻醉药品、精神药品、毒性药品和放射性药品还应当印有国务院兽医行政管理部门规定的特殊标志;兽用非处方药的标签或者说明书还应当印有国务院兽医行政管理部门规定的非处方药标志。

四、兽药经营

(一) 经营兽药企业应具备的条件

经营兽药的企业,应当具备下列条件:

1. 与所经营的兽药相适应的兽药技术人员;
2. 与所经营的兽药相适应的营业场所、设备、仓库设施;
3. 与所经营的兽药相适应的质量管理机构或者人员;
4. 兽药经营质量管理规范规定的其他经营条件。

符合这些条件的,申请人方可向市、县人民政府兽医行政管理部门提出申请,并附具符合前款规定条件的证明材料;经营兽用生物制品的,应当向省、自治区、直辖市人民政府兽医行政管理部门提出申请,并附具符合规定条件的证明材料。

(二) 兽药经营许可证

县级以上地方人民政府兽医行政管理部门,应当自收到申请之日起30个工作日内完成审查。审查合格的,发给兽药经营许可证;不合格的,应当书面通知申请人。申请人凭兽药经营许可证办理工商登记手续。

兽药经营许可证应当载明经营范围、经营地点、有效期和法定代表人姓名、住址等事项。兽药经营许可证有效期为5年。有效期届满,需要继续经营兽药的,应当在许可证有效期届满前6个月到原发证机关申请换发兽药经营许可证。

兽药经营企业变更经营范围、经营地点的,应当依照规定申请换发兽药经营许可证,申请人凭换发的兽药经营许可证办理工商变更登记手续;变更企业名称、法定代表人的,应当在办理工商变更登记手续后15个工作日内,到原发证机关申请换发兽药经营许可证。

(三) 兽药经营企业的义务

1. 兽药经营企业,应当遵守国务院兽医行政管理部门制定的兽药经营质量管理规范。县级以上地方人民政府兽医行政管理部门,应当对兽药经营企业是否符合兽药经营质量管理规范的要求进行监督检查,并公布检查结果。

2. 兽药经营企业购进兽药,应当将兽药产品与产品标签或者说明书、产品质量合格证核对无误。

3. 兽药经营企业,应当向购买者说明兽药的功能主治、用法、用量和注意事项。销售兽用处方药的,应当遵守兽用处方药管理办法。兽药经营企业销售兽用中药材的,应当注明产地。禁止兽药经营企业经营人用药品和假、劣兽药。

4. 兽药经营企业购销兽药,应当建立购销记录。购销记录应当载明兽药的商品名称、通用名称、剂型、规格、批号、有效期、生产厂商、购销单位、购销数量、购销日期和国务院兽医行政管理部门规定的其他事项。

5. 兽药经营企业,应当建立兽药保管制度,采取必要的冷藏、防冻、防潮、防虫、防鼠等措施,保持所经营兽药的质量。兽药入库、出库,应当执行检查验收制度,并有准确记录。

6. 强制免疫所需兽用生物制品的经营,应当符合国务院兽医行政管理部门的规定。

7. 兽药广告的内容应当与兽药说明书内容相一致,在全国重点媒体发布兽药广告的,应当经国务院兽医行政管理部门审查批准,取得兽药广告审查批准文号。在地方媒体发布兽药广告的,应当经省、自治区、直辖市人民政府兽医行政管理部门审查批准,取得兽药广告审查批准文号;未经批准的,不得发布。

五、兽药使用

兽药使用单位应当遵守国务院兽医行政管理部门制定的兽药安全使用规定,并建立用药记录。

《兽药管理条例》规定了以下兽药使用单位应当遵守的禁止性义务:

1. 禁止使用假、劣兽药以及国务院兽医行政管理部门规定禁止使用的药品和其他化合物。禁止使用的药品和其他化合物目录由国务院兽医行政管理部门制定公布。

2. 禁止在饲料和动物饮用水中添加激素类药品和国务院兽医行政管理部门规定的其他禁用药品。经批准可以在饲料中添加的兽药，应当由兽药生产企业制成药物饲料添加剂后方可添加。禁止将原料药直接添加到饲料及动物饮用水中或者直接饲喂动物。禁止将人用药品用于动物。

3. 禁止销售含有违禁药物或者兽药残留量超过标准的食用动物产品。

4. 有休药期规定的兽药用于食用动物时，饲养者应当向购买者或者屠宰者提供准确、真实的用药记录；购买者或者屠宰者应当确保动物及其产品在用药期、休药期内不被用于食品消费。

六、兽药监督管理

(一) 兽药监督管理机构及其职责

国务院兽医行政管理部门负责全国的兽药监督管理工作。县级以上地方人民政府兽医行政管理部门负责本行政区域内的兽药监督管理工作。各级农牧行政管理机关设立的兽药监察所是国家对兽药质量进行监督、检验、鉴定的法定专业技术机构。中国兽药监察所负责兽药质量检验、鉴定的最终裁决。各级兽医行政管理部门、兽药检验机构及其工作人员，不得参与兽药生产、经营活动，不得以其名义推荐或者监制、监销兽药。

县级以上人民政府兽医行政管理部门行使兽药监督管理权。兽药检验工作由国务院兽医行政管理部门和省、自治区、直辖市人民政府兽医行政管理部门设立的兽药检验机构承担。国务院兽医行政管理部门，可以根据需要认定其他检验机构承担兽药检验工作。当事人对兽药检验结果有异议的，可以自收到检验结果之日起7个工作日内向实施检验的机构或者上级兽医行政管理部门设立的检验机构申请复检。

国务院兽医行政管理部门，应当制定并组织实施国家动物及动物产品兽药残留监控计划。县级以上人民政府兽医行政管理部门，负责组织对动物产品中兽药残留量的检测。兽药残留检测结果,由国务院兽医行政管理部门或者省、自治区、直辖市人民政府兽医行政管理部门按照权限予以公布。动物产品的生产者、销售者对检测结果有异议的,可以自收到检测结果之日起7个工作日内向组织实施兽药残留检测的兽医行政管理部门或者其上级兽医行政管理部门提出申请,由受理申请的兽医行政管理部门指定检验机构进行复检。

兽药应当符合兽药国家标准。国家兽药典委员会拟定的、国务院兽医行政管理部门发布的《中华人民共和国兽药典》和国务院兽医行政管理部门发布的其他兽药质量标准为兽药国家标准。兽药国家标准的标准品和对照品的标定工作由国务院兽医行政管理部门设立的兽药检验机构负责。

禁止买卖、出租、出借兽药生产许可证、兽药经营许可证和兽药批准证明文件。兽药生产企业、经营企业停止生产、经营超过6个月或者关闭的,由原发证机关责令其交回兽药生产许可证、兽药经营许可证,并由工商行政管理部门变更或者注销其工商登记。

(二) 假、劣兽药的概念

有下列情形之一的,为假兽药:

1. 以非兽药冒充兽药或者以他种兽药冒充此种兽药的;
2. 兽药所含成分的种类、名称与兽药国家标准不符合的。

有下列情形之一的,按照假兽药处理:

1. 国务院兽医行政管理部门规定禁止使用的;
2. 依照本条例规定应当经审查批准而未经审查批准即生产、进口的,或者依照本条例规定应当经抽查检验、审查核对而未经抽查检验、审查核对即销售、进口的;
3. 变质的;
4. 被污染的;
5. 所标明的适应症状或者功能主治超出规定范围的。

有下列情形之一的,为劣兽药:

1. 成分含量不符合兽药国家标准或者不标明有效成分的;
2. 不标明或者更改有效期或者超过有效期的;

3. 不标明或者更改产品批号的;
4. 其他不符合兽药国家标准,但不属于假兽药的。

兽医行政管理部门依法进行监督检查时,对有证据证明可能是假、劣兽药的,应当采取查封、扣押的行政强制措施,并自采取行政强制措施之日起7个工作日内作出是否立案的决定;需要检验的,应当自检验报告书发出之日起15个工作日内作出是否立案的决定;不符合立案条件的,应当解除行政强制措施;需要暂停生产、经营和使用的,由国务院兽医行政管理部门或者省、自治区、直辖市人民政府兽医行政管理部门按照权限作出决定。未经行政强制措施决定机关或者其上级机关批准,不得擅自转移、使用、销毁、销售被查封或者扣押的兽药及有关材料。

第四节 无公害农产品管理

一、无公害农产品、绿色农产品和有机农产品

(一) 无公害农产品

无公害农产品是指产地环境、生产过程和产品质量符合国家有关标准和规范的要求,经认证合格获得认证证书并允许使用无公害农产品标志的未经加工或者初加工的食用农产品。无公害农产品的目标定位是规范农业生产,保障基本安全,满足大众消费。无公害农产品是保证人们对食品质量安全最基本的需要,是最基本的市场准入条件,普通食品都应达到这一要求。无公害农产品的质量要求低于绿色食品和有机食品。

(二) 绿色农产品

绿色农产品是指遵循可持续发展原则,按照特定生产方式生产,经专门机构认定,许可使用绿色食品标志,无污染的安全、优质、营养农产品。我国绿色农产品分为A级和AA级,A级为初级标准,即允许在生长过程中限时、限量、限品种使用安全性较高的化肥和农药。AA级为高级绿色农产品,可等同于有机农产品。

绿色农产品与一般农产品相比有以下显著特点：

1. 利用生态学的原理，强调产品出自良好的生态环境；
2. 对产品实行"从土地到餐桌"全程质量控制。

（三）有机农产品

有机农产品是根据有机农业原则和有机农产品生产方式及标准生产、加工出来的，并通过有机食品认证机构认证的农产品。有机农业的原则是，在农业能量的封闭循环状态下生产，全部过程都利用农业资源，而不是利用农业以外的能源（化肥、农药、生产调节剂和添加剂等）影响和改变农业的能量循环。有机农业生产方式是利用动物、植物、微生物和土壤四种生产因素的有效循环，不打破生物循环链的生产方式。国际上只承认有机产品认证，并没有绿色食品、无公害食品的概念，后两种标准是我国自有的产品等级标准。

有机农产品与其他农产品的区别主要有三个方面：

1. 有机农产品在生产加工过程中禁止使用农药、化肥、激素等人工合成物质，并且不允许使用基因工程技术；其他农产品则允许有限使用这些物质，并且不禁止使用基因工程技术。

2. 有机农产品在土地生产转型方面有严格规定。考虑到某些物质在环境中会残留相当一段时间，土地从生产其他农产品到生产有机农产品需要2—3年的转换期，而生产绿色农产品和无公害农产品则没有土地转换期的要求。

3. 有机农产品在数量上须进行严格控制，要求定地块、定产量，其他农产品没有如此严格的要求。

材料阅读：

有机农产品、绿色农产品和无公害农产品的由来

产生

有机农产品的产生背景是发达国家农产品过剩与生态环境恶化的矛盾以及环保主义运动。

国际上有机食品起步于20世纪70年代，以1972年国际有机

农业运动联盟的成立为标志。1994年,国家环保总局在南京成立有机食品中心,标志着有机农产品在我国迈出了实质性的步伐。

绿色农产品产生的背景是:20世纪90年代初期,我国基本解决了农产品的供需矛盾,农产品农残问题引起社会广泛关注,食物中毒事件频频发生,"绿色"成为社会的强烈期盼。

1990年,农业部推出了旨在促进农业环境保护、消除食品污染的绿色食品工程。1992年,农业部成立中国绿色食品发展中心,1993年农业部发布了《绿色食品标志管理办法》。

无公害农产品产生的背景与绿色食品产生的背景大致相同,侧重于解决农产品中农残、有毒有害物质等已成为"公害"的问题。

20世纪80年代后期,部分省、市开始推出无公害农产品。2001年农业部提出"无公害食品行动计划",并在北京、上海、天津、深圳4个城市进行试点。2002年,"无公害食品行动计划"在全国范围内展开。

管理

《全国农业标准2003—2005年发展计划》依据农产品质量特点和对生产过程控制要求的不同,将农产品分为一般农产品、认证农产品和标志管理农产品。

一般农产品是指为了符合市场准入制、满足百姓消费安全卫生需要,必须符合最基本的质量要求的农产品。

认证农产品包括无公害农产品、绿色农产品和有机农产品。对于我国市场上目前存在的无公害农产品、绿色农产品和有机农产品,政府应积极推动无公害农产品的生产,同时依据各地的自然环境条件,引导企业有条件地开展绿色农产品和有机农产品的生产,使我国农产品质量安全上一个台阶。

标志管理农产品是一种政府强制性行为。对某些特殊的农产品,或有特殊要求的农产品,政府应加以强制性标志管理,以明示方式告知消费者,使消费者的知情权得到保护,如转基因农产品。

标志及含义

无公害农产品标志图案主要由麦穗、对勾和无公害农产品字样组成,麦穗代表农产品,对勾表示合格,金色寓意成熟和丰收,绿色象征环保和安全。

绿色食品标志图形由三部分构成,即上方的太阳、下方的叶片和蓓蕾。标志图形为正圆形,意为保护、安全。整个图形表达明媚阳光下的和谐生机,提醒人们保护环境创造自然界新的和谐。

有机食品标志采用人手和叶片为创意元素。一是一只手向上持着一片绿叶,寓意人类对自然和生命的渴望;二是两只手一上一下握在一起,将绿叶拟人化为自然的手,寓意人类的生存离不开大自然的呵护,人与自然需要和谐美好的生存关系。有机食品概念的提出正是这种理念的实际应用。人类的食物从自然中获取,人类的活动应尊重自然规律,这样才能创造一个良好的可持续发展空间。

价格

绿色食品70%为加工产品,30%为初级农产品,有机农产品和无公害农产品都以初级农产品为主。有机农产品的价格高于普通农产品50%甚至几倍,绿色农产品的价格高于普通农产品10%—20%,无公害农产品的价格略高于一般农产品。

二、无公害农产品管理办法

为加强对无公害农产品的管理,维护消费者权益,提高农产品质量,保护农业生态环境,促进农业可持续发展,农业部和国家质量监督检验检疫总局联合制定了《无公害农产品管理办法》。在中华人民共和国境内从事无公害农产品生产、产地认定、产品认证和监督管理等活动,适用本办法。

(一) 无公害农产品的管理监督机构

全国无公害农产品的管理及质量监督工作,由农业部门、国家质量监督检验检疫部门和国家认证认可监督管理委员会按照"三定"方案赋予的职责和国务院的有关规定,分工负责,共同做好工作。

各级农业行政主管部门和质量监督检验检疫部门应当在政策、资金、技术等方面扶持无公害农产品的发展,组织无公害农产品新技术的研究、开发和推广。

国家鼓励生产单位和个人申请无公害农产品产地认定和产品认证。实施无公害农产品认证的产品范围由农业部、国家认证认可监督管理委员会共同确定、调整。

省级农业行政主管部门负责组织实施本辖区内无公害农产品产地的认定工作。无公害农产品的认证机构,由国家认证认可监督管理委员会审批,并获得国家认证认可监督管理委员会授权的认可机构的资格认可后,方可从事无公害农产品认证活动。

(二) 无公害农产品产地和生产管理应具备的条件

无公害农产品产地应当符合下列条件:

1. 产地环境符合无公害农产品产地环境的标准要求;
2. 区域范围明确;
3. 具备一定的生产规模。

无公害农产品的生产管理应当符合下列条件:

1. 生产过程符合无公害农产品生产技术的标准要求;
2. 有相应的专业技术和管理人员;
3. 有完善的质量控制措施,并有完整的生产和销售记录档案。

从事无公害农产品生产的单位或者个人,应当严格按规定使用农业投入品。禁止使用国家禁用、淘汰的农业投入品。

无公害农产品产地应当树立标示牌,标明范围、产品品种、责任人。

(三) 申请无公害农产品产地认定的程序要求

申请无公害农产品产地认定的单位或者个人(以下简称申请人),应当向县级农业行政主管部门提交书面申请,书面申请应当包括以下内容:

1. 申请人的姓名(名称)、地址、电话号码;
2. 产地的区域范围、生产规模;
3. 无公害农产品生产计划;
4. 产地环境说明;
5. 无公害农产品质量控制措施;

6. 有关专业技术和管理人员的资质证明材料；

7. 保证执行无公害农产品标准和规范的声明；

8. 其他有关材料。

县级农业行政主管部门自收到申请之日起，在10个工作日内完成对申请材料的初审工作。申请材料初审不符合要求的，应当书面通知申请人。

申请材料初审符合要求的，县级农业行政主管部门应当逐级将推荐意见和有关材料上报省级农业行政主管部门。

省级农业行政主管部门自收到推荐意见和有关材料之日起，在10个工作日内完成对有关材料的审核工作，符合要求的，组织有关人员对产地环境、区域范围、生产规模、质量控制措施、生产计划等进行现场检查。现场检查不符合要求的，应当书面通知申请人。

现场检查符合要求的，应当通知申请人委托具有资质资格的检测机构，对产地环境进行检测。承担产地环境检测任务的机构，根据检测结果出具产地环境检测报告。

省级农业行政主管部门对材料审核、现场检查和产地环境检测结果符合要求的，应当自收到现场检查报告和产地环境检测报告之日起30个工作日内颁发无公害农产品产地认定证书，并报农业部和国家认证认可监督管理委员会备案。不符合要求的，应当书面通知申请人。

无公害农产品产地认定证书有效期为3年。期满需要继续使用的，应当在有效期满90日前按照本办法规定的无公害农产品产地认定程序，重新办理。

（四）申请无公害产品认证的程序要求

申请无公害产品认证的单位或者个人（以下简称申请人），应当向认证机构提交书面申请，书面申请应当包括以下内容：

1. 申请人的姓名（名称）、地址、电话号码；

2. 产品品种、产地的区域范围和生产规模；

3. 无公害农产品生产计划；

4. 产地环境说明；

5. 无公害农产品质量控制措施；

6. 有关专业技术和管理人员的资质证明材料；

7. 保证执行无公害农产品标准和规范的声明；

8. 无公害农产品产地认定证书；

9. 生产过程记录档案；

10. 认证机构要求提交的其他材料。

认证机构自收到无公害农产品认证申请之日起,应当在15个工作日内完成对申请材料的审核。材料审核不符合要求的,应当书面通知申请人。

材料符合要求的,认证机构可以根据需要派员对产地环境、区域范围、生产规模、质量控制措施、生产计划、标准和规范的执行情况等进行现场检查。现场检查不符合要求的,应当书面通知申请人。

材料审核符合要求的、或者材料审核和现场检查符合要求的(限于需要对现场进行检查时),认证机构应当通知申请人委托具有资质资格的检测机构对产品进行检测。承担产品检测任务的机构,根据检测结果出具产品检测报告。

认证机构对材料审核、现场检查(限于需要对现场进行检查时)和产品检测结果符合要求的,应当在自收到现场检查报告和产品检测报告之日起30个工作日内颁发无公害农产品认证证书。不符合要求的,应当书面通知申请人。

认证机构应当自颁发无公害农产品认证证书后30个工作日内,将其颁发的认证证书副本同时报农业部和国家认证认可监督管理委员会备案,由农业部和国家认证认可监督管理委员会公告。

无公害农产品认证证书有效期为3年。期满需要继续使用的,应当在有效期满90日前按照本办法规定的无公害农产品认证程序,重新办理。在有效期内生产无公害农产品认证证书以外的产品品种的,应当向原无公害农产品认证机构办理认证证书的变更手续。

(五) 罚则

获得无公害农产品产地认定证书的单位或者个人违反本办法,有下列情形之一的,由省级农业行政主管部门予以警告,并责令限期改正;逾期未改正的,撤销其无公害农产品产地认定证书:

1. 无公害农产品产地被污染或者产地环境达不到标准要求的；
2. 无公害农产品产地使用的农业投入品不符合无公害农产品相关标准要求的；
3. 擅自扩大无公害农产品产地范围的。

违反本办法第 35 条规定的，由县级以上农业行政主管部门和各地质量监督检验检疫部门根据各自的职责分工责令其停止，并可处以违法所得 1 倍以上 3 倍以下的罚款，但最高罚款不得超过 3 万元；没有违法所得的，可以处 1 万元以下的罚款。

获得无公害农产品认证并加贴标志的产品，经检查、检测、鉴定，不符合无公害农产品质量标准要求的，由县级以上农业行政主管部门或者各地质量监督检验检疫部门责令停止使用无公害农产品标志，由认证机构暂停或者撤销认证证书。

第五节　农业转基因生物安全管理

一、农业转基因生物的概念

农业转基因生物，是指利用基因工程技术改变基因组构成，用于农业生产或者农产品加工的动植物、微生物及其产品，主要包括：

（一）转基因动植物（含种子、种畜禽、水产苗种）和微生物；

（二）转基因动植物、微生物产品；

（三）转基因农产品的直接加工品；

（四）含有转基因动植物、微生物或者其产品成分的种子、种畜禽、水产苗种、农药、兽药、肥料和添加剂等产品。

"基因"是英语"gene"的音译，有"开始"或"生育"的意思，基因是 DNA 分子中含有特定遗传信息的一段核苷酸序列，是遗传物质的最小功能单位。地球生物包括动物、植物、微生物，数量巨大，种类繁多，形态各异、生存环境和生活习性各不相同，这都是由基因控制的。"种瓜得瓜、种豆得豆"是人们对这种现象的高度概括，即物种的生物学特征和特性是由基因决定的,是可以遗传的。转基因作物就是指利用分子生物学手段,将某些生物的基因转移到其他生物物种上,从而改善生物原有的性状或赋予其新的优良性状。以转基因生物(genetically modified organism,简称GMO)为原料加工生产的食品就是转基因食品(genetically modified food,简称GM Food)。例如用转基因大豆制成的大豆油、豆腐、酱油等豆制品,鲜食的转基因木瓜,及利用转基因微生物所生产的奶酪等都是转基因食品。转基因植物技术始于20世纪70年代初,最早进行转基因食品研究的是美国。世界上第一例进入商品化生产的转基因食品是1994年投放美国市场的可延缓成熟的转基因番茄。

自20世纪80年代以来,我国转基因技术也取得了显著进展,1997年我国商业化种植转基因棉花,解决了困扰我国棉花生产的棉铃虫危害问题。2009年11月27日,农业部批准了两种转基因水稻、一种转基因玉米的安全证书,这也让我国成为世界上第一个批准主粮可进行转基因种植的国家。

二、进行转基因生物安全管理的原因

转基因技术是现代生物技术的核心,运用转基因技术培育高产、优质、多抗、高效的新品种,能够降低农药、肥料投入,对缓解资源约束、保护生态环境、改善产品品质、拓展农业功能等具有重要作用。但是,技术本身是一把双刃剑,农业转基因生物也可能会对人类、动植物、微生物和生态环境构成一定的危险或者潜在风险,因此,需要对于农业转基因生物实施必要的安全防范。对转基因生物实施安全管理主要有两大原因:

一是转基因技术和产业发展的需要。2008年,国务院常务会议批准通过了转基因生物新品种培育重大专项。2010年,中央1号文件宣布"继续实施转基因生物新品种培育科技重大专项,抓紧开发具有重要应用价值和自主知识产权的功能基因和生物新品种,在科学评估、依法管理基础上,推进转基因新品种产业化"。这是中央文件第一次给转基因这一品种改良途径的发展定基调。2010年我国转基因作物种植面积达 148 万平方千米，比 1996 年增长 87 倍。2012 年，我国进口大豆数量达到 5 838 万吨，大多为转基因大豆。2013 年，中国已有 5 大类 17 种转基因生物在售①。一些新基因、新性状、新方法、新产品也不断出现，例如：耐寒、提高养分利用率转基因作物、复合性状转基因作物等。生物安全和生物技术相伴而生，生物技术的发展对安全管理提出了更高的要求。

二是转基因风险的特点与公众认知的要求。转基因生物风险是世界范围的热议焦点，由于研究实验和实际使用的时间相对较短，目前科学家对转基因生物的安全性尚未达成共识②。在中国，或者出于对技术本身的恐惧，或者出于对商业化的本能抵触，或者说出于对政府监管能力的担心，公众对转基因安全性问题存在很大的疑虑和不安。因此政府必须加强转基因生物安全管理，积极应对转基因技术存在的潜在风险，回应公众的关注，保障人体健康和动植物、微生物安全，保护生态环境。

我国政府十分重视农业转基因生物安全管理工作，已经形成了一整套适合我国国情并与国际惯例相衔接的法律法规、技术规程和管理体系。2001 年，国务院颁布实施了《农业转基因生物安全管理条例》，依据《条例》，有关部门先后制定了 5 个办法：《农业转基因生物安全评价管理办法》《农业转基因生物进口安全管理办法》《农业转基因生物标志管理办法》《农业转基因生物加工审批办法》《进出境转基因产品检验检疫管理办法》，规范了农业转基因生物安全评价、进口安全管理、标志管理、加工审批、产品进出境检验检疫工作。法规确立了转基因生物安全评价制度、生产许可制度、加工许可制度、经营许可制度、进口管理制度、标志制度等。已发布实施了技术检测国家标准 80 余项，制定了转基因植物、动物、微生物安全评价指南和转基因作物田间试验安全检查指南等，形成了一整套适合我国国情并与国际接轨的法律法规、技术规程和管理体系，为我国农业转基因生物安全管理提供了法制保障。

---

① 在全球范围内，约 81% 的大豆、35% 的玉米和 30% 的油菜都是转基因产品。
② "杂交水稻之父"袁隆平认为，转基因食品至少要经过两代人的试验，才能知道它是否真正安全。

三、《农业转基因生物安全管理条例》的规定内容

(一) 转基因生物安全行政管理体系和技术支撑体系

根据《农业转基因生物安全管理条例》的规定,国务院建立了由农业、科技、卫生、商务、环境保护、检验检疫等部门组成的部际联席会议,负责研究、协调农业转基因生物安全管理工作中的重大问题。农业部作为负责全国农业转基因生物安全监督管理的牵头部门和主管部门,成立了农业转基因生物安全管理办公室,负责全国农业转基因生物安全监管工作。县级以上地方各级人民政府农业行政主管部门负责本行政区域内的农业转基因生物安全的监督管理工作。县级以上各级人民政府有关主管部门依法负责相关监督管理工作。

我国转基因生物安全管理技术支撑体系主要包括安全评价体系、检测体系和标准体系。

1. 安全评价体系

农业部按照《农业转基因生物安全管理条例》的规定,组建国家农业转基因生物安全委员会,负责农业转基因生物的安全评价工作,为转基因生物安全管理提供技术咨询。安委会委员由从事农业转基因生物研究、生产、加工、检验检疫、卫生、环境保护等方面的专家组成,每届任期三年。安委会委员由农业转基因生物安全部际联席会议成员单位推荐,农业部聘任组建。

2. 检测体系

国务院农业行政主管部门根据农业转基因生物安全评价工作的需要,可以委托具备检测条件和能力的技术检测机构对农业转基因生物进行检测。检测机构的职责任务有四项:一是为农业转基因生物安全管理和评价提供技术服务;二是承担农业部或申请人委托的农业转基因生物定性定量检验、鉴定和复查任务;三是出具检测报告,做出科学判断;四是研究检测技术与方法,承担或参与评价标准和技术法规的制修订工作。

3. 标准体系

国家农业转基因生物安全管理标准化技术委员会是转基因安全标

准化的技术组织,由国家标准化管理技术委员会依法批准成立。转基因标委会根据农业转基因生物安全管理的方针政策,提出转基因生物安全标准化的方针、政策和有关技术措施,制定转基因生物安全的标准化体系,开展转基因植物、动物、微生物及其产品的研究、试验、生产、加工、经营、进出口及与安全管理方面相关的国家、行业标准制修订和标准技术复核、宣讲、咨询、调查分析工作。

(二)我国对转基因生物安全的监管办法

按照国务院制定的《农业转基因生物安全管理条例》,加强源头监管,加大执法监管力度,严格控制区域试验和生产性试验条件,加强对品种审定、生产、加工、经营等环节的监管。加强对农产品、种子的例行监测和监督抽查,严厉打击和惩处违法违规行为。加强品种审定区域试验、种子生产经营、商业化生产管理、标志等监督管理,杜绝非法生产经营转基因农作物种子和产品的行为。

1. 生产与加工

生产转基因植物种子、种畜禽、水产苗种,应当取得国务院农业行政主管部门颁发的种子、种畜禽、水产苗种生产许可证。

生产单位和个人申请转基因植物种子、种畜禽、水产苗种生产许可证,除应当符合有关法律、行政法规规定的条件外,还应当符合下列条件:

(1)取得农业转基因生物安全证书并通过品种审定;

(2)在指定的区域种植或者养殖;

(3)有相应的安全管理、防范措施;

(4)国务院农业行政主管部门规定的其他条件。

生产转基因植物种子、种畜禽、水产苗种的单位和个人,应当建立生产档案,载明生产地点、基因及其来源、转基因的方法以及种子、种畜禽、水产苗种流向等内容。

从事农业转基因生物生产、加工的单位和个人,应当按照批准的品种、范围、安全管理要求和相应的技术标准组织生产、加工,并定期向所在地县级人民政府农业行政主管部门提供生产、加工、安全管理情况和产品流向的报告。

农业转基因生物在生产、加工过程中发生基因安全事故时,生产、加工单位和个人应当立即采取安全补救措施,并向所在地县级人民政府农业行政主管部门报告。

2. 经营

经营转基因植物种子、种畜禽、水产苗种的单位和个人,应当取得国务院农业行政主管部门颁发的种子、种畜禽、水产苗种经营许可证。

经营单位和个人申请转基因植物种子、种畜禽、水产苗种经营许可证,除应当符合有关法律、行政法规规定的条件外,还应当符合下列条件:

(1) 有专门的管理人员和经营档案;

(2) 有相应的安全管理、防范措施;

(3) 国务院农业行政主管部门规定的其他条件。

经营转基因植物种子、种畜禽、水产苗种的单位和个人,应当建立经营档案,载明种子、种畜禽、水产苗种的来源、贮存、运输和销售去向等内容。

在中华人民共和国境内销售列入农业转基因生物目录的农业转基因生物,应当有明显的标志。

列入农业转基因生物目录的农业转基因生物,由生产、分装单位和个人负责标志;未标志的,不得销售。经营单位和个人在进货时,应当对货物和标志进行核对。经营单位和个人拆开原包装进行销售的,应当重新标志。

农业转基因生物标志应当载明产品中含有转基因成分的主要原料名称;有特殊销售范围要求的,还应当载明销售范围,并在指定范围内销售。

农业转基因生物的广告,应当经国务院农业行政主管部门审查批准后,方可刊登、播放、设置和张贴。

3. 进口与出口

从中华人民共和国境外引进农业转基因生物用于研究、试验的,引进单位应当向国务院农业行政主管部门提出申请;符合下列条件的,国务院农业行政主管部门方可批准:

(1) 具有国务院农业行政主管部门规定的申请资格;

(2) 引进的农业转基因生物在国（境）外已经进行了相应的研究、试验；

(3) 有相应的安全管理、防范措施。

境外公司向中华人民共和国出口转基因植物种子、种畜禽、水产苗种和利用农业转基因生物生产的或者含有农业转基因生物成分的植物种子、种畜禽、水产苗种、农药、兽药、肥料和添加剂的，应当向国务院农业行政主管部门提出申请；符合下列条件的，国务院农业行政主管部门方可批准试验材料入境并依照本条例的规定进行中间试验、环境释放和生产性试验：

(1) 输出国家或者地区已经允许作为相应用途并投放市场；

(2) 输出国家或者地区经过科学试验证明对人类、动植物、微生物和生态环境无害；

(3) 有相应的安全管理、防范措施。

生产性试验结束后，经安全评价合格，并取得农业转基因生物安全证书后，方可依照有关法律、行政法规的规定办理审定、登记或者评价、审批手续。

境外公司向中华人民共和国出口农业转基因生物用作加工原料的，应当向国务院农业行政主管部门提出申请；符合下列条件，并经安全评价合格的，由国务院农业行政主管部门颁发农业转基因生物安全证书：

(1) 输出国家或者地区已经允许作为相应用途并投放市场；

(2) 输出国家或者地区经过科学试验证明对人类、动植物、微生物和生态环境无害；

(3) 经农业转基因生物技术检测机构检测，确认对人类、动植物、微生物和生态环境不存在危险；

(4) 有相应的安全管理、防范措施。

从中华人民共和国境外引进农业转基因生物的，或者向中华人民共和国出口农业转基因生物的，引进单位或者境外公司应当凭国务院农业行政主管部门颁发的农业转基因生物安全证书和相关批准文件，向口岸出入境检验检疫机构报检；经检疫合格后，方可向海关申请办理有关手续。

4. 监督检查

农业行政主管部门履行监督检查职责时,有权采取下列措施:

(1) 询问被检查的研究、试验、生产、加工、经营或者进口、出口的单位和个人、利害关系人、证明人,并要求其提供与农业转基因生物安全有关的证明材料或者其他资料;

(2) 查阅或者复制农业转基因生物研究、试验、生产、加工、经营或者进口、出口的有关档案、账册和资料等;

(3) 要求有关单位和个人就有关农业转基因生物安全的问题作出说明;

(4) 责令违反农业转基因生物安全管理的单位和个人停止违法行为;

(5) 在紧急情况下,对非法研究、试验、生产、加工、经营或者进口、出口的农业转基因生物实施封存或者扣押。

有关单位和个人对农业行政主管部门的监督检查,应当予以支持、配合,不得拒绝、阻碍监督检查人员依法执行职务。

发现农业转基因生物对人类、动植物和生态环境存在危险时,国务院农业行政主管部门有权宣布禁止生产、加工、经营和进口,收回农业转基因生物安全证书,销毁有关存在危险的农业转基因生物。

 材料阅读

转基因食品应确保消费者的知情权

超市的货架上摆放着转基因食品,餐馆里天天使用着转基因原料,单位食堂的饭菜中就含有转基因食品成分,每个人都可能有意无意地吃到转基因食品。在无法简单规避的情况下,消费者首先应知道吃的是什么,然后才能决定吃还是不吃,也就是要充分保护消费者的知情权和选择权。

转基因食品安全性是一个全球性的争议话题。支持者认为迄今为止并没有确凿的科学证据证明转基因产品对人体健康或环保有明显危害,而反对者称人为改变自然基因的潜在影响在这几十年的实验中是显现不出来的。反映到政策上,前者要求政府对转基因食品与传统食品一视同仁,后者则要求对其施加持续而严密的风险测试与监控。

在这种情况下,相关部门以事实澄清谣言,避免大众无理由的过度恐惧是必需的,但与此同时,以科学的名义要求所有消费者无视转基因食品与传统食品的区别也不太合适。转基因食品毕竟是一种大众不熟悉的新事物,消费者也拥有哪怕是基于不那么"科学"的担忧而衍生的知情权,何况一些消费者的考虑并非只是健康,还有伦理或宗教方面的需求。所以,相关法规要求转基因食品的生产者和销售者充分披露信息,做出明显标志也是合理的。

国际上,美国的自愿标志和欧盟的强制标志是两种代表性做法,其所反映的是对转基因食品所持的宽松与谨慎的不同态度。不过,美国近年来的民意调查也普遍显示,多数消费者赞同对转基因食品进行强制标记,在联邦和州的层面上都有立法建议,只是目前仍未成功上升为法律。欧盟之所以保持戒备心态要求强制标志,与其所遭受的"疯牛病"等历史教训有一定关系。

从立法上看,中国也可以说是建立了强制标志制度。2001年国务院的《农业转基因生物安全管理条例》和2002年卫生部的《转基因食品卫生管理办法》都明确了标志的必要性,但因法规层级与执法能力有限,这些规定在现实中并未严格执行,一些厂家并不标注,做了标志的也存在隐蔽、不清晰的问题,而且没有确定商家违反标志规定所应承担的民事责任,所以消费者知情权并未得到充分保障。未来,可考虑对转基因食品制定专门法律并规范其标志行为,更透明的信息也更有利于驱散大众的非理性恐惧。

资料来源:《21世纪经济报道》,2013年10月19日,作者:刘波

第六节 农产品质量安全法

农产品质量安全,是指农产品质量符合保障人的健康、安全的要

求。具体而言,就是指农产品的可靠性、使用性和内在价值,包括在生产、贮存、流通和使用过程中形成、残存的营养、危害及外在特征因子,既有等级、规格、品质等特性要求,也有对人、环境的危害等级水平的要求。这里说的农产品,是指来源于农业的初级产品,即在农业活动中获得的植物、动物、微生物及其产品。

"民以食为天,食以安为先。"为保障农产品质量安全,维护公众健康,促进农业和农村经济发展,我国专门制定了《农产品质量安全法》。该法针对保障农产品质量安全的主要环节,确立了安全管理体制、安全标准的强制实施制度、农产品产地管理制度、包装和标志管理制度、监督检查制度、风险评估和信息发布制度、责任追究制度七项制度。这七项基本制度具有很强的针对性和可操作性,建立了农产品从农田到市场全程监管体系,是完善农产品质量安全监管长效机制的制度保障。由于农产品生产链条长,生产环境开放,不可控因素多,各个生产环节对农产品的质量安全都有不同程度的影响,因而,必须对农产品生产经营的各个环节进行全程控制,确保消费者购买到符合要求的农产品。《农产品质量安全法》明确了农业部门从"农田到市场"的全程监管职能,包括加强产地环境监管、农业投入品监管、市场准入监管和农产品质量安全检测监管。

一、农产品质量安全监管机构

县级以上人民政府农业行政主管部门负责农产品质量安全的监督管理工作;县级以上人民政府有关部门按照职责分工,负责农产品质量安全的有关工作。县级以上人民政府应当将农产品质量安全管理工作纳入本级国民经济和社会发展规划,并安排农产品质量安全经费,用于开展农产品质量安全工作。县级以上地方人民政府统一领导、协调本行政区域内的农产品质量安全工作,并采取措施,建立健全农产品质量安全服务体系,提高农产品质量安全水平。

国务院农业行政主管部门应当设立由有关方面专家组成的农产品质量安全风险评估专家委员会,对可能影响农产品质量安全的潜在危害进行风险分析和评估。国务院农业行政主管部门应当根据农产品质量安全风险评估结果采取相应的管理措施,并将农产品质量安全风险评估结果及时通报国务院有关部门。国务院农业行政主管部门和省、自治区、直辖市人民政府农业行政主管部门应当按照职责权限,发布有关农产品质量安全状况信息。

二、农产品质量安全标准

国家引导、推广农产品标准化生产,鼓励和支持生产优质农产品,禁止生产、销售不符合国家规定的农产品质量安全标准的农产品。国家建立健全农产品质量安全标准体系。农产品质量安全标准是强制性的技术规范。

农产品标准化生产是现代农业的一个重要标志,没有农业的标准化就没有农业的现代化。实行农产品标准化生产,是保障农产品消费安全,提高农产品质量和市场竞争力的治本之策。农产品标准化生产是指按照标准要求,对农产品生产的产前、产中、产后进行全过程规范和控制。其根本目的有二:一是保证农产品质量安全水平达到市场准入门槛,保障农产品的消费安全;二是提高农产品的品质规格,满足消费者对农产品优质化、规格化的要求,促进农产品流通,提高农产品的市场竞争力。

农产品质量安全标准是政府履行农产品质量安全监督管理职能的基础,是农产品生产经营者自控的准绳,是判断农产品质量安全的依据,是开展农产品产地认定和产品认证的依据,更是各级政府部门开展例行监测和市场监督抽查的依据。因此,没有标准,就无所谓农产品质量安全监督管理。制定农产品质量安全标准应当充分考虑农产品质量安全风险评估结果,并听取农产品生产者、销售者和消费者的意见,保障消费安全。农产品质量安全标准应当根据科学技术发展水平以及农产品质量安全的需要,及时修订。农产品质量安全标准由农业行政主管部门商有关部门组织实施。

三、农产品产地

农产品产地是影响农产品质量安全的重要源头。工业"三废"和城市垃圾的不合理排放,农产品种养殖过程中投入品的不合理使用,产地自身的重金属状况等,都可能给部分农业用地、畜牧生产环境、渔业水域环境造成污染。

为了从源头上控制污染物进入农产品生产过程,防止因农产品产地污染而危及农产品质量安全,农产品质量安全法规定,县级以上地方人民政府农业行政主管部门按照保障农产品质量安全的要求,根据农产品品种特性和生产区域大气、土壤、水体中有毒有害物质状况等因素,认为不适宜特定农产品生产的,提出禁止生产的区域,报本级人民政府批准后公布。具体办法由国务院农业行政主管部门商国务院环境保护行政主管部门制定。

县级以上人民政府应当采取措施,加强农产品基地建设,改善农产品的生产条件。县级以上人民政府农业行政主管部门应当采取措施,推进保障农产品质量安全的标准化生产综合示范区、示范农场、养殖小区和无规定动植物疫病区的建设。

农产品质量安全法还规定,禁止在有毒有害物质超过规定标准的区域生产、捕捞、采集食用农产品和建立农产品生产基地。禁止违反法律、法规的规定向农产品产地排放或者倾倒废水、废气、固体废物或者其他有毒有害物质。农业生产用水和用作肥料的固体废物,应当符合国家规定的标准。农产品生产者应当合理使用化肥、农药、兽药、农用薄膜等化工产品,防止对农产品产地造成污染。

四、农产品生产

优质安全的农产品是生产出来的。生产者只有严格按照规定的技术要求和操作规程进行农产品生产,科学合理地使用符合国际要求的农药、塑料及塑料添加剂等农业投入品,适时地收获、捕捞和屠宰动植物或其产品,才能生产出符合质量安全标准要求的农产品,才能保证消费安全。同时,要充分发挥农业行政管理部门、农业科技教育推广机构、中介组织、农产品生产企业和农户等生产者的各自作用,让各生产者履行各自职责,才能事半功倍。

农产品质量安全法规定,国务院农业行政主管部门和省、自治区、直辖市人民政府农业行政主管部门应当制定保障农产品质量安全的生产技术要求和操作规程。县级以上人民政府农业行政主管部门应当加强对农产品生产的指导。对可能影响农产品质量安全的农药、兽药、饲料和饲料添加剂、肥料、兽医器械,依照有关法律、行政法规的规定实行许可制度。国务院农业行政主管部门和省、自治区、直辖市人民政府农业行政主管部门应当定期对可能危及农产品质量安全的农药、兽药、饲料和饲料添加剂、肥料等农业投入品进行监督抽查,并公布抽查结果。县级以上人民政府农业行政主管部门应当加强对农业投入品使用的管理和指导,建立健全农业投入品的安全使用制度。农业科研教育机构和农业技术推广机构应当加强对农产品生产者质量安全知识和技能的培训。

农产品生产企业和农民专业合作经济组织应当建立农产品生产记录,如实记载下列事项:

(一)使用农业投入品的名称、来源、用法、用量和使用、停用的日期;

(二)动物疫病、植物病虫草害的发生和防治情况;

(三)收获、屠宰或者捕捞的日期。

农产品生产记录应当保存二年。禁止伪造农产品生产记录。国家鼓励其他农产品生产者建立农产品生产记录。

农产品生产者应当按照法律、行政法规和国务院农业行政主管部门的规定,合理使用农业投入品,严格执行农业投入品使用安全间隔期或者休药期的规定,防止危及农产品质量安全。禁止在农产品生产过程中使用国家明令禁止使用的农业投入品[①]。

农产品质量安全法还强化了农民专业合作经济组织和农产品行业

---

① 安全间隔期是指农产品在最后一次施用农药到收获上市之间的最短时间。在此期间,多数农药的有毒物质会因光合作用等因素逐渐降解,农药残留会达到安全标准,不会对人体健康造成危害。不同品种的农药有不同的安全间隔期。休药期是指食用动物在最后一次使用兽药到屠宰上市或其产品(蛋、奶等)上市销售的最短期间。在此期间,兽药的有害物质会随着动物的新陈代谢等因素逐渐消失,兽药残留会达到安全标准,不会对人体健康造成危害。不同品种的兽药有不同的休药期。

协会等中介组织的法定义务。农产品生产企业和农民专业合作经济组织,应当自行或者委托检测机构对农产品质量安全状况进行检测;经检测不符合农产品质量安全标准的农产品,不得销售。农民专业合作经济组织和农产品行业协会对其成员应当及时提供生产技术服务,建立农产品质量安全管理制度,健全农产品质量安全控制体系,加强自律管理。

五、农产品包装和标识

建立农产品包装和标识制度,是实施农产品追踪和溯源,建立产品质量安全责任追究制度的前提,是防止农产品在运输、销售或购买时被污染和损害的关键措施,是培育农产品品牌,提高我国在产品市场上的竞争力的必由之路。同时,对农产品进行包装和标识,也有利于购买者、消费者快速识别产品名称、质量等级、数量、品牌以及生产者信息,有利于保障消费者的知情权和选择权。

农产品质量安全法规定,农产品生产企业、农民专业合作经济组织以及从事农产品收购的单位或者个人销售的农产品,按照规定应当包装或者附加标识的,须经包装或者附加标识后方可销售。包装物或者标识上应当按照规定标明产品的品名、产地、生产者、生产日期、保质期、产品质量等级等内容;使用添加剂的,还应当按照规定标明添加剂的名称。

为规范农产品包装、保鲜、贮存、运输过程中保鲜剂、防腐剂、添加剂等材料的使用,防止农产品二次污染,确保农产品消费安全,农产品质量安全法作了如下规定:农产品在包装、保鲜、贮存、运输中所使用的保鲜剂、防腐剂、添加剂等材料,应当符合国家有关强制性的技术规范。属于农业转基因生物的农产品,应当按照农业转基因生物安全管理的有关规定进行标识。依法需要实施检疫的动植物及其产品,应当附具检疫合格标识、检疫合格证明。销售的农产品必须符合农产品质量安全标准,生产者可以申请使用无公害农产品标识。农产品质量符合国家规定的有关优质农产品标准的,生产者可以申请使用相应的农产品质量标识。

六、监督检查

(一)禁止销售的农产品

《农产品质量安全法》从市场准入条件入手,明确规定了禁止销售的农产品情形:

1. 含有国家禁止使用的农药、兽药或者其他化学物质的;
2. 农药、兽药等化学物质残留或者含有的重金属等有毒有害物质不符合农产品质量安全标准的;
3. 含有的致病性寄生虫、微生物或者生物毒素不符合农产品质量安全标准的;
4. 使用的保鲜剂、防腐剂、添加剂等材料不符合国家有关强制性的技术规范的;
5. 其他不符合农产品质量安全标准的。

(二)农产品质量安全监测制度的内容

根据农产品质量安全法,国家建立农产品质量安全监测制度。县级以上人民政府农业行政主管部门应当按照保障农产品质量安全的要求,制定并组织实施农产品质量安全监测计划,对生产中或者市场上销售的农产品进行监督抽查。监督抽查结果由国务院农业行政主管部门或者省、自治区、直辖市人民政府农业行政主管部门按照权限予以公布。监督抽查检测应当委托符合规定条件的农产品质量安全检测机构进行,不得向被抽查人收取费用,抽取的样品不得超过国务院农业行政主管部门规定的数量。上级农业行政主管部门监督抽查的农产品,下级农业行政主管部门不得另行重复抽查。

农产品质量安全检测应当充分利用现有的符合条件的检测机构。从事农产品质量安全检测的机构,必须具备相应的检测条件和能力,由省级以上人民政府农业行政主管部门或者其授权的部门考核合格。农产品生产者、销售者对监督抽查检测结果有异议的,可以自收到检测结果之日起五日内,向组织实施农产品质量安全监督抽查的农业行政主管部门或者其上级农业行政主管部门申请复检。采用国务院农业行政主管部门会同有关部门认定的快速检测方法进行农产品质量安全监督抽查检测,被抽查人对检测结果有异议的,可以自收到检测结果时起四小时内申请复检。复检不得采用快速检测方法。因检测结果错误给当事人造成损害的,依法承担赔偿责任。

农产品批发市场应当设立或者委托农产品质量安全检测机构,对进场销售的农产品质量安全状况进行抽查检测;发现不符合农产品质量安全标准的,应当要求销售者立即停止销售,并向农业行政主管部门报告。农产品销售企业对其销售的农产品,应当建立健全进货检查验收制度;经查验不符合农产品质量安全标准的,不得销售。国家鼓励单位和个人对农产品质量安全进行社会监督。任何单位和个人都有权对违法行为进行检举、揭发和控告。有关部门收到相关的检举、揭发和控告后,应当及时处理。

县级以上人民政府农业行政主管部门在农产品质量安全监督检查中,可以对生产、销售的农产品进行现场检查,调查了解农产品质量安全的有关情况,查阅、复制与农产品质量安全有关的记录和其他资料;对经检测不符合农产品质量安全标准的农产品,有权查封、扣押;发现有法律禁止销售农产品情形的,应当按照农产品质量安全责任追究制度的要求,查明责任人,依法予以处理或者提出处理建议。

发生农产品质量安全事故时,有关单位和个人应当采取控制措施,及时向所在地乡级人民政府和县级人民政府农业行政主管部门报告;收到报告的机关应当及时处理并报上一级人民政府和有关部门。发生重大农产品质量安全事故时,农业行政主管部门应当及时通报同级食品药品监督管理部门。

本章习题

一、选择题

1.（　　）是指选育新品种的基础材料,包括各种植物的栽培种、野生种的繁殖材料以及利用上述繁殖材料人工创造的各种植物的遗传材料。

A. 种质资源　　　　　　B. 种子
C. 有机农产品　　　　　D. 粮食

2. 国内首次生产的农药和首次进口的农药的登记,按照下列三个阶段进行(　　)。

A. 田间试验阶段　　　　B. 临时登记阶段
C. 正式登记阶段　　　　D. 完成阶段

3. 无公害农产品认证证书有效期为(　　)。

A. 1年　　　B. 2年　　　C. 3年　　　D. 5年

二、思考题

1. 怎样维护种子使用者的合法权益?
2. 为什么要进行转基因生物安全管理?
3. 对农产品质量安全有哪些监督检查措施?

第六章 自然资源和环境保护法律制度

 **本章要点**

本章主要介绍了自然资源和环境保护法律制度。自然资源和环境保护法律制度旨在规范人们开发利用自然资源的行为,促使人们保护和合理利用自然资源和自然环境,以阻止人类与自然资源以及自然环境的关系恶化,维护人类社会与自然资源以及自然环境之间的和谐发展,改善与增强人类赖以生存和发展的自然环境和物质基础。通过本章的学习,应了解和掌握水法、森林法、渔业法、矿产资源法和环境保护法的立法目的和主要制度。

第一节 自然资源和环境保护法律制度概述

一、自然资源法概述

自然资源通常是指人类从自然环境中可以获得的用于生产和生活的各种物质和能量,它是发展生产和改善生活的物质基础,是劳动对象的组成部分①。

---

① 李昌麒.经济法学[M].北京:中国政法大学出版社,1997:555.

自然资源一般包括土地资源、矿产资源、森林资源、草原资源、水资源、海洋资源和野生动植物资源等自然因素，但是不包括经过人工改造的那一部分自然因素，如被人们加工制作的各种产品。丰富的自然资源客观上为一国经济发展提供了便利条件，但必须有一定的开发利用能力并达到一定水平，自然资源的优势才能充分发挥。自然资源法正是通过运用法律手段对影响自然资源开发利用的各种社会因素进行调整，以充分发挥自然资源优势、促进经济发展。

自然资源法是调整人们在自然资源的开发、利用、保护和管理过程中所发生的各种社会关系的法律规范的总称，一般是由土地管理法、矿产资源法、森林法、草原法、野生动植物保护法、水法和渔业法、海洋法、空间法等法律、法规组成。自然资源法旨在规范人们开发利用自然资源的行为，促使人们保护和合理利用自然资源，以阻止人类与自然资源的关系恶化，维护人类社会与自然资源之间的和谐发展，改善与增强人类赖以生存和发展的自然环境和物质基础。

我国一直十分重视自然资源的保护，制定了一系列相关的法律、法规。我国宪法第 9 条明确规定：矿藏、水流、森林、山岭、草原、荒地、滩涂等自然资源，都属于国家所有，即全民所有；由法律规定属于集体所有的森林和山岭、草原、荒地、滩涂除外。国家保障自然资源的合理利用，保护珍贵的动物和植物。禁止任何组织或者个人用任何手段侵占或者破坏自然资源。《中华人民共和国土地管理法》《中华人民共和国矿产资源法》《中华人民共和国野生动物保护法》《中华人民共和国森林法》《中华人民共和国草原法》《中华人民共和国渔业法》《中华人民共和国水法》等单项法律都对自然资源的保护作出了详细规定。这些相互联系、相互协调的部门资源法共同组成了一个相对完整的自然资源法律体系①。

二、环境保护法概述

环境是指影响人类生存和发展的各种天然的和经过人工改造的自

---

① 土地资源保护的内容主要体现在土地管理法当中，本章不再赘述。

然因素的总体,包括大气、水、海洋、土地、矿藏、森林、草原、野生生物、自然遗迹、人文遗迹、自然保护区、风景名胜区、城市和乡村等。人类既是大自然的组成部分,又是自然环境长期演化的产物,从人类诞生起,就与自然环境相互作用和相互影响。

环境问题是由于自然原因或人为原因使环境条件发生不利于人类的变化,以致影响人类的生产和生活的现象。18 世纪末 19 世纪初的产业革命,使社会生产力空前发展,但也使大气污染和水污染日趋严重。20 世纪后,化学和石油工业的发展对环境的污染更为严重。一些国家先后采取立法措施,以保护人类赖以生存的生态环境。一般先是地区性立法,后发展成全国性立法,其内容最初也只限于工业污染,后来发展为全面的环境保护立法。

保护环境是我国的基本国策。所谓环境保护是指以协调人与自然的关系,保障经济社会的持续发展为目的而采取的各种措施和所进行的各种活动的总称。环境保护法是指为实现人类与自然的和谐和经济社会的可持续发展,调整人们在开发、利用、保护和改善环境的活动中所产生的各种社会关系的法律规范的总称。中国非常重视环境保护立法工作。《中华人民共和国宪法》明确规定:"国家保护和改善生活环境和生态环境,防治污染和其他公害。"《中华人民共和国刑法》将严重危害自然环境、破坏野生动植物资源的行为定为危害公共安全罪和破坏社会主义经济秩序罪。1979 年,全国人民代表大会常务委员会颁布了《中华人民共和国环境保护法(试行)》。自 1982 年以后,全国人民代表大会常务委员会先后通过了《中华人民共和国海洋环境保护法》《中华人民共和国水污染防治法》和《中华人民共和国大气污染防治法》。1989 年 12 月 26 日第七届全国人民代表大会常务委员会第十一次会议通过了《中华人民共和国环境保护法》。2014 年 4 月,第十二届全国人大常委会第八次会议又对该法进行了修订。另外,国务院还颁布了一系列保护环境、防止污染及其他公害的行政法规。

三、自然资源法和环境保护法的关系

环境和资源是角度不同、侧重各异,却又相互交叉的两个概念。人类环境由环境因素构成,而各种环境因素在一定条件下均可成为对人有用的物质和能量(即自然资源),从这一意义上讲,人类环境由不同种类的自然资源构成。而同时,各种自然资源又都存在于环境之中,依赖环境而存在。环境概念强调整体性、生态联系性,人类环境无国界,环境保护需要国际合作;资源概念则强调使用价值、可开发利用性,按国界划分,受国界限制。

自然资源法与环境保护法是两个既联系密切、相互交叉,又有所不同的法律部门。其联系在于:自然资源法所涉及的自然资源都是环境法保护中的环境要素,大部分环境要素也就是自然资源;许多法律规范既是自然资源法的组成部分,又是环境保护法的组成部分;两个法律部门都有综合性、广泛性、技术性和社会性的特点。自然资源法着重调整自然资源的开发和合理利用,环境保护法则着重调整各种环境要素及其综合体的保护。然而,开发、利用自然资源必须同时保护环境,保护环境实质上又是保护自然资源、合理利用自然资源。

与环境保护法相比,自然资源法有如下特点:

(一)自然资源法以自然资源的权属为核心,对自然资源的开发利用与管理制度基本都与确定自然资源的权属密切相关,而环境保护法则是以公众环境利益为核心的[①]。

(二)自然资源法的立法宗旨在于保障充分利用各种自然资源的物质利益和经济价值,即使是考虑对自然资源的保护也是从利用的角度来进行的,而环境保护法则注重环境要素的整体效益或生态效益。

(三)自然资源法的调整手段主要依赖于传统的行政法、民法、刑法以及经济法规范,而环境保护法则有很大突破,形成了独特的理论体系和调整方法。

(四)自然资源法的客体范围窄于环境保护法。自然资源是环境要素的组成部分,自然资源法的客体主要是作为物质财富的那一部分环境要素,而环境保护法的客体则是无法用经济价值来衡量的整个环

---

① 参见巩固:《公众环境利益:环境保护法的核心范畴与完善重点》,环境法治与建设和谐社会——2007年全国环境资源法学研讨会论文集,未出版,第30页。

境要素和环境效益。

 材料阅读：

世界环境日与人类环境宣言

1972年6月5—16日，联合国在瑞典首都斯德哥尔摩召开了人类环境会议。这是人类历史上第一次在全球范围内研究保护人类环境的会议。来自113个国家的1 300多名代表出席会议。会议讨论了当代世界的环境问题，制定了对策和措施。会前，联合国人类环境会议秘书长莫里斯·夫·斯特朗委托58个国家的152位科学界和知识界的知名人士组成了一个大型委员会，由雷内·杜博斯博士任专家顾问小组组长，为大会起草了一份非正式报告——《只有一个地球》。这次会议提出了响彻世界的环境保护口号：只有一个地球！会议经过12天的讨论交流后，形成并公布了著名的《联合国人类环境会议宣言》和具有109条建议的保护全球环境的"行动计划"，呼吁各国政府和人民为维护和改善人类环境，造福全体人民，造福子孙后代而共同努力。

《人类环境宣言》提出7个共同观点和26项共同原则，引导和鼓励全世界人民保护和改善人类环境。《人类环境宣言》规定了人类对环境的权利和义务，呼吁"为了这一代和将来的世世代代而保护和改善环境，已经成为人类一个紧迫的目标"。"这个目标将同争取和平和全世界的经济与社会发展这两个既定的基本目标共同和协调地实现"。会议提出建议将这次大会的开幕日这天作为"世界环境日"。

1972年10月，第27届联合国大会通过了联合国人类环境会议的建议，规定每年的6月5日为"世界环境日"，让世界各国人民永远纪念它。联合国系统和各国政府要在每年的这一天开展各种活动，提醒全世界注意全球环境状况和人类活动对环境的危害，强调保护和改善人类环境的重要性。许多国家、团体和人民群众在"世界环境日"这一天开展各种活动来宣传强调保护和改善人类环境的重要性。

我国从1985年6月5日开始举办纪念世界环境日的活动,以"青年、人口、环境"为主题。从此之后,每年的6月5日全国各地都要举办纪念活动。

第二节 水资源保护法

水是人类及一切生物赖以生存的必不可少的重要物质,是工农业生产、经济发展和环境改善不可替代的极为宝贵的自然资源。水法所称的水资源,主要是指地表水和地下水,不包括海水。

我国是一个干旱缺水严重的国家,是全球13个人均水资源最贫乏的国家之一。当前我国水资源面临的形势十分严峻,水资源短缺、水污染严重、水生态环境恶化等问题日益突出,已成为制约经济社会可持续发展的主要瓶颈。因此,加强水资源的保护已成为刻不容缓的当务之急。

水资源保护法是调整人们在开发、利用、保护和管理水资源过程中所发生的各种社会关系的法律规范的总称。在我国,有关水资源保护的法律和法规主要有:《宪法》《水法》《水污染防治法》《环境保护法》《水土保持法》《取水许可制度实施办法》《水土保持法实施条例》《城市地下水开发利用保护管理规定》《城市供水条例》《城市节约用水管理规定》《淮河流域水污染防治法》等。

一、水法的相关规定

(一)水资源权属制度

《宪法》第9条规定:水流属于国家所有。水资源的所有权由国务院代表国家行使。《水法》第3条也规定:水资源属于国家所有。水资源的所有权由国务院代表国家行使。因此,我国水资源所有权的唯一主体是国家,水资源所有权不能由国家以外的其他主体享有。

《水法》第3条规定:农村集体经济组织的水塘和由农村集体经

组织修建管理的水库中的水,归各该农村集体经济组织使用。农村集体经济组织的水塘和由农村集体经济组织修建管理的水库中的水,是指农民集体投资兴办的水库、水塘所拦蓄或引取的水。这部分水,或是经过拦蓄,尚未进入江河、湖泊的水,或是通过取得取水权从江河、湖泊引取的水。这些水,是已经开发并从自然状态下分离出来的水,与自然状态下的水资源有所区别。

(二)水资源保护的原则和方针

1. 开发、利用、节约、保护水资源和防治水害,应当全面规划、统筹兼顾、标本兼治、综合利用、讲求效益,发挥水资源的多种功能,协调好生活、生产经营和生态环境用水。

2. 国家鼓励单位和个人依法开发、利用水资源,并保护其合法权益。开发、利用水资源的单位和个人有依法保护水资源的义务。国家鼓励和支持开发、利用、节约、保护、管理水资源和防治水害的先进科学技术的研究、推广和应用。在开发、利用、节约、保护、管理水资源和防治水害等方面成绩显著的单位和个人,由人民政府给予奖励。

3. 国家对水资源依法实行取水许可制度和有偿使用制度。但是,农村集体经济组织及其成员使用本集体经济组织的水塘、水库中的水除外。国务院水行政主管部门负责全国取水许可制度和水资源有偿使用制度的组织实施。

4. 国家厉行节约用水,大力推行节约用水措施,推广节约用水新技术、新工艺,发展节水型工业、农业和服务业,建立节水型社会。单位和个人有节约用水的义务。

5. 国家保护水资源,采取有效措施,保护植被,植树种草,涵养水源,防治水土流失和水体污染,改善生态环境。

6. 国家对水资源实行流域管理与行政区域管理相结合的管理体制。国务院水行政主管部门负责全国水资源的统一管理和监督工作。国务院水行政主管部门在国家确定的重要江河、湖泊设立的流域管理机构(以下简称流域管理机构),在所管辖的范围内行使法律、行政法规规定的和国务院水行政主管部门授予的水资源管理和监督职责。县级以上地方人民政府水行政主管部门按照规定的权限,负责本行政区域内水资源的统一管理和监督工作。国务院有关部门按照职责分工,负责水资源开发、利用、节约和保护的有关工作。县级以上地方人民政府有关部门按照职责分工,负责本行政区域内水资源开发、利用、节约和保护的有关工作。

(三)水资源规划制度

《水法》理顺了水资源管理体制,实现了水资源的统一管理,注重水资源合理配置。根据《水法》规定,国家制定全国水资源战略规划。开发、利用、节约、保护水资源和防治水害,应当按照流域、区域统一制定规划。规划分为流域规划和区域规划。流域规划包括流域综合规划和流域专业规划;区域规划包括区域综合规划和区域专业规划。其中,综合规划,是指根据经济社会发展需要和水资源开发利用现状编制的开发、利用、节约、保护水资源和防治水害的总体部署。专业规划,是指防洪、治涝、灌溉、航运、供水、水力发电、竹木流放、渔业、水资源保护、水土保持、防沙治沙、节约用水等规划。

流域范围内的区域规划应当服从流域规划,专业规划应当服从综合规划。流域综合规划和区域综合规划以及与土地利用关系密切的专业规划,应当与国民经济和社会发展规划以及土地利用总体规划、城市总体规划和环境保护规划相协调,兼顾各地区、各行业的需要。

制定规划,必须进行水资源综合科学考察和调查评价。水资源综合科学考察和调查评价,由县级以上人民政府水行政主管部门会同同级有关部门组织进行。县级以上人民政府应当加强水文、水资源信息系统建设。县级以上人民政府水行政主管部门和流域管理机构应当加强对水资源的动态监测。基本水文资料应当按照国家有关规定予以公开。

国家确定的重要江河、湖泊的流域综合规划,由国务院水行政主管部门会同国务院有关部门和有关省、自治区、直辖市人民政府编制,报国务院批准。跨省、自治区、直辖市的其他江河、湖泊的流域综合规划和区域综合规划,由有关流域管理机构会同江河、湖泊所在地的省、自治区、直辖市人民政府水行政主管部门和有关部门编制,分别经有关省、自治区、直辖市人民政府审查提出意见后,报国务院水行政主管部

第六章　自然资源和环境保护法律制度 161

门审核；国务院水行政主管部门征求国务院有关部门意见后，报国务院或者其授权的部门批准。其他江河、湖泊的流域综合规划和区域综合规划，由县级以上地方人民政府水行政主管部门会同同级有关部门和有关地方人民政府编制，报本级人民政府或者其授权的部门批准，并报上一级水行政主管部门备案。专业规划由县级以上人民政府有关部门编制，征求同级其他有关部门意见后，报本级人民政府批准。其中，防洪规划、水土保持规划的编制、批准，依照防洪法、水土保持法的有关规定执行。

建设水工程，必须符合流域综合规划。在国家确定的重要江河、湖泊和跨省、自治区、直辖市的江河、湖泊上建设水工程，其工程可行性研究报告报请批准前，有关流域管理机构应当对水工程的建设是否符合流域综合规划进行审查并签署意见；在其他江河、湖泊上建设水工程，其工程可行性研究报告报请批准前，县级以上地方人民政府水行政主管部门应当按照管理权限对水工程的建设是否符合流域综合规划进行审查并签署意见。水工程建设涉及防洪的，依照防洪法的有关规定执行；涉及其他地区和行业的，建设单位应当事先征求有关地区和部门的意见。

（四）水资源、水域和水工程的保护

1. 水资源的保护

县级以上人民政府水行政主管部门、流域管理机构以及其他有关部门在制定水资源开发、利用规划和调度水资源时，应当注意维持江河的合理流量和湖泊、水库以及地下水的合理水位，维护水体的自然净化能力。

从事水资源开发、利用、节约、保护和防治水害等水事活动，应当遵守经批准的规划；因违反规划造成江河和湖泊水域使用功能降低、地下水超采、地面沉降、水体污染的，应当承担治理责任。开采矿藏或者建设地下工程，因疏于排水导致地下水水位下降、水源枯竭或者地面塌陷，采矿单位或者建设单位应当采取补救措施；对他人生活和生产造成损失的，依法给予补偿。

县级以上人民政府水行政主管部门或者流域管理机构应当按照水

功能区对水质的要求和水体的自然净化能力,核定该水域的纳污能力,向环境保护行政主管部门提出该水域的限制排污总量意见。县级以上地方人民政府水行政主管部门和流域管理机构应当对水功能区的水质状况进行监测,发现重点污染物排放总量超过控制指标的,或者水功能区的水质未达到水域使用功能对水质的要求的,应当及时报告有关人民政府采取治理措施,并向环境保护行政主管部门通报。

国家建立饮用水水源保护区制度。省、自治区、直辖市人民政府应当划定饮用水水源保护区,并采取措施,防止水源枯竭和水体污染,保证城乡居民饮用水安全。在江河、湖泊新建、改建或者扩大排污口,应当经过有管辖权的水行政主管部门或者流域管理机构同意,由环境保护行政主管部门负责对该建设项目的环境影响报告书进行审批。从事工程建设,占用农业灌溉水源、灌排工程设施,或者对原有灌溉用水、供水水源有不利影响的,建设单位应当采取相应的补救措施;造成损失的,依法给予补偿。在地下水超采地区,县级以上地方人民政府应当采取措施,严格控制开采地下水。在地下水严重超采地区,经省、自治区、直辖市人民政府批准,可以划定地下水禁止开采或者限制开采区。在沿海地区开采地下水,应当经过科学论证,并采取措施,防止地面沉降和海水入侵。

2. 水域的保护

禁止在江河、湖泊、水库、运河、渠道内弃置、堆放阻碍行洪的物体和种植阻碍行洪的林木及高秆作物。禁止在河道管理范围内建设妨碍行洪的建筑物、构筑物以及从事影响河势稳定、危害河岸堤防安全和其他妨碍河道行洪的活动。在河道管理范围内建设桥梁、码头和其他拦河、跨河、临河建筑物、构筑物,铺设跨河管道、电缆,应当符合国家规定的防洪标准和其他有关的技术要求,工程建设方案应当依照防洪法的有关规定报经有关水行政主管部门审查同意。

国家实行河道采砂许可制度。在河道管理范围内采砂,影响河势稳定或者危及堤防安全的,有关县级以上人民政府水行政主管部门应当划定禁采区和规定禁采期,并予以公告。

禁止围湖造地。已经围垦的,应当按照国家规定的防洪标准有计划地退地还湖。禁止围垦河道。确需围垦的,应当经过科学论证,经省、自治区、直辖市人民政府水行政主管部门或者国务院水行政主管部门同意后,报本级人民政府批准。

3. 水工程的保护

单位和个人有保护水工程的义务,不得侵占、毁坏堤防、护岸、防汛、水文监测、水文地质监测等工程设施。县级以上地方人民政府应当采取措施,保障本行政区域内水工程,特别是水坝和堤防的安全,限期消除险情。水行政主管部门应当加强对水工程安全的监督管理。

国家对水工程实施保护。国家所有的水工程应当按照国务院的规定划定工程管理和保护范围。国务院水行政主管部门或者流域管理机构管理的水工程,由主管部门或者流域管理机构的有关省、自治区、直辖市人民政府划定工程管理和保护范围。在水工程保护范围内,禁止从事影响水工程运行和危害水工程安全的爆破、打井、采石、取土等活动。

(五)水事纠纷处理与执法监督检查

不同行政区域之间发生水事纠纷的,应当协商处理;协商不成的,由上一级人民政府裁决,有关各方必须遵照执行。在水事纠纷解决前,未经各方达成协议或者共同的上一级人民政府批准,在行政区域交界线两侧一定范围内,任何一方不得修建排水、阻水、取水和截(蓄)水工程,不得单方面改变水的现状。

单位之间、个人之间、单位与个人之间发生的水事纠纷,应当协商解决;当事人不愿协商或者协商不成的,可以申请县级以上地方人民政府或者其授权的部门调解,也可以直接向人民法院提起民事诉讼。县级以上地方人民政府或者其授权的部门调解不成的,当事人可以向人民法院提起民事诉讼。在水事纠纷解决前,当事人不得单方面改变现状。

县级以上人民政府或者其授权的部门在处理水事纠纷时,有权采取临时处置措施,有关各方或者当事人必须服从。县级以上人民政府水行政主管部门和流域管理机构应当对违反本法的行为加强监督检查并依法进行查处。有关单位或者个人对水政监督检查人员的监督检查工作应当给予配合,不得拒绝或者阻碍水政监督检查人员依法执行职务。

县级以上人民政府水行政主管部门、流域管理机构及其水政监督检查人员履行本法规定的监督检查职责时,有权采取下列措施:

1. 要求被检查单位提供有关文件、证照、资料;
2. 要求被检查单位就执行本法的有关问题作出说明;
3. 进入被检查单位的生产场所进行调查;
4. 责令被检查单位停止违反本法的行为,履行法定义务。

二、水土保持法的相关规定

我国是一个多山国家,山地面积占国土面积的2/3,又是世界上黄土分布最广的国家。黄土或松散的风化壳在缺乏植被保护的情况下极易发生侵蚀。大部分地区属于季风气候,降水量集中,雨季降水量常达年降水量的60%—80%,且多暴雨。易于发生水土流失的地质地貌条件和气候条件是造成中国发生水土流失的主要原因。此外,造成水土流失的人为原因也不容忽视,如滥伐森林、滥垦草地、陡坡地开荒等。水土流失已经成为国家面临的首要生态环境问题,水土保持也成为国家在生态环境保护方面的首要任务。

所谓水土保持,是指对自然因素和人为活动造成水土流失所采取的预防和治理措施。为了预防和治理水土流失,保护和合理利用水土资源,减轻水、旱、风沙灾害,改善生态环境,保障经济社会可持续发展,国家制定了《水土保持法》。该法的主要规定有:

(一) 水土保持工作的方针

《水土保持法》第3条规定:"水土保持工作实行预防为主、保护优先、全面规划、综合治理、因地制宜、突出重点、科学管理、注重效益的方针。"

"预防为主,保护优先"体现的是预防保护在水土保持工作中的重要地位和作用,即在水土保持工作中,首要的是预防产生新的水土流失,要保护好原有植被和地貌,把人为活动产生的新的水土流失控制在最低程度,不能走先破坏后治理的老路。

"全面规划,综合治理"体现的是水土保持工作的全局性、长期性、重要性和水土流失治理措施的综合性。对水土流失防治工作必须进行全面规划,统筹预防和治理、统筹治理的需要与投入的可能、统筹各区域的治理需求、统筹治理的各项措施。对已发生水土流失的治理,必须坚持以小流域为单元,工程措施、生物措施和农业技术措施优化配置,山水田林路村综合治理,形成综合防护体系。

"因地制宜,突出重点"体现的是水土保持措施要因地制宜,防治工程要突出重点。水土流失治理,要根据各地的自然和社会经济条件,分类指导,科学确定当地水土流失防治工作的目标和关键措施。当前,我国水土流失防治任务十分艰巨,国家财力还较为有限,因此,水土流失治理一定要突出重点,由点带面,整体推进。

"科学管理,注重效益"体现的是对水土保持管理手段和水土保持工作效果的要求。随着现代化、信息化的发展,水土保持管理也要与时俱进,引入现代管理科学的理念和先进技术手段,促进水土保持由传统向现代的转变,提高管理效率。注重效益是水土保持工作的生命力。水土保持效益主要包括生态、经济和社会三大效益。在防治水土流失工作中要统筹兼顾三大效益,妥善处理国家生态建设、区域社会发展与当地群众增加经济收入需求三者的关系,把治理水土流失与改善民生、促进群众脱贫致富紧密结合起来,充分调动群众参与治理的积极性。

(二) 水土保持的规划、预防和治理

1. 水土保持的规划

水土保持规划应当在水土流失调查结果及水土流失重点预防区和重点治理区划定的基础上,遵循统筹协调、分类指导的原则编制。

水土保持规划的内容应当包括水土流失状况、水土流失类型区划分、水土流失防治目标、任务和措施等。水土保持规划包括对流域或者区域预防和治理水土流失、保护和合理利用水土资源作出的整体部署,以及根据整体部署对水土保持专项工作或者特定区域预防和治理水土流失作出的专项部署。水土保持规划应当与土地利用总体规划、水资源规划、城乡规划和环境保护规划等相协调。编制水土保持规划,应当征求专家和公众的意见。

县级以上人民政府水行政主管部门会同同级人民政府有关部门编制水土保持规划,报本级人民政府或者其授权的部门批准后,由水行政主管部门组织实施。水土保持规划一经批准,应当严格执行;经批准的规划根据实际情况需要修改的,应当按照规划编制程序报原批准机关批准。

有关基础设施建设、矿产资源开发、城镇建设、公共服务设施建设等方面的规划,在实施过程中可能造成水土流失的,规划的组织编制机关应当在规划中提出水土流失预防和治理的对策和措施,并在规划报请审批前征求本级人民政府水行政主管部门的意见。

2. 水土保持的预防

地方各级人民政府应当按照水土保持规划,采取封育保护、自然修复等措施,组织单位和个人植树种草,扩大林草覆盖面积,涵养水源,预防和减轻水土流失。地方各级人民政府应当加强对取土、挖砂、采石等活动的管理,预防和减轻水土流失。

水土流失严重、生态脆弱的地区,应当限制或者禁止可能造成水土流失的生产建设活动,严格保护植物、沙壳、结皮、地衣等。禁止在二十五度以上的陡坡地开垦种植农作物。在二十五度以上的陡坡地种植经济林的,应当科学选择树种,合理确定规模,采取水土保持措施,防止造成水土流失。禁止毁林、毁草开垦和采集发菜。禁止在水土流失重点预防区和重点治理区铲草皮、挖树兜或者滥挖虫草、甘草、麻黄等。林木采伐应当采用合理方式,严格控制皆伐;对水源涵养林、水土保持林、防风固沙林等防护林只能进行抚育和更新性质的采伐;对采伐区和集材道应当采取防止水土流失的措施,并在采伐后及时更新造林。在五度以上的坡地植树造林、抚育幼林、种植中药材等,应当采取水土保持措施。

在山区、丘陵区、风沙区以及水土保持规划确定的容易发生水土流失的其他区域开办可能造成水土流失的生产建设项目,生产建设单位应当编制水土保持方案,报县级以上人民政府水行政主管部门审批,并按照经批准的水土保持方案,采取水土流失预防和治理措施。没有能力编制水土保持方案的,应当委托具备相应技术条件的机构编制。

3. 水土保持的治理

国家加强水土流失重点预防区和重点治理区的坡耕地改梯田、淤地坝等水土保持重点工程建设,加大生态修复力度。县级以上人民政府水行政主管部门应当加强对水土保持重点工程的建设管理,建立和完善运行管护制度。国家加强江河源头区、饮用水水源保护区和水源涵养区水土流失的预防和治理工作,多渠道筹集资金,将水土保持生态效益补偿纳入国家建立的生态效益补偿制度。

开办生产建设项目或者从事其他生产建设活动造成水土流失的,应当进行治理。在山区、丘陵区、风沙区以及水土保持规划确定的容易发生水土流失的其他区域开办生产建设项目或者从事其他生产建设活动,损坏水土保持设施、地貌植被,不能恢复原有水土保持功能的,应当缴纳水土保持补偿费,专项用于水土流失预防和治理。

国家鼓励单位和个人按照水土保持规划参与水土流失治理,并在资金、技术、税收等方面予以扶持。国家鼓励和支持承包治理荒山、荒沟、荒丘、荒滩,防治水土流失,保护和改善生态环境,促进土地资源的合理开发和可持续利用,并依法保护土地承包合同当事人的合法权益。承包治理荒山、荒沟、荒丘、荒滩和承包水土流失严重地区农村土地的,在依法签订的土地承包合同中应当包括预防和治理水土流失责任的内容。

国家鼓励和支持在山区、丘陵区、风沙区以及容易发生水土流失的其他区域,采取下列有利于水土保持的措施:

1. 免耕、等高耕作、轮耕轮作、草田轮作、间作套种等;
2. 封禁抚育、轮封轮牧、舍饲圈养;
3. 发展沼气、节柴灶,利用太阳能、风能和水能,以煤、电、气代替薪柴等;
4. 从生态脆弱地区向外移民;
5. 其他有利于水土保持的措施。

材料阅读:

《水污染防治法》中关于农业和农村水污染防治的规定

为了防治水污染,保护和改善环境,保障饮用水安全,促进经济社会全面协调可持续发展,国家制定了《水污染防治法》。该法规定,水污染防治应当坚持预防为主、防治结合、综合治理的原则,优先保护饮用水水源,严格控制工业污染、城镇生活污染,防治农业面源污染,积极推进生态治理工程建设,预防、控制和减少水环境污染和生态破坏。在该法第四章第四节水污染防治措施中对农业和农村水污染防治作了专门规定:

第四节 农业和农村水污染防治

第四十七条 使用农药,应当符合国家有关农药安全使用的规定和标准。

运输、存贮农药和处置过期失效农药,应当加强管理,防止造成水污染。

第四十八条 县级以上地方人民政府农业主管部门和其他有关部门,应当采取措施,指导农业生产者科学、合理地施用化肥和农药,控制化肥和农药的过量使用,防止造成水污染。

第四十九条 国家支持畜禽养殖场、养殖小区建设畜禽粪便、废水的综合利用或者无害化处理设施。

畜禽养殖场、养殖小区应当保证其畜禽粪便、废水的综合利用或者无害化处理设施正常运转,保证污水达标排放,防止污染水环境。

第五十条 从事水产养殖应当保护水域生态环境,科学确定养殖密度,合理投饵和使用药物,防止污染水环境。

第五十一条 向农田灌溉渠道排放工业废水和城镇污水,应当保证其下游最近的灌溉取水点的水质符合农田灌溉水质标准。

利用工业废水和城镇污水进行灌溉,应当防止污染土壤、地下水和农产品。

第三节 矿产资源保护法

矿产资源是指由地质作用形成的,具有利用价值的,呈固态、液态、气态的自然资源。矿产资源具有不可再生性,大多数埋藏在地下的不

第六章 自然资源和环境保护法律制度

同深度,地质条件复杂多样,一般必须经过勘查、开采和加工,才能为人类所利用。矿产资源法是调整人们在勘探、开采、利用、保护和管理矿产资源过程中所发生的各种社会关系的法律规范的总称。为了发展矿业,加强矿产资源的勘查、开发利用和保护工作,保障社会主义现代化建设的当前和长远的需要,国家制定了《矿产资源法》及其实施细则。

一、矿产资源的所有权、探矿权和采矿权

(一)矿产资源的所有权

矿产资源的所有权是指矿产资源法律关系主体对矿产资源占有、使用、收益和处分的权利。《矿产资源法》第3条规定:"矿产资源属于国家所有,由国务院行使国家对矿产资源的所有权。地表或者地下的矿产资源的国家所有权,不因其所依附的土地的所有权或者使用权的不同而改变。"国务院授权国务院地质矿产主管部门对全国矿产资源分配实施统一管理。

(二)探矿权和采矿权

探矿权,是指在依法取得的勘查许可证规定的范围内,勘查矿产资源的权利。取得勘查许可证的单位或者个人称为探矿权人。

采矿权,是指在依法取得的采矿许可证规定的范围内,开采矿产资源和获得所开采的矿产品的权利。取得采矿许可证的单位或者个人称为采矿权人。

(三)探矿权和采矿权的取得

国家保障矿产资源的合理开发利用。禁止任何组织或者个人用任何手段侵占或者破坏矿产资源。各级人民政府必须加强矿产资源的保护工作。勘查、开采矿产资源,必须依法分别申请,经批准取得探矿权、采矿权,并办登记;但是,已经依法申请取得采矿权的矿山企业在划定的矿区范围内为本企业的生产而进行的勘查除外。国家保护探矿权和采矿权不受侵犯,保障矿区和勘查作业区的生产秩序、工作秩序不受影响和破坏。从事矿产资源勘查和开采的,必须符合规定的资质条件。

国家保障依法设立的矿山企业开采矿产资源的合法权益。国有矿山企业是开采矿产资源的主体。国家保障国有矿业经济的巩固和发

展。国家实行探矿权、采矿权有偿取得的制度。但是,国家对探矿权、采矿权有偿取得的费用,可以根据不同情况规定予以减缴、免缴。具体办法和实施步骤由国务院规定。开采矿产资源,必须按照国家有关规定缴纳资源税和资源补偿费。

(四)探矿权和采矿权的转让

探矿权和采矿权可以依法转让。但并不是所有的探矿权和采矿权都可以转让。只有符合一定条件的探矿权和采矿权才可以转让,并且要经过有关机构的批准。

根据《探矿权采矿权转让管理办法》,转让探矿权,应当具备下列条件:

1. 自颁发勘查许可证之日起满2年,或者在勘查作业区内发现可供进一步勘查或者开采的矿产资源;

2. 完成规定的最低勘查投入;

3. 探矿权属无争议;

4. 按照国家有关规定已经缴纳探矿权使用费、探矿权价款;

5. 国务院地质矿产主管部门规定的其他条件。

转让采矿权,应当具备下列条件:

1. 矿山企业投入采矿生产满1年;

2. 采矿权属无争议;

3. 按照国家有关规定已经缴纳采矿权使用费、采矿权价款、矿产资源补偿费和资源税;

4. 国务院地质矿产主管部门规定的其他条件。

国有矿山企业在申请转让采矿权前,应当征得矿山企业主管部门的同意。

国务院地质矿产主管部门和省、自治区、直辖市人民政府地质矿产主管部门是探矿权、采矿权转让的审批管理机关。

国家对矿产资源的勘查、开发实行统一规划、合理布局、综合勘查、合理开采和综合利用的方针。禁止将探矿权、采矿权倒卖牟利。

二、矿产资源的开采管理制度

开采矿产资源,必须采取合理的开采顺序、开采方法和选矿工艺,必须遵守国家劳动安全卫生规定,具备保障安全生产的必要条件,必须遵守有关环境保护的法律规定,防治污染环境。开采矿产资源,还应当节约用地。耕地、草原、林地因采矿受到破坏的,矿山企业应当因地制宜地采取复垦利用、植树种草或其他利用措施。

国家对集体矿山企业和个体采矿实行积极扶持、合理规划、正确引导、加强管理的方针,鼓励集体矿山企业开采国家指定范围内的矿产资源,允许个人采挖零星分散资源和只能用作普通建筑材料的砂、石、黏土以及为生活自用采挖少量矿产。

国家依法保护集体所有制矿山企业、私营矿山企业和个体采矿者的合法权益,依法对集体所有制矿山企业、私营矿山企业和个体采矿者进行监督管理。县级以上人民政府应当指导、帮助集体矿山企业和个体采矿进行技术改造,改善经营管理,加强安全生产。集体矿山企业和个体采矿应当提高技术水平,提高矿产资源回收率。禁止乱挖滥采,破坏矿产资源。

根据《矿产资源法实施细则》,集体所有制矿山企业和私营矿山企业可以开采下列矿产资源:

(一)不适于国家建设大、中型矿山的矿床及矿点;

(二)经国有矿山企业同意,并经其上级主管部门批准,在其矿区范围内划出的边缘零星矿产;

(三)矿山闭坑后,经原矿山企业主管部门确认可以安全开采并不会引起严重环境后果的残留矿体;

(四)国家规划可以由集体所有制矿山企业开采的其他矿产资源。

个体采矿者可以采挖下列矿产资源:

(一)零星分散的小矿体或者矿点;

(二)只能用作普通建筑材料的砂、石、黏土。

第四节 森林资源保护法

"树木撑起了天空,如果森林消失,世界之顶的天空就会塌落,自然和人类就一起灭亡了。"① 森林资源包括森林、林木、林地以及依托森林、林木、林地生存的野生动物、植物和微生物。森林资源法是调整人们在森林保护及森林的合理利用活动中所发生的各种社会关系的法律规范的总称。我国森林资源方面的法律法规主要有：《森林法》及其实施条例、《森林病虫害防治条例》《退耕还林条例》《森林防火条例》等。这里主要介绍《森林法》的相关规定。

一、森林资源的所有权

森林资源属于国家所有，由法律规定属于集体所有的除外。

国家所有的和集体所有的森林、林木和林地，个人所有的林木和使用的林地，由县级以上地方人民政府登记造册，发放证书，确认所有权或者使用权。国务院可以授权国务院林业主管部门，对国务院确定的国家所有的重点林区的森林、林木和林地登记造册，发放证书，并通知有关地方人民政府。森林、林木、林地的所有者和使用者的合法权益，受法律保护，任何单位和个人不得侵犯。

二、关于森林保护的法律制度

（一）林业建设的方针

《森林法》规定，林业建设实行以营林为基础，普遍护林，大力造林，采育结合，永续利用的方针。国家鼓励林业科学研究，推广林业先进技术，提高林业科学技术水平。国家保护林农的合法权益，依法减轻林农的负担，禁止向林农违法收费、罚款，禁止向林农进行摊派和强制集资。国家保护承包造林的集体和个人的合法权益，任何单位和个人不得侵犯承包造林的集体和个人依法享有的林木所有权和其他合法权益。

（二）森林资源的保护性措施

森林法规定，国家对森林资源实行以下保护性措施：

1. 对森林实行限额采伐，鼓励植树造林、封山育林，扩大森林覆盖

---

① 施里达斯·拉夫尔.我们的家园——地球.夏堃堡，等译[M].北京：中国环境科学出版社，1993：60.

面积；

2. 根据国家和地方人民政府有关规定，对集体和个人造林、育林给予经济扶持或者长期贷款；

3. 提倡木材综合利用和节约使用木材，鼓励开发、利用木材代用品；

4. 征收育林费，专门用于造林育林；

5. 煤炭、造纸等部门，按照煤炭和木浆纸张等产品的产量提取一定数额的资金，专门用于营造坑木、造纸等用材林；

6. 建立林业基金制度。

国家设立森林生态效益补偿基金，用于提供生态效益的防护林和特种用途林的森林资源、林木的营造、抚育、保护和管理。森林生态效益补偿基金必须专款专用，不得挪作他用。

（三）**森林经营管理**

各级林业主管部门依照森林法规定，对森林资源的保护、利用、更新，实行管理和监督。各级林业主管部门负责组织森林资源清查，建立资源档案制度，掌握资源变化情况。

下列森林、林木、林地使用权可以依法转让，也可以依法作价入股或者作为合资、合作造林、经营林木的出资、合作条件，但不得将林地改为非林地：

1. 用材林、经济林、薪炭林；

2. 用材林、经济林、薪炭林的林地使用权；

3. 用材林、经济林、薪炭林的采伐迹地、火烧迹地的林地使用权；

4. 国务院规定的其他森林、林木和其他林地使用权。除此之外，其他森林、林木和其他林地使用权不得转让。

各级人民政府应当制定林业长远规划。国有林业企业事业单位和自然保护区，应当根据林业长远规划，编制森林经营方案，报上级主管部门批准后实行。林业主管部门应当指导农村集体经济组织和国有的农场、牧场、工矿企业等单位编制森林经营方案。

单位之间发生的林木、林地所有权和使用权争议，由县级以上人民政府依法处理。个人之间、个人与单位之间发生的林木所有权和林地使用权争议,由当地县级或者乡级人民政府依法处理。当事人对人民政府的处理决定不服的,可以在接到通知之日起一个月内,向人民法院起诉。在林木、林地权属争议解决以前,任何一方不得砍伐有争议的林木。

(四)森林保护

地方各级人民政府应当组织有关部门建立护林组织,负责护林工作;根据实际需要在大面积林区增加护林设施,加强森林保护;督促有林的和林区的基层单位,订立护林公约,组织群众护林,划定护林责任区,配备专职或者兼职护林员。

地方各级人民政府应当切实做好森林火灾的预防和扑救工作:规定森林防火期,在森林防火期内,禁止在林区野外用火;因特殊情况需要用火的,必须经过县级人民政府或者县级人民政府授权的机关批准;在林区设置防火设施;发生森林火灾,必须立即组织当地军民和有关部门扑救;因扑救森林火灾负伤、致残、牺牲的,国家职工由所在单位给予医疗、抚恤;非国家职工由起火单位按照国务院有关主管部门的规定给予医疗、抚恤,起火单位对起火没有责任或者确实无力负担的,由当地人民政府给予医疗、抚恤。

各级林业主管部门负责组织森林病虫害防治工作。林业主管部门负责规定林木种苗的检疫对象,划定疫区和保护区,对林木种苗进行检疫。

禁止毁林开垦和毁林采石、采砂、采土以及其他毁林行为。禁止在幼林地和特种用途林内砍柴、放牧。进入森林和森林边缘地区的人员,不得擅自移动或者损坏为林业服务的标志。

(五)植树造林

植树造林、保护森林,是公民应尽的义务。各级人民政府应当组织全民义务植树,开展植树造林活动。

各级人民政府应当制定植树造林规划,因地制宜地确定本地区提高森林覆盖率的奋斗目标。各级人民政府应当组织各行各业和城乡居民完成植树造林规划确定的任务。宜林荒山荒地,属于国家所有的,由林业主管部门和其他主管部门组织造林;属于集体所有的,由集体经济组织组织造林。铁路公路两旁、江河两侧、湖泊水库周围,由各有关主管单位因地制宜地组织造林;工矿区,机关、学校用地,部队营区以及农场、牧场、渔场经营地区,由各该单位负责造林。国家所有和集体所有的宜林荒山荒地可以由集体或者个人承包造林。

国有企业事业单位、机关、团体、部队营造的林木,由营造单位经营并按照国家规定支配林木收益。集体所有制单位营造的林木,归该单位所有。农村居民在房前屋后、自留地、自留山种植的林木,归个人所有。城镇居民和职工在自有房屋的庭院内种植的林木,归个人所有。集体或者个人承包国家所有和集体所有的宜林荒山荒地造林的,承包后种植的林木归承包的集体或者个人所有;承包合同另有规定的,按照承包合同的规定执行。新造幼林地和其他必须封山育林的地方,由当地人民政府组织封山育林。

(六)森林采伐

国家根据用材林的消耗量低于生长量的原则,严格控制森林年采伐量。国家所有的森林和林木以国有林业企业事业单位、农场、厂矿为单位,集体所有的森林和林木、个人所有的林木以县为单位,制定年采伐限额,由省、自治区、直辖市林业主管部门汇总,经同级人民政府审核后,报国务院批准。

国家制定统一的年度木材生产计划。年度木材生产计划不得超过批准的年采伐限额。计划管理的范围由国务院规定。

采伐森林和林木必须遵守下列规定:成熟的用材林应当根据不同情况,分别采取择伐、皆伐和渐伐方式,皆伐应当严格控制,并在采伐的当年或者次年内完成更新造林;防护林和特种用途林中的国防林、母树林、环境保护林、风景林,只准进行抚育和更新性质的采伐;特种用途林中的名胜古迹和革命纪念地的林木、自然保护区的森林,严禁采伐。

采伐林木必须申请采伐许可证,按许可证的规定进行采伐;农村居民采伐自留地和房前屋后个人所有的零星林木除外,采伐林木的单位或者个人,必须按照采伐许可证规定的面积、株数、树种、期限完成更新造林任务,更新造林的面积和株数不得少于采伐的面积和株数。

材料阅读:

加拿大不敢怠慢每棵树

2012年,加拿大西部城市——号称"全球公园占地面积比率最高城市"素里,一位名叫保罗·巴尔的开发商不小心闯了个祸:他原本获准在144街5904号地块上开发住宅,便指挥工人砍倒了53棵树,可这53棵树中只有30棵是市政府允许可砍伐的,结果素里市长表示:"这种极不负责的行为在素里绝不能被接受。"建议素里规划局判处巴尔"每棵树1万加元的罚款"。

在加拿大,树木是否允许砍伐,是三级政府中最低一级——市政府的权限。许多城市都制定了专门的《树木法》,对什么树可以砍、怎样砍,都有详细规定,人们不敢怠慢任何一棵树。比如在多伦多市,任何树木只要树径超过30厘米,树高超过1.4米,树围超过94.2厘米,就必须向市政府申请砍伐许可证,如不申请或未获批即砍伐,则属于犯罪行为。所谓"任何树木",包括公共场合的,也包括每家每户的前院、后院树木。因此,即便是自家院子里的树,也是不能说砍就砍的。

在加拿大的一些城市,砍伐树木是需要由市政府指定的砍伐机构操作的。无论是什么情况,砍树都是很"破财"的,合法砍掉一棵后院的树,花费几百甚至上千加币是家常便饭。在一些城市,如果某家后院的树木、树枝伸到别人家,砍树必须征得邻居同意,否则属于违法行为;在个别城市,邻居甚至可以以"树木阴影在我家院内""树木根系可能在我家院子地下"为由,要求行使对邻居砍树的"干预权",而且经常能获得支持,这种情况下,砍树的代价便更高昂了。

当然,大多数城市对砍树都有个"特别豁免范例"。例如在多伦多,如果树艺专家能出具证明,证实树木已经完全死亡,或树木如果不砍伐就会对人、建筑安全构成即时危险,或树木感染疾病可能危及其他植物及人类健康,就可以不等许可证而立即砍伐。

第六章 自然资源和环境保护法律制度 177

以上所说的不过是常态,事实上有些加拿大城市的相关规则要严厉得多:在个别城市,甚至规定任何树木不论高低、死活,都需要经市政府批准后才能砍伐。

资料来源:《生命时报》,2014 年 2 月 21 日第 5 版,作者:陶短房

第五节　渔业资源保护法

渔业资源,又称水产资源,是指水域中可以作为渔业生产经营的对象以及具有科学研究价值的水生生物的总称。渔业资源是一种可再生的生物资源,一般具有很大的流动性、洄游性、隐蔽性和集群性。

渔业资源法是调整渔业经济活动中有关渔业生产、渔业资源的养殖、捕捞、保护与管理的社会关系的法律规范的总称。新中国成立以后,国家制定了大量渔业资源管理法规文件,主要有《关于渤海、黄海及东海机轮拖网渔业禁渔区的命令》《海洋捕捞渔船管理暂行办法》《渔政管理工作暂行条例》《渔业许可证若干问题的暂行规定》《停止进口和加强管理引进渔船的通知》《渔港监督管理规则》《渔业船舶船员考试规则》《渔船技术检验规定》《渔业水质标准》等。现行主要渔业资源保护法规是 1986 年颁布的《渔业法》及其实施细则。

我国是一个渔业生产大国,目前在渔业资源保护管理方面存在如下问题:酷渔滥捕、竭泽而渔造成渔业资源的衰退和枯竭;水域生态环境污染和破坏影响了渔业资源的生长条件;水域围垦与河湖水工程或设施对内陆水域鱼类资源造成严重影响等。因此,对渔业资源的保护管理应当从保护水生生物的增殖繁衍与生存环境的角度,以及加强对捕捞渔业资源的管理两方面出发来制定对策和措施。渔业资源的保护方法主要有:防治水污染和海洋环境污染,维护正常的水质和水量,以保护水生生物的生存环境;做好水土保持工作,防止水土流失所造成的水质浑浊;减少围海、围湖造田等减少水域面积、破坏水域环境的行为;合理规划、修建江河、湖泊以及海洋工程建筑,减少对渔业资源生存繁衍过程的妨害。

为了加强渔业资源的保护、增殖、开发和合理利用,发展人工养殖,保障渔业生产者的合法权益,促进渔业生产的发展,适应社会主义建设和人民生活的需要,我国于 1986 年制定了《渔业法》,并于 2000 年、2004 年进行两次修正。在中华人民共和国的内水、滩涂、领海以及中华人民共和国管辖的一切其他海域从事养殖和捕捞水生动物、水生植物等渔业生产活动,都必须遵守该法。

一、渔业资源保护管理体制

国家对渔业生产实行以养殖为主,养殖、捕捞、加工并举,因地制宜,各有侧重的方针。各级人民政府应当把渔业生产纳入国民经济发展计划,采取措施,加强水域的统一规划和综合利用。国家对渔业资源的监督管理实行统一领导、分级管理的体制。

国务院渔业行政主管部门主管全国的渔业工作。县级以上地方人民政府渔业行政主管部门主管本行政区域内的渔业工作。县级以上人民政府渔业行政主管部门可以在重要渔业水域、渔港设渔政监督管理机构。县级以上人民政府渔业行政主管部门及其所属的渔政监督管理机构可以设渔政检查人员。渔政检查人员执行渔业行政主管部门及其所属的渔政监督管理机构交付的任务。

海洋渔业,除国务院划定由国务院渔业行政主管部门及其所属的渔政监督管理机构监督管理的海域和特定渔业资源渔场外,由毗邻海域的省、自治区、直辖市人民政府渔业行政主管部门监督管理。

江河、湖泊等水域的渔业,按照行政区划由有关县级以上人民政府渔业行政主管部门监督管理;跨行政区域的,由有关县级以上地方人民政府协商制定管理办法,或者由上一级人民政府渔业行政主管部门及其所属的渔政监督管理机构监督管理。

渔业行政主管部门和其所属的渔政监督管理机构及其工作人员不得参与和从事渔业生产经营活动。

二、关于渔业养殖和捕捞作业的规定

发展渔业养殖是解决渔业资源供需矛盾的重要途径之一。为了发

第六章 自然资源和环境保护法律制度

展养殖业,《渔业法》第10条规定:"国家鼓励全民所有制单位、集体所有制单位和个人充分利用适于养殖的水面、滩涂,发展养殖业。"

为了规范渔业养殖,防止不合理的捕捞活动对渔业资源造成破坏,我国《渔业法》规定了下列管理措施:

(一)实行渔业养殖使用证制度

国家对水域利用进行统一规划,确定可以用于养殖业的水域和滩涂。单位和个人使用国家规划确定用于养殖业的全民所有的水域、滩涂的,使用者应当向县级以上地方人民政府渔业行政主管部门提出申请,由本级人民政府核发养殖证,许可其使用该水域、滩涂从事养殖生产。核发养殖证的具体办法由国务院规定。集体所有的或者全民所有由农业集体经济组织使用的水域、滩涂,可以由个人或者集体承包,从事养殖生产。县级以上地方人民政府在核发养殖证时,应当优先安排当地的渔业生产者。

(二)鼓励和扶持远洋捕捞

国家在财政、信贷和税收等方面采取措施,鼓励、扶持远洋捕捞业的发展,并根据渔业资源的可捕捞量,安排内水和近海捕捞力量。

从事外海、远洋捕捞业的,由经营者提出申请,经省、自治区、直辖市人民政府渔业行政主管部门审核后,报国务院渔业行政主管部门批准。从事外海生产的渔船,必须按照批准的海域和渔期作业,不得擅自进入近海捕捞。

(三)实行捕捞限额制度

国家根据捕捞量低于渔业资源增长量的原则,确定渔业资源的总可捕捞量,实行捕捞限额制度。国务院渔业行政主管部门负责组织渔业资源的调查和评估,为实行捕捞限额制度提供科学依据。中华人民共和国内海、领海、专属经济区和其他管辖海域的捕捞限额总量由国务院渔业行政主管部门确定,报国务院批准后逐级分解下达;国家确定的重要江河、湖泊的捕捞限额总量由有关省、自治区、直辖市人民政府确定或者协商确定,逐级分解下达。捕捞限额总量的分配应当体现公平、公正的原则,分配办法和分配结果必须向社会公开,并接受监督。国务院渔业行政主管部门和省、自治区、直辖市人民政府渔业行政主管部门应当加强对捕捞限额制度实施情况的监督检查,对超过上级下达的捕捞限额指标的,应当在其次年捕捞限额指标中予以核减。

(四)实行捕捞许可证制度

国家对捕捞业实行捕捞许可证制度。海洋大型拖网、围网作业以及到中华人民共和国与有关国家缔结的协定确定的共同管理的渔区或者公海从事捕捞作业的捕捞许可证,由国务院渔业行政主管部门批准发放。其他作业的捕捞许可证,由县级以上地方人民政府渔业行政主管部门批准发放。但是,批准发放海洋作业的捕捞许可证不得超过国家下达的船网工具控制指标,具体办法由省、自治区、直辖市人民政府规定。捕捞许可证不得买卖、出租和以其他形式转让,不得涂改、伪造、变造。

到他国管辖海域从事捕捞作业的,应当经国务院渔业行政主管部门批准,并遵守中华人民共和国缔结的或者参加的有关条约、协定和有关国家的法律。

从事捕捞作业的单位和个人,必须按照捕捞许可证关于作业类型、场所、时限、渔具数量和捕捞限额的规定进行作业,并遵守国家有关保护渔业资源的规定,大中型渔船应当填写渔捞日志。

重点保护的渔业资源品种及其可捕捞标准,禁渔区和禁渔期,禁止使用或者限制使用的渔具和捕捞方法,最小网目尺寸以及其他保护渔业资源的措施,由国务院渔业行政主管部门或者省、自治区、直辖市人民政府渔业行政主管部门规定。

根据渔业法规定,具备下列条件的,方可发给捕捞许可证:

1. 有渔业船舶检验证书;
2. 有渔业船舶登记证书;
3. 符合国务院渔业行政主管部门规定的其他条件。

县级以上地方人民政府渔业行政主管部门批准发放的捕捞许可证,应当与上级人民政府渔业行政主管部门下达的捕捞限额指标相适应。

三、关于渔业资源的增殖和保护

(一)实行征收渔业资源增殖保护费制度

县级以上人民政府渔业行政主管部门应当对其管理的渔业水域统

一规划,采取措施,增殖渔业资源。县级以上人民政府渔业行政主管部门可以向受益的单位和个人征收渔业资源增殖保护费,专门用于增殖和保护渔业资源。渔业资源增殖保护费的征收办法由国务院渔业行政主管部门会同财政部门制定,报国务院批准后施行。

(二)实行捕捞禁限和保护措施

为合理利用渔业资源,维持渔业再生产能力并获得最佳渔获量,渔业法规定了如下捕捞禁限和保护措施:

1. 国家保护水产种质资源及其生存环境,并在具有较高经济价值和遗传育种价值的水产种质资源的主要生长繁育区域建立水产种质资源保护区。未经国务院渔业行政主管部门批准,任何单位或者个人不得在水产种质资源保护区内从事捕捞活动。

2. 禁止某些严重破坏渔业资源的捕捞方法和渔具的使用。包括禁止使用炸鱼、毒鱼、电鱼等破坏渔业资源的方法进行捕捞;禁止制造、销售、使用禁用的渔具;禁止在禁渔区、禁渔期进行捕捞;禁止使用小于最小网目尺寸的网具进行捕捞;捕捞的渔获物中幼鱼不得超过规定的比例;在禁渔区或者禁渔期内禁止销售非法捕捞的渔获物。

3. 禁止捕捞有重要经济价值的水生动物苗种。因养殖或者其他特殊需要,捕捞有重要经济价值的苗种或者禁捕的怀卵亲体的,必须经国务院渔业行政主管部门或者省、自治区、直辖市人民政府渔业行政主管部门批准,在指定的区域和时间内,按照限额捕捞。在水生动物苗种重点产区引水用水时,应当采取措施,保护苗种。

4. 禁止围湖造田。沿海滩涂未经县级以上人民政府批准,不得围垦;重要的苗种基地和养殖场所不得围垦。

5. 在鱼、虾、蟹洄游通道建闸、筑坝,对渔业资源有严重影响的,建设单位应当建造过鱼设施或者采取其他补救措施。用于渔业并兼有调蓄、灌溉等功能的水体,有关主管部门应当确定渔业生产所需的最低水位线。

6. 进行水下爆破、勘探、施工作业,对渔业资源有严重影响的,作业单位应当事先同有关县级以上人民政府渔业行政主管部门协商,采取措施,防止或者减少对渔业资源的损害;造成渔业资源损失的,由有关县级以上人民政府责令赔偿。

7. 各级人民政府应当采取措施，保护和改善渔业水域的生态环境，防治污染。

第六节 环境保护法律制度

一、农业环境保护的概念

农业环境是指影响农业生物生存和发展的各种天然的和经过人工改造的自然因素的总体，包括农业用地、用水、大气、生物等，是人类赖以生存的自然环境中的一个重要组成部分。农业生产的发展，主要取决于农业生物群体、农业生态结构和农业自然资源之间相互协调、相互适应的程序，以及人类对农业环境的改善程度。近些年来，农村环境污染和生态破坏问题层出不穷，地下水位下降，植被大量破坏，水土流失严重，土壤荒漠化加剧，生物多样性锐减，自然灾害频发，化肥和农药滥用，食品安全隐患不少，雾霾天气多发，环境保护和生态文明引起了社会各界的广泛关注。

农业环境保护就是利用法律的、经济的、技术的各种手段，使农业环境质量和生态状况维持良好的状态，防止其遭受污染和生态破坏。农业环境保护不仅对发展农业生产至关重要，而且在整个环境保护工作中也占有极为重要的地位。保护和改善农业环境的主要措施有：

（一）强化农业环境管理，制定保护和改善农业环境、防止污染和生态破坏的法规，建立健全农业环境管理体制。

（二）积极防治工矿企业（包括乡镇企业在内）的"三废"污染。

（三）防治农药、化肥污染，积极推广综合防治病虫害技术，大力发展有机肥、复合肥，合理施用化肥，提高化肥的利用率。

（四）制定有利于农业综合开发的技术经济政策。

（五）加强农业环境监测网建设。

保护农业环境的核心是积极保护农业资源，要按照自然生态规律

第六章　自然资源和环境保护法律制度　　183

合理调整农业结构和布局,充分利用农业自然资源,实现农业的科学发展。立法作为改善和调整农业生态平衡的主要手段,在环境保护方面发挥了重要作用。我国的《土地管理法》《森林法》《草原法》《渔业法》等对土地的利用和保护都作了相应的规定。《环境保护法》第33条也明确规定:"各级人民政府应当加强对农业环境的保护,促进农业环境保护新技术的使用,加强对农业污染源的监测预警,统筹有关部门采取措施,防治土壤污染和土地沙化、盐渍化、贫瘠化、石漠化、地面沉降以及防治植被破坏、水土流失、水体富营养化、水源枯竭、种源灭绝等生态失调现象,推广植物病虫害的综合防治。县级、乡级人民政府应当提高农村环境保护公共服务水平,推动农村环境综合整治。"这些都是我国农业环境保护的基本法律依据。

 材料阅读:

雾霾治理的伦敦经验

有环保专家指出,我国正处于工业化中后期和城镇化加速发展的阶段,不少地区污染排放严重超过环境容量,一些地区生态环境质量甚至倒退了几十年,雾霾天气多发即是明证。据国家气候中心监测显示,1961—2010年,全国平均的年霾日数呈显著增加趋势。21世纪以来,全国霾日数增加明显,中东部地区霾日数有显著增多趋势。2014年1月4日,国家减灾办、民政部首次将危害健康的雾霾天气纳入自然灾情进行通报。

其实,雾霾并非新鲜事物,早在20世纪五十年代,伦敦毒雾就曾导致万余人死亡。但是现在,伦敦全年大部分时间是蓝天白云,成功告别"雾都"称号,伦敦是怎么做到的?有哪些经验值得我们借鉴呢?

立法和新技术推广功不可没

1952年,伦敦市因大雾中饱含的硫化物和粉尘造成万余人死亡。此事件极大地推动了英国环境保护立法的进程,也拉开了英国人为摘掉"雾都"帽子进行空气污染治理的大幕。

1956年世界第一部空气污染防治法案《清洁空气法》出台,一系列措施有效地减少了烧煤产生的烟尘和二氧化硫污染,这部法规在随后的几年里被多次修正。1975年,伦敦的雾霾天气由每年几十天减少到了15天,1980年降到5天。此外,英国还出台了一系列法律法规,并制定了治理污染的全国战略。

除了立法,英国还着力推广新技术,提高电能使用率,推广清洁能源运用。

此外,英国的处罚很严明,在推动新能源汽车、自行车交通后,还出台一系列举措对小车尾气排放进行严格限制。

低碳转型,提高民众环保意识

伦敦成功治理雾霾得益于低碳转型,许多煤电站被核能和可再生能源电力转变。"有人始终担心污染控制成本及其对经济增长的影响,但目前鲜有证据能够揭示出两者之间的平衡,没有人希望再次目睹伦敦空气质量变坏。"

除了政府层面和市场层面,伦敦雾霾的成功治理还得益于公民团体。据统计,伦敦大气中50%的烟尘来自家庭用煤(其余为火车燃煤和工业燃煤),更多的家庭开始自主更换清洁炉灶,有效降低了家庭烟尘排放。不少民间网站"伦敦空气质量网络"给公众提供即时、全面的空气监测数据。

资料来源:武汉雾霾天气持续可考虑借鉴伦敦经验立法.长江商报,2014年1月10日

二、环境保护法的基本原则

《环境保护法》第5条明确规定了环境保护的原则:"环境保护坚持保护优先、预防为主、综合治理、公众参与、损害担责的原则。"

(一)保护优先原则

保护优先原则,是指在环境保护管理活动中应当把环境保护放在优先的位置加以考虑,在社会的环境利益和其他利益发生冲突的情况下,应当优先考虑社会的环境利益,满足环境保护和生态安全的需要,

第六章 自然资源和环境保护法律制度

做出有利于环境保护的管理决定。

保护优先原则,主要是在处理经济增长与生态环境保护之间的关系问题上所进行的决策权衡,它是随着人们对环境问题和环境保护认识的不断深化、生态保护理念的提升以及环境法制建设的逐步完善,而在立法中确立的一项用以指导调整生态社会关系的法律原则,也是对以往实行的协调发展原则的修正。以往的协调发展原则强调环境保护与经济建设和社会发展统筹规划、同步实施、协调发展,以实现经济效益、社会效益和环境效益的统一。但是实际上,根据各个国家的实践经验,如果采取协调发展原则,环境保护永远协调不过经济发展。最后都成了环境保护配合经济发展、环境保护保障经济发展,甚至环境保护让位于经济发展。我国的经济发展水平已经大幅度提升,环境保护也进入一个新的时代,因此,《环境保护法》积极回应社会需求,借鉴国外的先进理念和经验,在坚持协调发展的基础上,明确规定了"保护优先"原则。

(二) 预防为主、综合治理原则

这一原则是对国内外防治环境污染和生态破坏的经验教训的科学总结。该原则主张采取各种手段,对环境问题防患于未然,对已产生的污染积极进行治理。在治理环境问题时,要正确处理防与治、单项治理与区域治理的关系,综合运用各种防治手段治理污染、保护和改善环境。

贯彻这一原则的具体要求是建立以预防为主的环境保护责任制度,对工业和农业,城市和乡村,生产和生活,经济发展和环境保护各方面的关系作通盘考虑,进行全面规划和合理布局;严格执行环境影响评价制度和"三同时"制度,加强对建设项目的环境管理;积极治理老污染源,实行城市环境综合整治。

(三) 公众参与原则

公众参与原则是指环境保护必须依靠社会公众的广泛参与,公众有权参与解决环境问题的决策过程,参与环境管理并对环境管理部门以及单位、个人与生态环境有关的行为进行监督。环境保护法规定:一切单位和个人都有保护环境的义务,并有权对污染和破坏环境的单位和个人进行检举和控告。对保护和改善环境有显著成绩的单位和个人,由人民政府给予奖励,国务院和省、自治区、直辖市人民政府环境保护行政主管部门定期发布环境状况公报。这都是公众参与原则的立法体现。

为了贯彻公众参与原则,要加强环境保护宣传教育,提高公民环境意识和法制观念,定期发布环境状况公报,保障公众的知情权和发挥公众的监督作用,建立健全公众参与环境保护的制度。

(四)损害担责原则

损害担责原则是确定造成环境污染和环境破坏的危害后果和不利影响的责任归属的基本原则。该原则的主要内容包括:污染者付费、利用者补偿、开发者保护、破坏者恢复,即排污者承担污染环境造成的损失及治理污染的费用,开发利用资源者承担经济补偿的责任,开发利用环境资源者有保护环境资源的义务,造成环境资源破坏的单位和个人负有恢复整治环境资源的责任。

《环境保护法》第64条规定:"因污染环境和破坏生态造成损害的,应当依照《中华人民共和国侵权责任法》的有关规定承担侵权责任。"《侵权责任法》第65条规定:"因污染环境造成损害的,污染者应当承担侵权责任。"此即是损害担责原则的体现。损害担责原则要求落实环境保护目标责任制,地方政府切实对环境质量负责,建立健全单位环境保护责任制和考核制度,运用征收排污费、资源费、资源税和生态环境补偿费等经济杠杆,促使污染者、破坏者积极治理污染和保护生态环境。

三、环境保护法的基本制度

(一)监督管理制度

环境保护法规定,地方各级人民政府应当对本行政区域的环境质量负责。县级以上人民政府应当将环境保护工作纳入国民经济和社会发展规划。县级以上地方人民政府环境保护主管部门会同有关部门,根据国家环境保护规划的要求,编制本行政区域的环境保护规划,报同级人民政府批准并公布实施。环境保护规划的内容应当包括生态保护和污染防治的目标、任务、保障措施等,并与主体功能区规划、土地利用总体规划和城乡规划等相衔接。

国家建立、健全环境监测制度。国务院环境保护主管部门制定监测规范,会同有关部门组织监测网络,统一规划国家环境质量监测站(点)的设置,建立监测数据共享机制,加强对环境监测的管理。省级以上人民政府应当组织有关部门或者委托专业机构,对环境状况进行调查、评价,建立环境资源承载能力监测预警机制。

国家建立跨行政区域的重点区域、流域环境污染和生态破坏联合防治协调机制,实行统一规划、统一标准、统一监测、统一的防治措施。

县级以上人民政府环境保护主管部门及其委托的环境监察机构和其他负有环境保护监督管理职责的部门,有权对排放污染物的企业事业单位和其他生产经营者进行现场检查。被检查者应当如实反映情况,提供必要的资料。实施现场检查的部门、机构及其工作人员应当为被检查者保守商业秘密。

企业事业单位和其他生产经营者违反法律法规规定排放污染物,造成或者可能造成严重污染的,县级以上人民政府环境保护主管部门和其他负有环境保护监督管理职责的部门,可以查封、扣押造成污染物排放的设施、设备。

国家实行环境保护目标责任制和考核评价制度。县级以上人民政府应当将环境保护目标完成情况纳入对本级人民政府负有环境保护监督管理职责的部门及其负责人和下级人民政府及其负责人的考核内容,作为对其考核评价的重要依据。考核结果应当向社会公开。

县级以上人民政府应当每年向本级人民代表大会或者人民代表大会常务委员会报告环境状况和环境保护目标完成情况,对发生的重大环境事件应当及时向本级人民代表大会常务委员会报告,依法接受监督。

(二) 环境规划制度

环境规划是指为使环境与社会、经济协调发展,国家依据各地区的自然条件、资源状况和经济发展需要,对其发展变化趋势进行研究而对人类自身活动所做的时间和空间的合理安排。

《环境保护法》第 4 条规定:"国家采取有利于节约和循环利用资

源、保护和改善环境、促进人与自然和谐的经济、技术政策和措施,使经济社会发展与环境保护相协调。"第13条规定:"县级以上人民政府应当将环境保护工作纳入国民经济和社会发展规划。国务院环境保护主管部门会同有关部门,根据国民经济和社会发展规划编制国家环境保护规划,报国务院批准并公布实施。县级以上地方人民政府环境保护主管部门会同有关部门,根据国家环境保护规划的要求,编制本行政区域的环境保护规划,报同级人民政府批准并公布实施。环境保护规划的内容应当包括生态保护和污染防治的目标、任务、保障措施等,并与主体功能区规划、土地利用总体规划和城乡规划等相衔接。"这些规定都是环境规划制度的重要法律依据。

(三)环境影响评价制度

环境影响评价,是指在一定区域内进行开发建设活动,事先对拟建项目可能对周围环境造成的影响进行分析、预测和评估,并提出相应的预防或者减轻不良环境影响的措施和对策,为项目决策提供科学依据,防止开发建设活动对环境可能产生的污染和破坏。《环境保护法》第19条规定:"编制有关开发利用规划,建设对环境有影响的项目,应当依法进行环境影响评价。未依法进行环境影响评价的开发利用规划,不得组织实施;未依法进行环境影响评价的建设项目,不得开工建设。"

实践证明,环境影响评价制度是贯彻预防为主原则,防止新的环境污染和生态破坏的一项重要法律制度。环境影响评价制度的执行,可以防止一些建设项目对环境产生严重的不良影响,也可以通过对可行性方案的计较和筛选,把某些建设项目对环境的影响减少到最小的程度。

(四)清洁生产制度

清洁生产是指不断采取改进设计、使用清洁的能源和原料、采用先进的工艺技术与设备、改善管理、综合利用等措施,从源头削减污染,提高资源利用效率,减少或者避免生产、服务和产品使用过程中污染物的产生和排放,以减轻或者消除对人类健康的环境的危害。清洁生产制度则是对上述各环节、内容和措施的法定化、正规化和制度化。

《环境保护法》第40条规定:"国家促进清洁生产和资源循环利用。

国务院有关部门和地方各级人民政府应当采取措施,推广清洁能源的生产和使用。企业应当优先使用清洁能源,采用资源利用率高、污染物排放量少的工艺、设备以及废弃物综合利用技术和污染物无害化处理技术,减少污染物的产生。"

清洁生产的实施以企业为主,主要是通过对企业设置其在清洁生产方面的权利和义务来进行。企业既有依法采取清洁生产措施、提交清洁生产的有关报告、资料的义务,也有依法从政府获得清洁生产信息、资料和资金、技术援助的权利。

(五)"三同时"制度

"三同时"制度是指建设项目中防治污染的设施,应当与主体工程同时设计、同时施工、同时投产使用的环境法律制度。这是我国首创的一项环境保护管理制度。

"三同时"制度与环境影响评价制度结合起来同时贯彻执行成为我国执行"预防为主"的环境保护方针的配套环境管理制度,真正做到合理布局,最大限度地消除和减轻污染。

同时设计是指建设单位在委托设计时,要将防治污染和生态破坏的设施与主体工程一并委托设计,承担设计的部门必须按照国家有关规定,把防治污染和生态破坏的设施与主体工程同时设计。

同时施工是指施工单位在接受有污染的建设项目施工任务时,要同时承包防治污染和生态破坏的设施的施工任务。环境保护部门对于施工过程中的环境保护措施的实施情况有权进行检查。建设单位应给予积极地协助,提供必要的资料。

同时投产是指防治污染和生态破坏的设施建成后,建设项目才能与其一并投产使用。

(六)排污收费制度

排污收费制度是指国家环境管理机关根据法律、法规的规定,对排污者征收一定数额的费用的一项制度。这一制度充分体现了损害担责的原则,并可有效地促进污染治理和新技术的发展。

我国征收排污费是以环境标准作依据,排放污染物不超过国家规定的排放标准的不收费,超过国家排放标准排放污染物的单位,不论是企业还是事业单位都要交纳排污费。《水污染防治法》规定,凡是向水体排污都要交纳排污费,超标准排污则要交纳超标排污费。《环境保护法》第43条规定:"排放污染物的企业事业单位和其他生产经营者,应当按照国家有关规定缴纳排污费。排污费应当全部专项用于环境污染防治,任何单位和个人不得截留、挤占或者挪作他用。依照法律规定征收环境保护税的,不再征收排污费。"

对排污者而言,其缴纳了排污费,并不免除其负担治理污染、赔偿污染损失和法律规定的其他义务和责任。

(七)许可证制度

许可证制度是指凡对环境有不良影响的开发、建设、排污活动以及各种设施的企业建设和经营,均须由经营者向主管机关申请,经批准领取许可证后方能进行。这是国家为加强环境管理而采用的一种行政管理制度。在许可证制度中,使用最广泛的是排污许可证。

国家依照法律规定实行排污许可管理制度。实行排污许可管理的企业事业单位和其他生产经营者应当按照排污许可证的要求排放污染物;未取得排污许可证的,不得排放污染物。

排污许可证制度的实施程序如下:

1. 排污申报登记

排污单位向环境保护主管部门如实申报排放污染物的种类、数量、浓度、排放的方式和排放去向。

2. 分配排污量

各地区确定本地区污染物排放总量控制指标和分配污染物总量削减指标。

3. 发放许可证

对不超过排污总量控制指标的排污单位,颁发排放许可证;对超出排污总量控制指标的排污单位,颁发临时排放许可证,并限期削减排放量。

4. 发证后的监督管理

许可证发放以后,发证单位必须对持证单位进行严格的监督管理,使持证单位按许可证的要求排放污染物。

（八）环境标准制度

环境标准制度是为了防治环境污染，维护生态平衡，保护人体健康和社会物质财富，依据国家有关法律的规定，对环境保护工作中需要统一的各项技术规范和技术要求依法定程序所制定的各种标准的总称。

我国的环境标准是由国家环境标准、地方环境标准和国家环境保护总局标准三级，以及环境质量标准、污染物排放标准、环境监测方法标准、环境标准样品标准和环境基础标准五类构成的。环境质量标准和污染物排放标准是环境标准体系中最重要的两类标准。环境质量标准是环境中所允许含有害物质或因素的最高限额。环境质量标准是确认环境是否被污染以及排污者是否应承担相应民事责任的根据。

污染物排放标准是为了实现环境质量标准目标，结合技术经济条件和环境特点，对排入环境的污染物或有害因素所做的控制规定。污染物排放标准是认定排污行为是否合法以及排污者是否应承担相应行政法律责任的根据。

（九）信息公开和公众参与制度

公民、法人和其他组织依法享有获取环境信息、参与和监督环境保护的权利。各级人民政府环境保护主管部门和其他负有环境保护监督管理职责的部门，应当依法公开环境信息、完善公众参与程序，为公民、法人和其他组织参与和监督环境保护提供便利。

重点排污单位应当如实向社会公开其主要污染物的名称、排放方式、排放浓度和总量、超标排放情况，以及防治污染设施的建设和运行情况，接受社会监督。

对依法应当编制环境影响报告书的建设项目，建设单位应当在编制时向可能受影响的公众说明情况，充分征求意见。负责审批建设项目环境影响评价文件的部门在收到建设项目环境影响报告书后，除涉及国家秘密和商业秘密的事项外，应当全文公开；发现建设项目未充分征求公众意见的，应当责成建设单位征求公众意见。

公民、法人和其他组织发现任何单位和个人有污染环境和破坏生态行为的，有权向环境保护主管部门或者其他负有环境保护监督管理职责的部门举报。公民、法人和其他组织发现地方各级人民政府、县级以上人民政府环境保护主管部门和其他负有环境保护监督管理职责的部门不依法履行职责的,有权向其上级机关或者监察机关举报。接受举报的机关应当对举报人的相关信息予以保密,保护举报人的合法权益。

对污染环境、破坏生态,损害社会公共利益的行为,符合下列条件的社会组织可以向人民法院提起诉讼[①]:(一)依法在设区的市级以上人民政府民政部门登记;(二)专门从事环境保护公益活动连续五年以上且无违法记录。符合规定的社会组织向人民法院提起诉讼,人民法院应当依法受理。提起诉讼的社会组织不得通过诉讼牟取经济利益。

四、环境法律责任

(一)环境行政责任

环境行政责任,是指违反了环境保护法,实施破坏或者污染环境的单位或者个人所应承担的行政方面的法律责任。环境行政责任的主体可以是行政相对人,也可以是环境行政主体。环境保护法主要规定了环境行政相对人的环境行政责任。

根据环境保护法的规定,环境行政责任的构成要件包括:行为违法、行为有危害后果、违法行为与危害后果之间有因果关系和行为者有过错。其中,行为违法和有过错,是行为人承担行政责任的必要条件,危害后果和违法行为与危害后果的因果关系,在法律明文规定的场合下才成为行政责任的必要条件。

环境保护法规定了警告、罚款、责令停止生产或者使用,责令重新安装使用、责令停业、关闭、行政拘留等处罚形式。环境污染的防治单行法中还规定了责令限期治理缴纳排污费、支付消除污染费用、赔偿国家损失、责令限期改正、责令停止违法行为、责令消除污染、没收违法所得、责令搬迁、责令改正等处罚措施。

---

① 此即环境公益诉讼,是指由于自然人、法人或其他组织的违法行为或不作为,使环境公共利益遭受侵害或即将遭受侵害时,法律允许其他自然人、法人或社会团体为维护公共利益而向人民法院提起的诉讼。

特别需要指出的是,新《环境保护法》在以下几个方面加强了环境行政责任的严厉性:第一,规定了行政拘留措施,如未进行环境影响评价就擅自开工建设的污染项目,对其负责人予以行政拘留;对于偷排、暗排的企业,对其负责人及相关责任人予以行政拘留;对于隐报、瞒报或篡改排污数据的企业责任人予以行政拘留;对于造成重大环境污染事故尚不构成犯罪的相关人员亦可予以行政拘留。第二,针对发生重大环境违法事件的地方政府分管领导及环境监管机关的主要负责人,设立了引咎辞职制度①。环保法第68条规定,有"对不符合行政许可条件准予行政许可的""对环境违法行为进行包庇的""依法应当作出责令停业、关闭的决定而未作出的""篡改、伪造或者指使篡改、伪造监测数据的""应当依法公开环境信息而未公开的"等八种违法行为,造成严重后果的,地方各级人民政府、县级以上人民政府环境保护主管部门和其他负有环境保护监督管理职责部门的主要负责人应当引咎辞职。第三,对企业规定了按日计罚的措施,即对于那些责令其限期整改却屡教不改的企业,责令改正之日的次日起,按照原处罚数额按日连续处罚。这一规定提高了环境违法成本,在现行环境行政法规体系中是一个创新性的行政处罚规则。

(二) 环境民事责任

环境民事责任,是指单位或者个人因污染危害环境而侵害了公共财产或者他人的人身、财产所应承担的民事方面的责任。

因污染环境造成损害的,污染者应当承担侵权责任。根据《民法通则》及2010年颁布实施的《侵权责任法》的规定,我国环境民事责任采取无过错责任原则,即环境污染责任的认定不以排污者主观是否存在故意与过失为条件,即使排放污染物没有超过国家或地方规定的污染物排放标准,但只要是向自然环境中,直接或间接地排放超过环境自净能力的污染物质,造成环境污染并因此危害到他人合法的人身权、财产权益,排污者就应当担负起污染环境的损害赔偿责任。因此,环境民事

---

① 党政领导干部因工作严重失误、失职造成重大损失或者恶劣影响,或者对重大事故负有重要领导责任不宜再担任现职,本人应当引咎辞去现任领导职务。

责任的构成要件包括：1. 实施了损害行为；2. 发生了损害结果；3. 损害行为与损害结果之间具有因果关系。

与环境民事责任中的无过错归责原则相适应，在环境民事诉讼中也相应实行"举证责任倒置"。这一制度旨在减轻环境污染被害人的证明负担，修正处于获得污染证据弱势地位的被害人的不平等地位。因污染环境发生纠纷，污染者应当就法律规定的不承担责任或者减轻责任的情形及其行为与损害之间不存在因果关系承担举证责任。

《侵权责任法》规定，两个以上污染者污染环境，污染者承担责任的大小，根据污染物的种类、排放量等因素确定。因第三人的过错污染环境造成损害的，被侵权人可以向污染者请求赔偿，也可以向第三人请求赔偿。污染者赔偿后，有权向第三人追偿。这就赋予了环境被害者在因第三人过错而产生环境污染人身、财产权益侵害的情况下，享有自主选择"被告"提起诉讼以获得及时、公平和可能执行的环境损害赔偿救济的权利。

新环境保护法还增设了连带责任，明确规定：环境影响评价机构、环境监测机构以及从事环境监测设备和防治污染设施维护、运营的机构，在有关环境服务活动中弄虚作假，对造成的环境污染和生态破坏负有责任的，除依照有关法律法规规定予以处罚外，还应当与造成环境污染和生态破坏的其他责任者承担连带责任。

（三）环境刑事责任

环境刑事责任是指行为人故意或过失实施了严重危害环境的行为，并造成了人身伤亡或公私财产的严重损失，已经构成犯罪，要承担刑事方面的法律责任。

破坏环境的犯罪构成要件，同样由犯罪主体、犯罪客体、犯罪的主观方面和客观方面构成。在破坏环境资源保护的犯罪中，犯罪主体既包括自然人，也包括单位。犯罪客体，是指环境保护法规定并为刑法所保护的环境权益，包括清洁、舒适的环境权益、合理开发利用并可持续发展的环境资源保护权益等。犯罪的客观方面是指有污染和破坏环境及自然资源的行为及其社会危害性。环境犯罪造成的危害后果可能特别严重，往往会造成重大污染事故，致使公私财产遭受重大损失或人身伤亡。未造成严重后果的环境违法行为通常是追究其行政责任。危害后果是否严重是区别行政责任和刑事责任的重要依据。破坏环境犯罪的主观方面多为故意,而污染环境犯罪的行为则多为过失。

一、选择题

1. 环境保护是我国的（　　）。

A. 暂时政策　　B. 基本国策　　C. 基本政策　　D. 国策

2. 环境保护坚持（　　）的原则。

A. 保护优先　　B. 预防为主　　C. 综合治理　　D. 公众参与

E. 损害担责

3. （　　）是指违反了环境保护法,实施破坏或者污染环境的单位或者个人所应承担的行政方面的法律责任。

A. 环境行政责任　　　　　　B. 环境民事责任

C. 环境刑事责任　　　　　　D. 环境国际责任

二、思考题

1. 环境保护法有哪些基本制度?

2. 环境民事诉讼为什么要实行举证责任倒置?

第七章 农村社会发展政策

**本章要点**

本章主要介绍了农村劳动力转移、农业科技与农业教育政策、农民权益保护与农村社会保障、农业投入与支持保护以及新农村建设与城镇化建设。学习者须了解农村劳动力转移政策、农业科技和教育政策,理解和领会农民权益保护和农村社会保障的重要性,重点掌握新农村建设和城镇化建设的重大意义、主要内容和发展目标。

第一节 农村劳动力转移

一、农村劳动力概述

农村劳动力是指户籍所在地为农村社区的乡村人口中年龄在16岁以上、经常参加集体经济组织(包括乡镇企业、事业单位)和家庭副业劳务的劳动力。

农村人口数量庞大,人均耕地面积少,工业起步晚,城市化水平低,大城市、大农村并存,城乡二元结构突出,这是我国的基本国情。这一国情导致农村劳动力一直供大于求,只不过在计划经济时期处于隐性状态。改革开放后,农业生产体制发生革命性变革,"家庭联产承包责任制"使农民获得了土地的使用权和经营权,解除了对农民经济活动的诸多限制,劳动生产率迅速提高,短缺经济和计划经济下将农民禁锢在农村的粮油副食品定量供给彻底改变,人多地少的矛盾开始凸显出来。20 世纪 90 年代以来,农业领域容纳劳动力出现了绝对量下降的情况。由于长期以来农村就业非常不充分,加上每年新增劳动力以及农业技术进步释放出更多劳动力,我国农村劳动力供大于求的状况不仅现在存在,以后也会长期存在。

农村劳动力有以下特点:

1. 发展速度迅猛,相对数量巨大。近年来,农村劳动力数量和发展速度成倍增加,平均每年以 1 300 万人的速度递增。1978 年至今,农村劳动力约增加 2 亿多人。

2. 素质参差不齐。劳动力素质是指劳动者的身体素质、文化技术素质、思想素质和劳动经验等素质的综合。农村劳动力思想观念落后,文化素质普遍不高,以体力型为主,技能型较少,智能型更少,常处于"外出找钱无技,在家致富无门"的困境。

3. 农村劳动力过剩,出现自主流动与转移。农村剩余劳动力是相对于特定历史条件和特定生产力水平而言的,即农村劳动力的供给超过需求的多余。现在,计划经济体制下对农村劳动力向城市转移的各种制度约束正在逐渐破除,劳动力市场逐步完善,就业制度趋向公平,农村剩余劳动力流向城市成为历史的必然。

农村劳动力是我国最为丰富的人力资源,是产业工人和城镇人口的主要来源,关乎我国未来竞争力的提升。农村劳动力的劳动素质和就业技能如何,直接关系到我国能否顺利实施创新驱动发展战略,能否成功进行经济转型升级,能否持续提高产业国际竞争力。从更高层面上讲,农村劳动力如果不能接受良好的技能培训和职业教育,不仅农业农村发展受到限制,而且会直接影响我国工业化水平和城镇化质量。

二、农村劳动力转移政策

(一)农村劳动力转移的基本情况

20 世纪 80 年代以前,国家对农村劳动力就业实行基本"不予过问",由农村"就地消化"的政策。农村经济改革以来,这种情况发生了很大变化,农民就业有了一定的选择权,允许农民向非农产业转移,允许务工、经商、办服务业的农民自理口粮到城镇落户。当时农业剩余劳动力的转移,主要以发展乡镇企业为载体,采取"离土不离乡,进厂不进城"的农村内部就地转移方式。

进入90年代以后,这种转移模式的局限性已日益突出。由于乡镇企业技术进步加快,资本密集程度迅速提高,吸纳农业剩余劳动力的能力明显下降。1992年邓小平南方谈话发表后,我国经济发展进入了新一轮增长期,对农民工的管理政策调整为"鼓励、引导和实行宏观调控下的有序流动",并对小城镇的户籍管理制度进行了改革。作为一系列制度变革和政策调整的结果,农村劳动力流动规模日益扩大,形成了举世瞩目的"民工潮"。20世纪90年代后期,国家改革户籍制度,进一步放宽了农民进城的限制。

2000年之后,国家开始取消对农民进城就业的不合理限制,逐步实现城乡劳动力市场一体化,积极推进就业、保障、户籍、教育等多方面的配套改革,农村劳动力就业进入"公平流动期"。农村就业政策的目标已经从原来的消极限制转变为积极引导,从城乡割离、偏重城市、确保城市就业逐渐向城乡协调、转变机制、提高农村劳动力利用水平与就业机会的轨道上来,通过加快农村工业化和城镇化进程,稳定转移农村劳动力[①]。

(二) 农村劳动力转移的成效和出路

农村劳动力转移和流动是工业化和城市化过程中一个普遍发生的结构变化现象。改革开放以来,中国农村劳动力转移经历了从不流动到流动、从小规模流动到大规模流动的独特过程。这种人类发展史上最大规模的流动,不仅提高了劳动力资源的配置效率,而且促进了传统二元经济社会向一元化转换[②]。

随着我国城乡管理体制的不断改革,农民进城务工对城市发展的贡献逐步得到社会的承认,社会各方面对进城务工农民的思想观念和

---

① 钟甫宁.农业政策学[M].北京:中国农业大学出版社,2000:140—142.
② 蔡昉,王德文,都阳.中国农村改革与变迁:30年历程和经验分析[M].上海:格致出版社,上海人民出版社,2008:56.

第七章 农村社会发展政策 199

态度也发生了显著的变化。国家致力于统筹城乡发展,着力解决农民增收难的问题,高度重视农村劳动力转移就业工作,对农民外出就业积极引导,采取"多渠道分流,多种形式转移"的战略,依靠一、二、三产业的全面发展,全方位开拓就业门路,最大限度地增加就业机会,农村劳动力转移就业进入了新的发展时期。近年来,农村劳动力转移就业呈现出外出就业总量出现平稳增长态势;外出打工以年轻人为主,但平均年龄有所上升;外出就业劳动力从事各行业的比重比较稳定等特点。

农村改革效果要充分显现,归根结底必须从制度上疏通城乡之间的劳动力自由流动。在劳动力市场发育的基础上,创造尽可能多的就业机会,将有利于劳动力从农村到城市的有序转移,从机制上创造增加农民收入的持久性源泉[1]。促进农村劳动力转移,解决好农村劳动力的就业问题不仅是一个经济问题,也是一个政治问题。这不仅有利于增加农民收入、提高农民生活水平,也有利于经济的健康发展和社会的稳定。农村劳动力向城镇和非农产业有序转移,对于加快农业和农村经济发展,促进农民增收,统筹城乡发展,具有重要意义。但另一方面,我们也要防止大量农村人口过度涌入城市,诱发"城市病"。

我们认为,解决我国农村剩余劳动力的出路问题,关键在于三点:一是把发展乡镇企业与新农村建设、城镇化建设相结合,作为解决农村剩余劳动力出路的根本途径;二是把引导部分农村剩余劳动力向城市合理流动,作为解决农村剩余劳动力出路的重要途径;三是继续充分挖掘农业内部的就业潜力,有效地发挥农业作为剩余劳动力"蓄水池"的作用[2]。

材料阅读:

发达国家农业劳动力转移的主要模式

美国模式

美国是典型的人少地多、人均资源丰富的国家,因而从理论上

---

[1] 蔡昉,王德文,都阳.中国农村改革与变迁:30年历程和经验分析[M].上海:格致出版社,上海人民出版社,2008:57.

[2] 农业部软科学委员会办公室编.农民收入与劳动力转移[M].北京:中国农业出版社,2001:166.

讲,农业剩余劳动力的压力不大。但是,农业劳动力的大量转移同样存在,它的直接动因是非农产业部门的发展对劳动力的大量需求。美国工业化启动前,农业劳动力占社会总劳力的比重在70%以上,而到了19世纪末,该比重已降至40%以下。从1910年开始,美国的农业劳动力供给出现了相对减少和绝对减少并存的现象,并不断加剧。20世纪70年代以后,美国农业劳动力转移速度显著减慢。美国的农业机械化与农业劳动力转移相伴而生、相互促进。从1920年起,资本主义世界开始了长达20年的慢性农业危机,农产品的储备增加、价格下跌、购买力指数下降。与此同时,美国的垄断资本从各方面不断加强对农业的掠夺,使农业,特别是广大中小农场的经营难以为继。大农场主不得不纷纷采用机器以降低成本,提高竞争力。机械化导致农业劳动生产力大幅度提高,为农业劳动力向城市非农产业的快速转移提供了重要条件。

欧洲模式

英国是世界上第一个进行工业革命和启动工业化的国家,也是第一个完成农业劳动力大规模转移的国家。工业革命完成后,现代工厂制度的确立和完善,加快了英国农业劳动力的转移进程,使整个19世纪成为英国农业劳动力转移速度最快的时期。19世纪初,英国的农业劳动力在社会总劳力中所占的比重为35%,到19世纪末,这一比重已降至10%以下;与此同时,城市人口比重则由30%左右上升到75%以上。这一时期英国农业劳动力转移的方向是由农村转移到城市的非农产业部门。进入20世纪,英国的农业劳动力转移趋缓。到70年代末,英国的农业劳动力比重进一步降到2.5%以下,城市人口比重已超过90%。这一时期,英国农业劳动力转移的主要方向是以服务业为核心的第三产业和农村非农产业。

日本模式

19世纪80年代,日本才启动工业化进程。当时日本的农业劳动力比率高达80%以上。但日本用了不到40年时间,就将其农业劳动力份额由80%降到了54%。日本农业劳动力转移具有以下特点：一是速度较快。日本工业化启动时，正逢第二次科技革命兴起，日本可以利用两次工业革命成果发展经济，因而其工业化进程和农业劳动力转移速度都很快。二是第三产业在吸纳农业劳动力方面发挥了重要作用。在日本经济发展史上，第三产业的劳动力份额一直高于第二产业。三是兼业化。日本劳动力由农业向非农业部门转移，主要是通过兼业方式实现的。兼业农户的增加，使工农业劳动者家庭收入大大增加。日本农业劳动力转移的兼业化模式，主要是由其资源状况决定的。

第二节 农业科技与农业教育政策

一、农业科技政策

（一）农业科技的含义与特点

农业科技是指揭示农业生物生长、发育、繁殖和环境规律的知识体系及运用其原理而创造的物质手段和技巧的总称。农业科技产生于农业生产，又反过来推动农业生产的发展。可以说，农业生产每一阶段的进步都以科学技术发展作为前提。现代社会由传统农业向现代农业的转化，就体现为以高科技为主导的高能量、高物质投入代替经验型的简单体力劳动，以此促进农业生产水平的提高。

农业科技的研究和应用与其他领域的科学技术相比，有着独特的特点：

1. 综合性和关联性

农业生产受自然条件的影响，又受社会经济环境的制约，这些因素的相互交织作用，反映在农业科技上，就表现为一定的综合性和关联性。农业科技成果是农业多学科、多部门综合发展的结晶。同时，农业科技的发展，又受制于国家经济状况、各地区、各部门发展水平以及自然条件等相关因素。

2. 区域性强

农业生产具有极强的地域依附性。不同的地域具有不同的自然条件和经济条件，生长着与周围环境相适应的不同类别、不同品种的农作物。农业科学技术的研究与应用，一定要从当地农业资源实际出发，选择、开发和推广有效的适用技术。

3. 周期长、季节性强

农业生产过程是生物再生产的过程，受生物生长发育规律的限制，具有周期长和季节性强的特点，所以农业科学技术从研究、试验到推广应用，需要经历较长的过程。因此农业科学技术应该努力做好农业科研长期规划，准确地选择重大科研项目。

4. 应用分散

农业生产规模受到土地经营规模的制约。我国实行家庭联产承包经营制，土地经营存在规模小、经营分散的特点，这在一定程度上削弱了科学技术成果转化为生产力的能力，也给农业科技推广工作带来了困难。农业经营与劳动的分散性，决定了对分散的农业劳动者进行技术培训、技术指导和咨询服务工作的重要性。

5. 保密性差

与其他科学技术成果相比，农业技术成果由于其试验范围广、周期长的特性，往往保密性较差，在中间试验以后便会泄密，使其难以在大范围内销售。如有的优良品种一经推广之后，农民就可以自繁自用，邻里亲朋之间相互交换，便迅速地扩散开来。农业技术的这种特点，意味着对农业技术的投入不能完全由市场来决定，政府要承担在技术市场上无利或微利的农业技术投资。

（二）农业科技推动农业生产的作用

农业科技对农业的促进作用主要表现为以下几个方面：

1. 促进自然资源的开发利用

像其他科学技术的发明发现一样，农业科学技术的发明与进步，能使人类所拥有的有限的资源生产出不断增加的产品，显著地提高资源的产出率。如作物间种、套种技术的应用，提高了农作物的复种指数；旱、涝、盐、碱地的改造技术使中、低产田变成高产田；海水、淡水养殖技术的进步,使沿海滩涂变成水产养殖场等。农业科技,使得人类对自然资源的开发和利用水平不断得以提高。

2. 提高动植物的生产能力

农业科学技术的进步,能显著提高农业生产的劳动对象——动植物自身的生产性能。如遗传学理论的应用,培育出一系列高产优质的动植物良种;全价饲料的使用,缩短了动物的饲养周期,提高了饲料的转化率。运用科学技术还可以改善动植物生长的环境条件,从而提高动植物的生产率。如化肥的使用,使植物赖以生存的土壤肥力得到补充;栽培技术和饲养技术的使用,也使动植物能够在更有利的条件下实现更高的产出。

3. 提高农业劳动生产率

人类农业生产率提高的历史就是农业机械进步的历史。农业动力机械和工程技术的应用,改变了农业生产手段,减轻了农业劳动者的劳动强度,同时也使劳动者摆脱生理条件的限制,扩大操作范围和管理幅度,从而提高劳动生产率。

(三) 农业科技发展的现状

近年来,我国农业科技发展取得重大成就,农业装备水平显著提高,农业信息化快速发展,农业科研体系建设取得进展,科技队伍得到加强,科研条件进一步改善,为农业科技实现跨越式发展奠定了良好基础。但是,面对我国建设现代农业和社会主义新农村的历史任务,面对世界农业科学技术的快速发展,农业科技发展还存在许多不适应。主要表现为:

1. 自主创新能力不强,科技的支撑和引领作用还未完全发挥

重大原始性创新成果和产业发展关键技术成果供给明显不足,除主要农作物育种外,一些畜产品、园艺产品的品种和重大农业装备还主要依赖进口;产前、产中、产后等系列技术集成、配套不够;拓展农业功能,延伸农业产业链的养殖业、加工业等重点领域技术成果严重缺乏;提高农业资源的产出率、劳动生产率和农产品商品率的技术成果明显不足。

2. 科技投入严重不足,没有形成稳定的科技投入机制

据现有统计结果,农业科研财政投入占农业GDP比重低于国际平

均水平,科研基础条件不能适应新时期创新任务的需要。农业科技投入的结构、方式还不完善,一些长期性和基础性农业科技工作尚需建立稳定的支持机制。

3. 创新和应用体系不完备,还存在一些体制性和机制性障碍

农业科研体系条块分割、力量分散仍未得到根本解决;科研联合协作不强,导致突破性大成果少;科研和生产还有脱节现象,农科教、产学研联系仍不紧密;高水平农业科技人才不足的问题比较突出,农业技术推广队伍不稳定,农业科研与推广的体制、机制有待进一步健全。

(四)农业科技工作的指导方针

目前,农业科技工作的指导方针是:自主创新,加速转化,提升产业,率先跨越。

自主创新,就是通过原始创新、集成创新和引进消化吸收再创新,在事关国计民生的社会公益领域具备先进实用科技成果的持续供给能力,在农业科学前沿和高新技术领域拥有一批自主知识产权的核心技术,降低对外技术的依存度。

加速转化,就是通过改善农业科技成果中试熟化条件,培育新型农民,推进农科教企大联合和产学研用相结合,突破农业科技成果成熟不够、转化不力和转移不畅的瓶颈,大幅度提高农业科技成果转化为现实农业生产力的速度和水平。

提升产业,就是通过发挥科技的先导作用,着力培育具有比较优势的区域性农业支柱产业和主导产品,提高农产品生产科技含量和转化增值能力,提升农业产业发展规模和层次,壮大现代农业发展的产业基础。

率先跨越,就是通过体系建设和机制创新,大幅度提高创新能力和效率,加快创新型农业建设,使农业科技整体实力率先进入世界前列。

(五)农业科技政策的目标与任务

在现代农业中,技术创新是一项有科学理论知识指导,由专门人员从事,以"试验试错"的方式进行,通过国家组织推动的活动。农业科技政策在其中起着保驾护航的作用。农业科技政策是指政府为了社会经济发展而确定和落实的关于农业科技发展、应用和保护的一系列战略、

规划、纲要以及相关制度和规定。

1. 农业科技政策的目标

世界农业科技的发展和我国社会经济对农业提出的要求,都促使我国农业科技必须进行新的技术革命。为此,农业科技政策设计的总体目标应是:实施科教兴农战略,使农业科技率先跃居世界先进水平,依靠农业科技革命,促进农业产业革命。具体目标是:到 2030 年,力争关键农业技术领域达到世界领先水平,农业科技总体水平在世界中等农业发达国家中居领先地位,为中国人口高峰期的食物安全提供可靠的技术保障。农业科技总体水平达到或接近世界先进水平,科技在农业增长中的贡献率达到 70%—80%。

2. 农业科技政策的任务

农业科技政策的任务主要是:为农产品增产,特别是为粮食安全提供可靠的技术保障;为调整农业结构,增加农民收入提供强有力的技术保障;为生态环境建设提供全面的技术服务;为提高我国农业国际竞争力提供坚实的技术支持。

(六) 农业技术推广法

为了加强农业技术推广工作,促使农业科研成果和实用技术尽快应用于农业生产,增强科技支撑保障能力,促进农业和农村经济可持续发展,实现农业现代化,我国制定了《农业技术推广法》。

1. 总则

农业技术推广应当遵循下列原则:有利于农业、农村经济可持续发展和增加农民收入;尊重农业劳动者和农业生产经营组织的意愿;因地制宜,经过试验、示范;公益性推广与经营性推广分类管理;兼顾经济效益、社会效益,注重生态效益。

国家鼓励和支持科技人员开发、推广应用先进的农业技术,鼓励和支持农业劳动者和农业生产经营组织应用先进的农业技术。国家鼓励运用现代信息技术等先进传播手段,普及农业科学技术知识,创新农业技术推广方式方法,提高推广效率。国家鼓励和支持引进国外先进的农业技术,促进农业技术推广的国际合作与交流。

各级人民政府应当加强对农业技术推广工作的领导,组织有关部门和单位采取措施,提高农业技术推广服务水平,促进农业技术推广事业的发展。

2. 农业技术推广体系

农业技术推广,实行国家农业技术推广机构与农业科研单位、有关学校、农民专业合作社、涉农企业、群众性科技组织、农民技术人员等相结合的推广体系。国家鼓励和支持供销合作社、其他企业事业单位、社会团体以及社会各界的科技人员,开展农业技术推广服务。

根据科学合理、集中力量的原则以及县域农业特色、森林资源、水系和水利设施分布等情况,因地制宜设置县、乡镇或者区域国家农业技术推广机构。

乡镇国家农业技术推广机构,可以实行县级人民政府农业技术推广部门管理为主或者乡镇人民政府管理为主、县级人民政府农业技术推广部门业务指导的体制,具体由省、自治区、直辖市人民政府确定。

3. 农业技术的推广与应用

向农业劳动者和农业生产经营组织推广的农业技术,必须在推广地区经过试验证明具有先进性、适用性和安全性。

国家鼓励和支持农业劳动者和农业生产经营组织参与农业技术推广。农业劳动者和农业生产经营组织在生产中应用先进的农业技术,有关部门和单位应当在技术培训、资金、物资和销售等方面给予扶持。农业劳动者和农业生产经营组织根据自愿的原则应用农业技术,任何单位或者个人不得强迫。推广农业技术,应当选择有条件的农户、区域或者工程项目,进行应用示范。县、乡镇国家农业技术推广机构应当组织农业劳动者学习农业科学技术知识,提高其应用农业技术的能力。

教育、人力资源和社会保障、农业、林业、水利、科学技术等部门应当支持农业科研单位、有关学校开展有关农业技术推广的职业技术教育和技术培训,提高农业技术推广人员和农业劳动者的技术素质。国家鼓励社会力量开展农业技术培训。

各级国家农业技术推广机构应当认真履行公益性职责,向农业劳动者和农业生产经营组织推广农业技术,实行无偿服务。国家农业技术推广机构以外的单位及科技人员以技术转让、技术服务、技术承包、技术咨询和技术入股等形式提供农业技术的,可以实行有偿服务,其合法收入和植物新品种、农业技术专利等知识产权受法律保护。进行农业技术转让、技术服务、技术承包、技术咨询和技术入股,当事人各方应当订立合同,约定各自的权利和义务。

国家鼓励和支持农民专业合作社、涉农企业,采取多种形式,为农民应用先进农业技术提供有关的技术服务。国家鼓励和支持以大宗农产品和优势特色农产品生产为重点的农业示范区建设,发挥示范区对农业技术推广的引领作用,促进农业产业化发展和现代农业建设。各级人民政府可以采取购买服务等方式,引导社会力量参与公益性农业技术推广服务。

二、农业教育政策

(一) 农业教育概述

农民的文化、科学素质是促进农村经济发展,提高农民收入的一个重要因素。农民的文化水平,决定着农民对党的政策的理解能力,及其对资源、资金、物资的利用程度,也决定着农民科技素质的高低。农民文化和科技水平的高低,影响着他们对科学技术的掌握和运用,影响着他们对生活门路的开拓和从业选择,影响着他们对当地资源的开发利用,影响着经济发展速度[①]。而农民文化、科技水平的提高,归根结底要依靠农业教育。

农业教育是指以农业科学技术知识为教学内容的学校教育,广义上也包括与农业技术推广有关的宣传、示范活动和农民教育等。农业发展的根本在于农业技术,而农业技术的基础在于农业教育,农业教育是科技兴农的基础。农业教育是传授农业科学知识和农业生产技术的重要手段,从知识、技能和思想品德上培养一定社会所需要的农业科技、管理人员和农业劳动者的活动。

农业教育起源于农业生产劳动实践,又反过来为发展农业生产服

---

① 农业部软科学委员会办公室编.农民收入与劳动力转移[M].北京:中国农业出版社,2001:421.

务。在现代社会,科学技术已成为农业生产力的重要因素。因此,农业教育的发展又受科学技术发展水平的制约,并对促使科学技术为农业劳动者和农业工作者所掌握,从而转化成为现实的生产力有十分重要的作用。农业教育和农业科学研究、农业推广三者密切结合、相互促进,已成为农业中智力投资的重要形式,推动农业生产发展的有效途径。

(二) 农业教育的类型

农业教育作为社会主义教育体系的一个重要组成部分,其任务是为实现农业的社会主义现代化,培养从高级农业科学技术专家到中、初级技术人员、管理人员以及受过良好技术训练的农业劳动者。农业教育的实施,有高等农业教育、中等农业教育以及各种形式的成人农业教育等不同的层次。

1. 农村职业教育

农业职业教育是指在农村对农民或农业劳动者实施一种或多种技术的谋生教育。主要包括农业科学普通教育:是指高等农业教育和中等农业教育;农业科技人员的继续教育:是指提高现有农业科技人员和农业科技管理人员的业务水平,是在普通教育的基础上更高层次的教育;国家鼓励开展农业高等教育自学考试、远程开放教育等。

2. 农业专业技术人员继续教育

我国早在1989年就颁布了《农业专业技术人员继续教育暂行规定》,其目的在于使农业继续教育要面向现代化、面向世界、面向未来,坚持立足当前,着眼长远,讲求实效,按需施教,学用一致的原则,更好地为提高农业专门人才素质服务,为农业生产和农村经济建设服务。

农业继续教育是农业教育体系中的重要组成部分。其对象是具有中专以上文化程度或初级以上专业技术职务,从事农业生产、技术推广、科研、教育、管理及其他专业技术工作的在职人员。重点是具有中级以上专业技术职务的中、青年骨干。农业继续教育的任务是使受教育者的知识、技能不断得到补充、更新、拓宽和加深,以保持其先进性,更好地满足岗位职务的需要,促进农业科技进步、经济繁荣和社会发展。农业继续教育按照不同层次确定培养目标：

（1）初级农业专业技术人员主要是学习专业基本知识和进行实际技能的训练，以提高岗位适应能力，为继续深造，加快成长打好基础。

（2）中级农业专业技术人员主要是更新知识和拓宽知识面，结合本职工作学习新理论、新技术、新方法，了解国内外科技发展动态，培养独立解决复杂技术问题的能力。

（3）高级农业专业技术人员要熟悉和掌握本专业、本学科新的科技和管理知识，研究解决重大技术课题，成为本行业的技术专家和学术（学科）带头人。

农业继续教育的内容要紧密结合农业技术进步，技术成果推广以及管理现代化的需要，按照不同专业、不同职务、不同岗位的知识结构和业务水平要求，注重新颖、实用，力求做到针对性、实有性、科学性和先进性四统一。农业继续教育以短期培训和业余自学为主，广开学路，采取多渠道、多层次、多形式进行。

3．农业技术教育培训

农业技术教育培训的方式包括通过实用技术培训，向农民普及推广农业科学技术，传授科学理论知识和生产技能；就农民外出打工的不同工种进行技术培训，提高本地外出就业的竞争能力；通过开展农民中等学历教育，培养一支能够适应农村经济发展需要的乡、村基层管理干部和技术人员队伍；通过实施"绿色证书"工程，对具有初、高中文化程度的农民进行岗位培训。

"绿色证书"是农民从事专项农业技术工作所需要具备的知识、技能和其他条件的资格证明，1997年我国公布了《中华人民共和国绿色证书制度管理办法》，由农业部主管全国的"绿色证书"工作。

材料阅读：

绿色证书的由来

绿色证书最早产生于西方发达资本主义国家，如丹麦、法国、英国、瑞士等，已有上百年历史。

推行绿色证书制度是农业生产力发展的产物。西方国家从封建社会进入到资本主义社会的过程中,土地被相对集中,由农场主经营。而直接从事生产的是由农场主所雇佣的农业工人。农业工人技术水平的高低对于提高劳动生产率,减少农业机具的损坏有着直接影响。毫无疑问,一个技术娴熟业务素质较高的农业工人能为农场主带来增产增收。这就促使农场主很重视农业工人技术培训,另一方面技术水平高的农业工人就业也较容易,也能获得较高的薪酬待遇。

当资本主义国家的生产力发展到一定水平时,政府意识到能否充分利用有限的农业资源,不仅仅是一个农场的事,而是整个国家的一个社会问题。于是许多国家把农业职业技术教育和培训作为加强和发展农业的一项重大国策,逐步建立了一整套比较完善的农民技术资格证书制度,以确保农民业务素质。

中国的"绿色证书"制度,就是农民技术资格证书制度。它是指通过立法、行政等手段,把农民的技术资格要求、培训、考核、发证等规定下来,并制定相关配套政策,作为农民从业和培训的规程,确保从业人员的技术业务素质。由于人们把许多国家对农业劳动者实行的先培训、后就业的持证上岗制度称为"绿色证书"制度,所以在中国开展农民技术资格证书制度试点工作时就采用了这一习惯说法。中国"绿色证书"制度的实施范围,包括种植、畜牧兽医、水产、农机管理、农村合作经济管理、农村能源和农业环境保护等行业。

第三节　农民权益保护与农村社会保障

一、农民权益保护立法

我国是一个传统的农业大国,农民占全国人口的大多数,有着特殊的地位,是中国特色社会主义事业的重要建设者和新农村建设的主体。

第七章　农村社会发展政策

农民问题始终是一个关系到我国经济建设和社会发展全局的重要问题。在全面建成小康社会的进程中,社会主义新农村建设和城镇化建设的宏伟目标能否实现,在很大程度上取决于能否解决好农民问题,而农民问题的根本又是如何保障农民权益的问题。

近年来,在党和政府的关怀下,农村发生了翻天覆地的变化,农民的经济状况和社会地位也都有了很大提高。但是,伴随着经济迅速发展,我国社会群体利益分化加速,农民弱势化趋势十分明显。各种惠农政策因缺乏稳定性,对农民权利的保护力度相当有限,部分有关农民权利保护的法律规定,也因缺乏明确性影响了法律的实施效果。在法律、政策的实施过程中,农民权益保护不力,忽视甚至侵害农民权益的现象时有发生。在这种形势下,《中共中央关于推进农村改革发展若干重大问题决定》明确指出:"必须切实保障农民权益,始终把实现好、维护好、发展好广大农民根本利益作为农村一切工作的出发点和落脚点。坚持以人为本,尊重农民意愿,着力解决农民最关心最直接最现实的利益问题,保障农民政治、经济、文化、社会权益,提高农民综合素质,促进农民全面发展,充分发挥农民主体作用和首创精神,紧紧依靠亿万农民建设社会主义新农村。"

农民权益是指农村居民作为社会成员、国家公民应享有的权利以及这些权利在法律上的反映、体现和实现程度。农民权益的表现形式多种多样,但最重要的是关于农民经济和政治权利的法律保护。

(一) 农民经济权益保护

土地权益是农民诸多权益的重中之重,保护农民的土地权利,是对农民权益最直接、最具体、最实在的保护。但目前在土地征用方面普遍存在侵害农民权益的问题。因此,各级机关应加强执法监督,保证《土地管理法》《农村土地承包法》等法律法规得到切实有效的施行。要坚决纠正乱占滥用耕地,违法转让农村土地,随意破坏农村土地承包关系,造成农民失地又失业,严重损害农民利益和国家利益的行为。

保护农民的经济权益,首先要确认农民的土地承包权利。土地是农业生产的最基本要素,也是农民最基本的生活保障和最核心的利益问题。农民在土地方面面临的突出问题主要有:"一是土地承包关系不稳定。一些地方仍存在承包期内随意调整承包地的现象,一些村集体甚至违背农民意愿,违法收回农户承包地,侵害了农民的合法权益。农民承包地块面积不准、四至不清、位置不明、期限不定等情况也很普遍。二是土地流转机制不健全。一些地方土地流转存在求大、求快倾向,超越了当地农村劳动力转移的速度。还有一些地方为吸引投资,行政推动土地大规模向工商资本集中,出现了与农民争利和'土地非农化'现象。一些地方土地流转市场不完善,农民的土地流转收益得不到保障,农民对土地流转心存顾虑,不敢流转,不愿流转。三是财产权益保障不力。主要是征地过程中侵害农民利益的问题比较突出。一些地方征地规模过大,不尊重农民意愿,强行征地,补偿标准太低,对失地农民不能妥善安置。这方面的问题解决不好,会妨碍现代农业发展,损害农民利益,影响农村长期稳定"[1]。

改革开放前,法律对农民土地使用权的保护力度不够,以致挫伤了农民向土地长期投资的积极性,造成土地经营短期行为,土地地力得不到维持和改善。改革开放初期,农村家庭联产承包责任制的推行,使中国基本解决了吃饭问题。土地承包期限开始确定为 15 年。1993 年,中央提出在原定的耕地承包期到期后再延长 30 年不变,这一政策大大促进了农民的生产投资。2003 年 3 月起施行的《农村土地承包法》,对农村土地承包问题进一步作出了较为全面而详细的规定。实际上,农村土地制度的核心产权是农民的土地承包权,因此,农村土地制度法治建设的关键是对农民的土地承包权进行法律界定和保护。对此,《农村土地承包法》作了明确规定:"维护承包方的土地承包经营权,不得非法变更、解除承包合同。"这些规定,对于稳定农村土地承包关系,确认农民土地承包权起到了非常重要的作用。目前,我们要加快推进农村集体土地的确权颁证工作,包括农村耕地承包经营权、农村集体建设用地使用权、农村集体资产收益权、农房所有权和林地使用权等,用权属证的形式确权到户,使之成为农民明确、法定的资产,尤其要做到程序公开透明公正,并在此基础上积极探索各类土地的使用权流权新机制,完

---

[1] 韩长赋.正确认识和解决当今中国农民问题[J].求是,2014(2):20.

善农业产业化利益联结机制,促使农民的土地物权由身份权向财产权转变,使农民的土地物权由虚变实,实现农村资源向资本的转变,从而为农村发展注入活力①。

保护农民的经济权益,还应充分发挥村民委员会、农业合作社等民间力量在农村纠纷中的调解作用,发挥各级行政机关的行政解决机制,发挥各级人民法院在农村纠纷中的诉讼解决机制,构建起农民权益受损后的多元救济途径。

(二) 农民政治权利保护

政治权利是经济利益的根本保障。一个政治权利没有保障的社会阶层,其经济利益也不会安全。因此,应加强对农民政治权利的保护。要在各级人民代表大会中增加农民代表名额,扩大民意诉求通道,保证农民以合法正当的方式表达自己的权益。要解决县、乡(镇)农民代表中代表素质不高、代表意识不强的问题,不断提高农民代表履行职责的能力和水平,以有效地维护农民群众的合法权益。还要加强对《村民委员会组织法》实施情况的监督检查,加快推进基层民主政治建设,拓展农民利益表达渠道,健全村民议事会、监事会等农村自治组织和各类经济合作组织,积极推行"村务公开、村民自治",真正做到民主选举、民主决策、民主管理、民主监督,使农民在村集体公共事务决策中有制度性的"话语权",保障农民公平竞争、平等发展的机会和条件。同时,要强化对农民的法律援助工作,为其保护自身合法权益提供免费的法律服务。

《村民委员会组织法》是保障村民充分行使民主自治权利的法律依据,反映了广大农民的愿望,代表了农民的根本利益。《村民委员会组织法》具体规定了民主选举、民主议事、民主决策以及财务公开、民主评议和村民委员会定期报告工作为主要内容的民主监督制度。其中,村务公开制度是实现民主监督的中心环节,也是实行村民自治的关键。该法规定了村民委员会应当及时公布的具体事项,即财务事项至少每六个月公布一次,接受村民的监督。而且要求村民委员会应当保证公

---

① 衡霞.注重农民权益保障的制度设计[N].光明日报,2012-4-15(7).

布内容的真实性,并接受村民的查询。财务公开制度的贯彻落实具有多方面积极意义和作用。

二、农民工权益保护立法

(一) 重视农民工权益保护的原因

农民工是我国改革开放和工业化、城镇化进程中涌现的一支新型劳动大军。他们户籍仍在农村,主要从事非农产业,有的在农闲季节外出务工、亦工亦农,流动性强,有的长期在城市就业,已成为产业工人的重要组成部分。据统计,目前我国每年有2.6亿农民外出打工,其中1.6亿进城打工。大量农民进城务工或在乡镇企业就业,对我国现代化建设作出了重大贡献。农民外出务工,为城市创造了财富,为农村增加了收入,为城乡发展注入了活力,成为工业带动农业、城市带动农村、发达地区带动落后地区的有效形式,同时促进了市场导向、自主择业、竞争就业机制的形成,为改变城乡二元结构、解决"三农"问题闯出了一条新路。返乡创业的农民工,带回资金、技术和市场经济观念,直接促进社会主义新农村建设。进一步做好农民工工作,对于改革发展稳定的全局和顺利推进工业化、城镇化、现代化都具有重大意义。

(二) 农民工权益保护存在的问题

近年来,党中央、国务院高度重视农民工问题,制定了一系列保障农民工权益和改善农民工就业环境的政策措施,各地区、各部门做了大量工作,取得了明显成效。但农民工面临的问题仍然十分突出,侵害农民工合法权益问题仍然存在:一是就业和劳动权益保障不充分。现在,二、三产业持续发展面临诸多挑战,企业转型升级带来挤出效应,促进农民工特别是新生代农民工稳定就业是一个很大难题。已经就业的农民工,由于城乡二元就业体制,劳动合同签订率低,劳动安全防护水平不高,恶意拖欠工资时有发生。二是农民工公共服务不完善。农民工还不能真正平等享受城市基本公共服务,特别是子女上学、看病就医、社会保障、住房租购等面临许多困难,农民工市民化进程不顺畅。三是农民工社会归属面临困境。农民工特别是新生代农民工,大多处在城市最底层,很容易被边缘化。绝大部分新生代农民工本身没有地,从来就没有种过地,也不想再回去种地。如果他们不能融入城市、融入主流社会,就会成为"漂泊一族"甚或城市贫民,影响整个社会的和谐稳定①。

(三) 解决农民工问题的基本原则

解决农民工问题的基本原则主要有:

1. 公平对待,一视同仁

尊重和维护农民工的合法权益,消除对农民进城务工的歧视性规定和体制性障碍,使他们和城市职工享有同等的权利和义务。

2. 强化服务,完善管理

转变政府职能,加强和改善对农民工的公共服务和社会管理,发挥企业、社区和中介组织作用,为农民工生活与劳动创造良好环境和有利条件。

3. 统筹规划,合理引导

实行农村劳动力异地转移与就地转移相结合。既要积极引导农民进城务工,又要大力发展乡镇企业和县域经济,扩大农村劳动力在当地转移就业。

4. 因地制宜,分类指导

输出地和输入地都要有针对性地解决农民工面临的各种问题。鼓励各地区从实际出发,探索保护农民工权益、促进农村富余劳动力有序流动的办法。

5. 立足当前,着眼长远

既要抓紧解决农民工面临的突出问题,又要依靠改革和发展,逐步解决深层次问题,形成从根本上保障农民工权益的体制和制度。

(四) 依法规范农民工劳动管理

依法规范农民工劳动管理的措施主要包括:

1. 严格执行劳动合同制度

所有用人单位招用农民工都必须依法订立并履行劳动合同,建立权责明确的劳动关系。严格执行国家关于劳动合同试用期的规定,不

---

① 韩长赋.正确认识和解决当今中国农民问题[J].求是,2014(2):20.

得滥用试用期侵犯农民工权益。劳动保障部门要制定和推行规范的劳动合同文本,加强对用人单位订立和履行劳动合同的指导和监督。任何单位都不得违反劳动合同约定损害农民工权益。

2. 依法保障农民工职业安全卫生权益

各地要严格执行国家职业安全和劳动保护规程及标准。企业必须按规定配备安全生产和职业病防护设施。强化用人单位职业安全卫生的主体责任,要向新招用的农民工告知劳动安全、职业危害事项,发放符合要求的劳动防护用品,对从事可能产生职业危害作业的人员定期进行健康检查。加强农民工职业安全、劳动保护教育,增强农民工自我保护能力。从事高危行业和特种作业的农民工要经专门培训、持证上岗。有关部门要切实履行职业安全和劳动保护监管职责。发生重大职业安全事故,除惩处直接责任人和企业负责人外,还要追究政府和有关部门领导的责任。

3. 切实保护女工和未成年工权益,严格禁止使用童工

用人单位要依法保护女工的特殊权益,不得以性别为由拒绝录用女工或提高女工录用标准,不得安排女工从事禁忌劳动范围工作,不得在女工孕期、产期、哺乳期降低其基本工资或单方面解除劳动合同。招用未成年工的用人单位,应当在工种、劳动时间、劳动强度和保护措施等方面严格执行国家有关规定。对介绍和使用童工的违法行为要从严惩处。

(五)健全维护农民工权益的保障机制

健全并维护农民工权益的保障机制包括以下措施:

1. 保障农民工依法享有的民主政治权利

招用农民工的单位,职工代表大会要有农民工代表,保障农民工参与企业民主管理权利。农民工户籍所在地的村民委员会,在组织换届选举或决定涉及农民工权益的重大事务时,应及时通知农民工,并通过适当方式行使民主权利。有关部门和单位在评定技术职称、晋升职务、评选劳动模范和先进工作者等方面,要将农民工与城镇职工同等看待。依法保障农民工人身自由和人格尊严,严禁打骂、侮辱农民工的非法行为。

2. 深化户籍管理制度改革

逐步地、有条件地解决长期在城市就业和居住农民工的户籍问题。中小城市和小城镇要适当放宽农民工落户条件；大城市要积极稳妥地解决符合条件的农民工户籍问题，对农民工中的劳动模范、先进工作者和高级技工、技师以及其他有突出贡献者，应优先准予落户。具体落户条件，由各地根据城市规划和实际情况自行制定。改进农民工居住登记管理办法。

3. 保护农民工土地承包权益

土地不仅是农民的生产资料，也是他们的生活保障。要坚持农村基本经营制度，稳定和完善农村土地承包关系，保障农民工土地承包权益。不得以农民进城务工为由收回承包地，纠正违法收回农民工承包地的行为。农民外出务工期间，所承包土地无力耕种的，可委托代耕或通过转包、出租、转让等形式流转土地经营权，但不能撂荒。农民工土地承包经营权流转，要坚持依法、自愿、有偿的原则，任何组织和个人不得强制或限制，也不得截留、扣缴或以其他方式侵占土地流转收益。

4. 加大维护农民工权益的执法力度

强化劳动保障监察执法，加强劳动保障监察队伍建设，完善日常巡视检查制度和责任制度，依法严厉查处用人单位侵犯农民工权益的违法行为。健全农民工维权举报投诉制度，有关部门要认真受理农民工举报投诉并及时调查处理。加强和改进劳动争议调解、仲裁工作。对农民工申诉的劳动争议案件，要简化程序、加快审理，涉及劳动报酬、工伤待遇的要优先审理。起草、制定和完善维护农民工权益的法律法规。

5. 做好对农民工的法律服务和法律援助工作

要把农民工列为法律援助的重点对象。对农民工申请法律援助，要简化程序，快速办理。对申请支付劳动报酬和工伤赔偿法律援助的，不再审查其经济困难条件。有关行政机关和行业协会应引导法律服务机构和从业人员积极参与涉及农民工的诉讼活动、非诉讼协调及调解活动。鼓励和支持律师和相关法律从业人员接受农民工委托，并对经济确有困难而又达不到法律援助条件的农民工适当减少或免除律师费。政府要根据实际情况安排一定的法律援助资金，为农民工获得法律援助提供必要的经费支持。

6. 强化工会维护农民工权益的作用

用人单位要依法保障农民工参加工会的权利。各级工会要以劳动合同、劳动工资、劳动条件和职业安全卫生为重点,督促用人单位履行法律法规规定的义务,维护农民工合法权益。充分发挥工会劳动保护监督检查的作用,完善群众性劳动保护监督检查制度,加强对安全生产的群众监督。同时,充分发挥共青团、妇联组织在农民工维权工作中的作用。

三、农村社会保障政策

社会保障是指国家通过立法,积极动员社会各方面资源,保证无收入、低收入以及遭受各种意外灾害的公民能够维持生存,保障劳动者在年老、失业、患病、工伤、生育时的基本生活不受影响,同时根据经济和社会发展状况,逐步增进公共福利水平,提高国民生活质量。

中国农村社会保障体系在政策设计上应兼具消除贫困和支持转型两大功能。前者是对贫困人口和特殊人群的支持;后者是迎接工业化、城市化和老龄化的挑战,为农村社会经济发展提供制度支持。随着农村贫困在性质上的边缘化,未来的减贫策略应不宜继续通过开发式扶贫的方式摆脱贫困,而应以着眼于微观个体的政策为主,通过积极的劳动力市场政策(如就业服务、教育补贴、培训和迁移补贴)和农村最低生活保障体制的政策组合,帮助农村贫困人口摆脱贫困①。

二十世纪八九十年代以来,农村正式的社会保障体系主要是社会救助体系,即"五保"供养制度、农村扶贫、社会救助和社会优抚等,近些年来,又出现了新型农村合作医疗、新型农村社会养老保险等新政策。

(一) 农村五保供养

农村五保供养是依法在衣、食、住、医、葬等方面给予村民的生活照顾和物质帮助。这一制度最早形成于农业合作化时期。为了做好农村

---

① 蔡昉,王德文,都阳.中国农村改革与变迁:30年历程和经验分析[M].上海:格致出版社,上海人民出版社,2008:224.

五保供养工作,保障农村五保供养对象的正常生活,促进农村社会保障制度的发展,国务院于2006年通过了《农村五保供养工作条例》。

1. 供养对象

老年、残疾或者未满16周岁的村民,无劳动能力、无生活来源又无法定赡养、抚养、扶养义务人,或者其法定赡养、抚养、扶养义务人无赡养、抚养、扶养能力的,享受农村五保供养待遇。

享受农村五保供养待遇,应当由村民本人向村民委员会提出申请;因年幼或者智力残疾无法表达意愿的,由村民小组或者其他村民代为提出申请。经村民委员会民主评议,对符合规定条件的,在本村范围内公告;无重大异议的,由村民委员会将评议意见和有关材料报送乡、民族乡、镇人民政府审核。乡、民族乡、镇人民政府应当自收到评议意见之日起20日内提出审核意见,并将审核意见和有关材料报送县级人民政府民政部门审批。县级人民政府民政部门应当自收到审核意见和有关材料之日起20日内作出审批决定。对批准给予农村五保供养待遇的,发给《农村五保供养证书》;对不符合条件不予批准的,应当书面说明理由。乡、民族乡、镇人民政府应当对申请人的家庭状况和经济条件进行调查核实;必要时,县级人民政府民政部门可以进行复核。申请人、有关组织或者个人应当配合、接受调查,如实提供有关情况。

农村五保供养对象不再符合规定条件的,村民委员会或者敬老院等农村五保供养服务机构应当向乡、民族乡、镇人民政府报告,由乡、民族乡、镇人民政府审核并报县级人民政府民政部门核准后,核销其《农村五保供养证书》。农村五保供养对象死亡,丧葬事宜办理完毕后,村民委员会或者农村五保供养服务机构应当向乡、民族乡、镇人民政府报告,由乡、民族乡、镇人民政府报县级人民政府民政部门核准后,核销其《农村五保供养证书》。

2. 供养内容

农村五保供养包括下列供养内容:供给粮油、副食品和生活用燃料;供给服装、被褥等生活用品和零用钱;提供符合基本居住条件的住房;提供疾病治疗,对生活不能自理的给予照料;妥善办理丧葬事宜。

农村五保供养对象未满16周岁或者已满16周岁仍在接受义务教

育的,应当保障他们依法接受义务教育所需费用。农村五保供养对象的疾病治疗,应当与当地农村合作医疗和农村医疗救助制度相衔接。

农村五保供养标准不得低于当地村民的平均生活水平,并根据当地村民平均生活水平的提高适时调整。农村五保供养标准,可以由省、自治区、直辖市人民政府制定,在本行政区域内公布执行,也可以由设区的市级或者县级人民政府制定,报所在的省、自治区、直辖市人民政府备案后公布执行。国务院民政部门、国务院财政部门应当加强对农村五保供养标准制定工作的指导。

农村五保供养资金,在地方人民政府财政预算中安排。有农村集体经营等收入的地方,可以从农村集体经营等收入中安排资金,用于补助和改善农村五保供养对象的生活。农村五保供养对象将承包土地交由他人代耕的,其收益归该农村五保供养对象所有。中央财政对财政困难地区的农村五保供养,在资金上给予适当补助。农村五保供养资金,应当专门用于农村五保供养对象的生活,任何组织或者个人不得贪污、挪用、截留或者私分。

3. 供养形式

农村五保供养对象可以在当地的农村五保供养服务机构集中供养,也可以在家分散供养。农村五保供养对象可以自行选择供养形式。集中供养的农村五保供养对象,由农村五保供养服务机构提供供养服务;分散供养的农村五保供养对象,可以由村民委员会提供照料,也可以由农村五保供养服务机构提供有关供养服务。

各级人民政府应当把农村五保供养服务机构建设纳入经济社会发展规划。县级人民政府和乡、民族乡、镇人民政府应当为农村五保供养服务机构提供必要的设备、管理资金,并配备必要的工作人员。

农村五保供养服务机构应当建立健全内部民主管理和服务管理制度。农村五保供养服务机构工作人员应当经过必要的培训。农村五保供养服务机构可以开展以改善农村五保供养对象生活条件为目的的农副业生产。地方各级人民政府及其有关部门应当对农村五保供养服务机构开展农副业生产给予必要的扶持。

乡、民族乡、镇人民政府应当与村民委员会或者农村五保供养服务机构签订供养服务协议,保证农村五保供养对象享受符合要求的供养。村民委员会可以委托村民对分散供养的农村五保供养对象提供照料。

(二)农村扶贫

农村扶贫是指对农村中有一定的生产经营能力的贫困户,从政策、思想、资金、物资、技术、信息等方面给予扶持,使其通过生产经营活动,摆脱贫困的社会救助项目。新中国成立后,特别是自20世纪70年代末实行改革开放政策以来,中国政府在致力于经济和社会全面发展的进程中,在全国范围内实施了以解决贫困人口温饱问题为主要目标的有计划、有组织的大规模扶贫开发,极大地缓解了贫困现象。从1978年到2000年,中国农村没有解决温饱的贫困人口由2.5亿人减少到3 000万人,贫困人口占农村总人口的比例由30.7%下降到3%左右,中国政府确定的到20世纪末解决农村贫困人口温饱问题的战略目标基本实现。

消除贫困、实现共同富裕,是社会主义制度的本质要求。改革开放以来,我国大力推进扶贫开发,特别是随着《国家八七扶贫攻坚计划(1994—2000年)》和《中国农村扶贫开发纲要(2001—2010年)》的实施,扶贫事业取得了巨大成就。农村贫困人口大幅减少,收入水平稳步提高,贫困地区基础设施明显改善,社会事业不断进步,最低生活保障制度全面建立,农村居民生存和温饱问题基本解决,探索出一条中国特色扶贫开发道路。但是,我国仍处于并将长期处于社会主义初级阶段。经济社会发展总体水平不高,区域发展不平衡问题突出,制约贫困地区发展的深层次矛盾依然存在。扶贫对象规模大,相对贫困问题凸显,返贫现象时有发生,贫困地区特别是集中连片特殊困难地区发展相对滞后,扶贫开发任务仍十分艰巨。目前,我国扶贫开发已经从以解决温饱为主要任务的阶段转入巩固温饱成果、加快脱贫致富、改善生态环境、提高发展能力、缩小发展差距的新阶段。

深入推进扶贫开发,是建设中国特色社会主义的重要任务,是深入贯彻落实科学发展观的必然要求,是坚持以人为本、执政为民的重要体现,是统筹城乡区域发展、保障和改善民生、缩小发展差距、促进全体人民共享改革发展成果的重大举措,是全面建设小康社会、构建社会主义和谐社会的迫切需要。我们必须以更大的决心、更强的力度、更有效的举措,打好新一轮扶贫开发攻坚战,确保全国人民共同实现全面小康。我们要坚持开发式扶贫方针,实行扶贫开发和农村最低生活保障制度有效衔接。把扶贫开发作为脱贫致富的主要途径,鼓励和帮助有劳动能力的扶贫对象通过自身努力摆脱贫困;把社会保障作为解决温饱问题的基本手段,逐步完善社会保障体系。

农村扶贫的基本原则是:

1. 政府主导,分级负责

各级政府对本行政区域内扶贫开发工作负总责,把扶贫开发纳入经济社会发展战略及总体规划。实行扶贫开发目标责任制和考核评价制度。

2. 突出重点,分类指导

中央重点支持连片特困地区。加大对革命老区、民族地区、边疆地区扶持力度。根据不同地区经济社会发展水平,因地制宜制定扶贫政策,实行有差异的扶持措施。

3. 部门协作,合力推进

各相关部门要根据国家扶贫开发战略部署,结合各自职能,在制定政策、编制规划、分配资金、安排项目时向贫困地区倾斜,形成扶贫开发合力。

4. 自力更生,艰苦奋斗

加强引导,更新观念,充分发挥贫困地区、扶贫对象的主动性和创造性,尊重扶贫对象的主体地位,提高其自我管理水平和发展能力,立足自身实现脱贫致富。

5. 社会帮扶,共同致富

广泛动员社会各界参与扶贫开发,完善机制,拓展领域,注重实效,提高水平。强化政策措施,鼓励先富帮后富,实现共同富裕。

6. 统筹兼顾,科学发展

坚持扶贫开发与推进城镇化、建设社会主义新农村相结合,与生态建设、环境保护相结合,充分发挥贫困地区资源优势,发展环境友好型产业,增强防灾减灾能力,提倡健康科学生活方式,促进经济社会发展

第七章　农村社会发展政策

与人口资源环境相协调。

7. 改革创新，扩大开放

适应社会主义市场经济要求，创新扶贫工作机制。扩大对内对外开放，共享减贫经验和资源。继续办好扶贫改革试验区，积极探索开放式扶贫新途径。

农村扶贫的政策保障主要有：

1. 政策体系

完善有利于贫困地区、扶贫对象的扶贫战略和政策体系。发挥专项扶贫、行业扶贫和社会扶贫的综合效益。实现开发扶贫与社会保障的有机结合。对扶贫工作可能产生较大影响的重大政策和项目，要进行贫困影响评估。

2. 财税支持

中央和地方财政逐步增加扶贫开发投入。中央财政扶贫资金的新增部分主要用于连片特困地区。加大中央和省级财政对贫困地区的一般性转移支付力度。加大中央集中彩票公益金支持扶贫开发事业的力度。对贫困地区属于国家鼓励发展的内外资投资项目和中西部地区外商投资优势产业项目，进口国内不能生产的自用设备，以及按照合同随设备进口的技术及配件、备件，在规定范围内免征关税。企业用于扶贫事业的捐赠，符合税法规定条件的，可按规定在所得税税前扣除。

3. 投资倾斜

加大贫困地区基础设施建设、生态环境和民生工程等投入力度，加大村级公路建设、农业综合开发、土地整治、小流域与水土流失治理、农村水电建设等支持力度。国家在贫困地区安排的病险水库除险加固、生态建设、农村饮水安全、大中型灌区配套改造等公益性建设项目，取消县以下（含县）以及西部地区连片特困地区配套资金。各级政府都要加大对连片特困地区的投资支持力度。

4. 金融服务

继续完善国家扶贫贴息贷款政策。积极推动贫困地区金融产品和服务方式创新，鼓励开展小额信用贷款，努力满足扶贫对象发展生产的资金需求。继续实施残疾人康复扶贫贷款项目。尽快实现贫困地区金融机构空白乡镇的金融服务全覆盖。引导民间借贷规范发展，多方面拓宽贫困地区融资渠道。鼓励和支持贫困地区县域法人金融机构将新增可贷资金70%以上留在当地使用。积极发展农村保险事业，鼓励保险机构在贫困地区建立基层服务网点。完善中央财政农业保险保费补贴政策。针对贫困地区特色主导产业，鼓励地方发展特色农业保险。加强贫困地区农村信用体系建设。

5. 产业扶持

落实国家西部大开发各项产业政策。国家大型项目、重点工程和新兴产业要优先向符合条件的贫困地区安排。引导劳动密集型产业向贫困地区转移。加强贫困地区市场建设。支持贫困地区资源合理开发利用，完善特色优势产业支持政策。

6. 土地使用

按照国家耕地保护和农村土地利用管理有关制度规定，新增建设用地指标要优先满足贫困地区易地扶贫搬迁建房需求，合理安排小城镇和产业聚集区建设用地。加大土地整治力度，在项目安排上，向有条件的重点县倾斜。在保护生态环境的前提下支持贫困地区合理有序开发利用矿产资源。

7. 生态建设

在贫困地区继续实施退耕还林、退牧还草、水土保持、天然林保护、防护林体系建设和石漠化、荒漠化治理等重点生态修复工程。建立生态补偿机制，并重点向贫困地区倾斜。加大重点生态功能区生态补偿力度。重视贫困地区的生物多样性保护。

8. 人才保障

组织教育、科技、文化、卫生等行业人员和志愿者到贫困地区服务。制定大专院校、科研院所、医疗机构为贫困地区培养人才的鼓励政策。引导大中专毕业生到贫困地区就业创业。对长期在贫困地区工作的干部要制定鼓励政策，对各类专业技术人员在职务、职称等方面实行倾斜政策，对定点扶贫和东西部扶贫协作挂职干部要关心爱护，妥善安排他们的工作、生活，充分发挥他们的作用。发挥创业人才在扶贫开发中的作用。加大贫困地区干部和农村实用人才的培训力度。

9. 重点群体

把对少数民族、妇女儿童和残疾人的扶贫开发纳入规划，统一组织，同步实施，同等条件下优先安排，加大支持力度。继续开展兴边富民行动，帮助人口较少民族脱贫致富。推动贫困家庭妇女积极参与全国妇女"双学双比"①活动，关注留守妇女和儿童的贫困问题。制定实施农村残疾人扶贫开发纲要，提高农村残疾人的生存和发展能力。

材料阅读：

我国仍有两亿多贫困人口 贫困县脱贫不愿摘帽

对于80后、90后，"穷"或许已是祖辈、父辈们口口相传的集体记忆，这是年轻人们渐渐远离贫困的时代；但也正是在这个时代，有的角落互联网没能覆盖，有的地方电话还不普及，甚至在一部分家庭，用水、用电都不能保证。

国务院扶贫办主任刘永富介绍，全国有14个连片特困地区，832个贫困县、片区县，12.9万个贫困村，8 249万贫困人口，参照国际标准还有两个亿，贫困人口规模大，贫困问题程度深。

为什么贫困人口常减常有？除了身为"世界上最大的发展中国家"这一现实，国家发改委副秘书长范恒山补充，贫困标准的不断提高也是贫困人口数量居高不下的重要原因。换言之，算法变了，结果也会变。

范恒山：从现实看，伴随扶贫对象的规模增加和分布变广，扶贫攻坚的难度相应加大，按照我们目前的人均纯收入2 300块钱扶贫的国家标准，我们到去年，全国有贫困人口8 000多万，如果按照世界银行标准严格计算，我们的贫困人口可能超过2个亿。从地域看，集中连片特困地区的县及片区外的贫困县有832个，比我们以前的592个贫困县增加了240个。第二个角度从发展的趋势看，随着我们经济社会发展，扶贫的标准也会相应提高，将不断会有新的农村人口作为扶贫对象，进入扶贫工作的领域。

---

① "双学双比"活动是指，在全国各族农村妇女中开展的"学文化、学技术、比成绩、比贡献"竞赛活动。

有数据显示,按照 14 个连片特困地区的片区规划,需要大约 20 万亿投资,才能在"面"上脱贫。为避免扶贫工作"面面俱到"的误区,变"面"上扶贫为"点"上扶贫,精准扶贫工作亟待推进。扶贫办主任刘永富介绍,精准扶贫包括对象的精准、措施的精准以及成效的精准,国家各项特惠政策措施要进一步向贫困地区倾斜。

刘永富:精准扶贫要求驻村驻户,摸清数量。实施建档贫困户的特惠政策,我们提供生活补贴和贷款,通过两到三年的职业教育培训,掌握一门技术,提高他们的就业能力,既促进脱贫致富又为新兴工业化和城镇化提供合格的劳动者。

现有制度也有待完善。针对一些个案中贫困县"脱贫以后不愿意摘帽",或者"戴着贫困县的帽子炫富"的现象,扶贫办政策法规司司长苏国霞表示,正着力就此改革贫困县的考核机制,建设扶贫县的约束机制,并逐步建立贫困县的退出机制。

资料来源:中国广播网,2014 年 10 月 17 日,记者:沈静文

(三) 农村社会救助

农村社会救助是指国家和集体对农村中无法定扶养义务人、无劳动能力、无生活来源的老年人、残疾人、未成年人和因病、灾、缺少劳动能力等造成生活困难的贫困对象,采取物质帮助、扶持生产等多种形式,保障他们的基本生活。社会救助制度坚持托底线、救急难、可持续,与其他社会保障制度相衔接,社会救助水平与经济社会发展水平相适应。

农村社会救助工作坚持依靠集体、依靠群众,开展社会互助互济和扶持生产自救、辅之以国家必要的救济,形成了国家、集体、个人相结合的格局,走出了一条具有中国特色的农村社会救助路子。

1. 国家救助与集体补助相结合

我国农村的贫困人口较多,全国有 80% 以上的贫困对象分布在农村,农村社会救助的任务十分艰巨。由于国家的财力有限,单纯依靠国家救济难以全部保障农村贫困对象的生活。因此,随着集体经济的产生和发展,采取国家救助与集体补助相结合,改变了单纯依靠国家救助的状况,形成了农村救助依靠国家和集体"两条腿走路"的新局面,进一步提高了农村的社会保障能力。农村社会救助坚持贯彻依靠集体,辅

之以国家救助的原则,立足于集体,以集体补助为主,国家救助给予必要的补充,二者紧密结合,成为农村社会救助的主体力量。

2. 国家救助与社会互助互济相结合

社会互助互济是中华民族的传统美德,也是农村社会救助的重要方式。各级人民政府动员和组织城市支持农村,非贫困地区支援贫困地区,广泛开展村邻互帮、邻里互助,形成社会、集体、个人相结合,多层次、多种形式互助的新局面。

通过开展社会互助互济,不仅及时有效地解决了贫困对象的生活困难,也减轻了国家和集体的压力,而且还扩大了社会的参与和影响,取得了社会广泛的关心和支持,确立了互助友爱、扶弱济困的良好社会风尚,促进了社会主义精神文明建设。

3. 救助与扶持生产相结合

扶持贫困对象生产自救是救助工作的发展和延伸,它使救助的主体与对象密切合作,进一步提高了救助效率。从实际出发,积极探索创新,采取无偿扶持与有偿扶持相结合,对有偿还能力的贫困对象实行扶持生产资金有偿使用,收回的资金作为扶贫周转金滚动使用,使扶持贫困对象生产自救进入了新的发展阶段。

为了加强社会救助,保障公民的基本生活,促进社会公平,维护社会和谐稳定,国务院于2014年5月1日根据宪法公布和施行了《社会救助暂行办法》。这是我国第一部统筹各项社会救助制度的行政法规。《办法》将社会救助上升为根本性、稳定性的法律制度,为保障群众基本生活、解决急难问题构建起完整严密的安全网。《办法》从最低生活保障、特困人员供养、受灾人员救助、医疗救助、教育救助、住房救助、就业救助、临时救助、社会力量参与等方面规范了各项社会救助的内容。

(四) 农村社会优抚

农村社会优抚是指国家和社会对农村中军人及其家属所提供的各种优待、抚恤、养老、就业安置等待遇和服务的保障制度。

农村抚恤对象包括农村中服现役或者退出现役的残疾军人以及烈士遗属、因公牺牲军人遗属、病故军人遗属等;农村优待对象包括农村中现役军人军属和在乡老红军、老复员退伍军人等;农村安置对象包括农村中退伍义务兵、退伍志愿兵、复员干部、转业干部、离退休干部等。

农村社会优抚和安置主要包括三个方面的内容：第一，抚恤制度。这一制度是指国家对农村中因公伤残军人、因公牺牲以及病故军人家属所采取的伤残抚恤和死亡抚恤。农村伤残抚恤指对农村按规定确定为革命伤残人员的，给予一定的物质帮助。死亡抚恤指对农村中现役军人死亡后被确认为因公牺牲或者病故烈士的遗属发放一次性抚恤金或定期抚恤金。第二，优待制度。这一制度是指国家和社会按照立法规定和社会习俗对优待对象提供资金和服务的优待性保障制度。第三，退役安置。这是指国家和社会为农村中退出现役的军人提供资金和服务，以帮助其重新就业的一项优抚保障制度。

（五）新型农村社会养老保险

新型农村社会养老保险（简称新农保）是以保障农村居民年老时的基本生活为目的，建立个人缴费、集体补助、政府补贴相结合的筹资模式，养老待遇由社会统筹与个人账户相结合，与家庭养老、土地保障、社会救助等其他社会保障政策措施相配套，由政府组织实施的一项社会养老保险制度，是国家社会保险体系的重要组成部分。新农保试点的基本原则是"保基本、广覆盖、有弹性、可持续"。

新农保基金由个人缴费、集体补助、政府补贴构成。

1. 个人缴费

参加新农保的农村居民应当按规定缴纳养老保险费。缴费标准设为5个档次，地方可以根据实际情况增设缴费档次。参保人自主选择档次缴费，多缴多得。国家依据农村居民人均纯收入增长等情况适时调整缴费档次。

2. 集体补助

有条件的村集体应当对参保人缴费给予补助，补助标准由村民委员会召开村民会议民主确定。鼓励其他经济组织、社会公益组织、个人为参保人缴费提供资助。

3. 政府补贴

政府对符合领取条件的参保人全额支付新农保基础养老金，其中中央财政对中西部地区按中央确定的基础养老金标准给予全额补助，对东部地区给予50%的补助。

地方政府应当对参保人缴费给予补贴。对选择较高档次标准缴费的,可给予适当鼓励,具体标准和办法由省(区、市)人民政府确定。对农村重度残疾人等缴费困难群体,地方政府为其代缴部分或全部最低标准的养老保险费。

新型农村社会养老保险是一项惠及民生的重大举措,使"老有所养"的目标得以进一步实现。"新农保"的意义主要有以下几点:

1. 有利于农民生活水平的提高

"新农保"按照基础养老金和个人账户养老金相结合的原则,实施以个人缴费、集体补助和政府补贴的缴费方法,由中央或地方政府对基础养老金给予全额补贴,在农民60岁的时候可以每月领取至少55元的基础养老金,并按照渐进原则,逐步提高其待遇水平。尽管现阶段的保障水平较低,但相比之前的"老农保"已有很大进步,成功向社会养老迈进,在一定程度上减轻了子女的经济负担,使农民养老无后顾之忧,增加其消费能力,提高了农民的生活质量,为其老年生活提供了保障。

2. 有利于破解城乡二元的经济和社会结构

长期以来,我国实施以农业促工业,以农村支持城市的发展策略,加之城市居民有包括养老、医疗等较为全面的社会保障体系,而农村居民在这些方面的保障却极低甚至处于空缺状态的现实更加剧了城乡发展的二元化。通过对农村居民推行普惠制的养老保险和之前的"新农合"双管齐下,有助于减轻农民的生活负担,缩小城乡之间的社会保障水平,从而有益于加快农村劳动力的正常流动,扩大农民的就业渠道,增加非农收入,减小城乡居民的收入剪刀差,加快我国的城镇化进程,进而实现城乡统一发展的社会经济目标。

3. 有利于扩大内需和促进国民经济发展

2001年以来我国GDP平均以8%的速度增长,而人均收入增长却远低于经济增长,收入低的现实难以产生与产品生产相适应的国内需求。因此,我国经济的发展不得不依赖于外部需求,为扩大竞争优势,往往通过降低工人工资、延长工作时间等手段,从而形成一种经济发展的恶性循环。面对2008年的金融危机,世界经济低迷、外部需求迅速下降的情况,扩大内需成为解决我国产品供应过剩问题的首要途径。我国大部分人口生活在农村,他们的消费需求潜力是巨大的,由于他们的社会保障水平低,对未来的不确定预期(养老、医疗、教育等)较大,极大地削弱了他们的消费能力。通过新农保这一民生政策的实施,实际上就是增加了农民的收入水平,无疑会有助于降低他们对未来养老的担忧,拉动消费,进而促进我国经济的持续发展,实现真正意义上的富民强国。

(六) 新型农村合作医疗

新型农村合作医疗,简称"新农合",是指由政府组织、引导、支持,农民自愿参加,个人、集体和政府多方筹资,以大病统筹为主的农民医疗互助共济制度。

建立新型农村合作医疗制度,是从我国基本国情出发,解决农民看病难问题的一项重大举措,对于提高农民健康水平、缓解农民因病致贫、因病返贫、统筹城乡发展、实现全面建设小康社会目标具有重要作用。

新型农村合作医疗制度从 2003 年起在全国部分县(市)试点,到 2010 年逐步实现基本覆盖全国农村居民。2002 年 10 月,《中共中央、国务院关于进一步加强农村卫生工作的决定》明确指出:要"逐步建立以大病统筹为主的新型农村合作医疗制度","到 2010 年,新型农村合作医疗制度要基本覆盖农村居民","从 2003 年起,中央财政对中西部地区除市区以外的参加新型合作医疗的农民每年按人均 10 元安排合作医疗补助资金,地方财政对参加新型合作医疗的农民补助每年不低于人均 10 元","农民为参加合作医疗、抵御疾病风险而履行缴费义务不能视为增加农民负担"。这是我国政府历史上第一次为解决农民的基本医疗卫生问题进行大规模的投入。从 2003 年开始,本着多方筹资,农民自愿参加的原则,新型农村合作医疗的试点地区正在不断地增加,通过试点地区的经验总结,为将来新型农村合作医疗在全国的全面开展创造了坚实的理论与实践基础。

材料阅读:

保障农民权益需重视法律制度顶层设计

"农民被上楼"——这大概是城镇化过程中农民利益受损最为

直接的现象。如何在城镇化的过程中保障被征地农民的权益成为广受关注的焦点之一。

中国社会科学院城市发展与环境研究所博士后陈雪原认为，城乡二元结构体制和农村集体所有制是农民市民化进程所面临的最主要的制度性约束：一方面，城乡二元结构体制的制度障碍及其背后隐含的福利因素筑就了市民化的高成本门槛，造成农民进城后利益受损；另一方面，进城农民与村集体的产权关系无法理清，在离开农村的时候无法有效处置在农村的集体资产，形成难以割断的"财产脐带"。

中国社会科学院城市发展与环境研究所副所长魏后凯表示，土地制度也是阻碍农业转移人口市民化的重要制度障碍。第一，从征地补偿标准来看，现有征地补偿标准较低，土地补偿款难以弥补市民化成本，低价征地高价出售又抬高了房地产价格，增加了农业转移人口的居住成本。第二，从农村集体土地流转来看，对农村集体土地流转的限制，使农业转移人口无法获得土地及房产的增值收益，不能为其定居城市提供财力支持。第三，现阶段中国许多地区实行的"土地换社保、宅基地换房产"改革难以得到农民的积极配合。随着土地增值潜力的不断增长，农业转移人口放弃土地获得市民身份的机会成本越来越高。

魏后凯认为，要妥善解决城郊失地农民的市民化。进一步完善征地补偿安置制度，积极拓宽就业渠道，加强再就业技能培训，优先推荐和安排失地农民就业，鼓励失地农民自主创业，完善失地农民基本生活保障制度。而陈雪原则建议探索农民"带资进城"方案。"农民进城获得城镇户口，实现市民化，不能以放弃农村土地和集体资产权益为前提，而应把农民市民化与农村产权制度改革有机连接起来，通过对承包地、宅基地、林地等的确权颁证和集体资产处置，建立完善农村产权交易体系，将农民在农村占有和支配的各种资源转变为资产，并将这些资产变现为可交易、能抵押的资本，使离开农村进入城镇的农民成为有产者，让农民带着资产进城，从而跨越市民化的成本门槛。"

农民的财产权益是农业转移人口市民化最基本的经济保障。随着城市房价的高企,农业转移人口在城市定居的经济门槛也越来越高,农民的土地权益以及国家补贴的社会保险实际上起到了人口迁移风险的"保护垫"作用。"在城镇化过程中,一方面要坚决维护农民包括土地在内的财产权益,另一方面要按市场经济的原则,使包括进城农民在内的全体农民能够分享相应的资产收益,获得自由迁移的风险保障甚至是进城落户的资本,而不是沦为城市贫民。"魏后凯说,首先是要强化制度建设,维护农民的财产权益。另外还要从法律层面上明晰农村产权,实行全面的确权颁证,明确产权性质和利益所属,让农民享有与城市居民同等的财产权益。

此外,在农村集体产权制度改革的过程中,要重视法律和制度层面的顶层设计,制定系统的、配套完善的政策体系,形成长期稳定的体制机制。同时应建立规范的农村土地流转制度,不断完善农民承包土地使用权的流转机制。

资料来源:《法制日报》,2013年9月4日,作者:赵丽

第四节 农业投入与支持保护

一、农业投入

(一)农业投入的概念

农业投入,是指用于种植业、林业(不包括森林工业)、水利、气象、畜牧业、渔业、农垦、农机,以及农村其他事业方面的资金、物质投入和劳动积累。农业投入的主要形式有:资金投入(包括物质投入)、技术投入和劳动投入,其中资金投入是最基础的投入,又影响着技术投入和劳务投入的程度。农业资金投入的充足程度,反映了农业综合发展能力,增加农业投入是发展农业生产的最直接的途径和措施。对此,《农业法》第六章作了专门规定:国家建立和完善农业支持保护体系,采取

财政投入、税收优惠、金融支持等措施,从资金投入、科研与技术推广、教育培训、农业生产资料供应、市场信息、质量标准、检验检疫、社会化服务以及灾害救助等方面扶持农民和农业生产经营组织发展农业生产,提高农民的收入水平。

(二) 农业投入的主体

农业投入主体是指对农业生产经营活动承担投入的义务,又对投入形成的设施、产品等物质享有使用、收益或处分等权利的社会经济组织和个人。我国现阶段农业投入的主体包括国家、农业生产经营组织和农业劳动者。其中,国家是农业投入的特殊主体,国家的农业资金投入对其他主体的投入具有导向作用。

1. 国家对农业的投入

对农业投入中,国家投入占主导地位。主要包括:国家财政的直接投入,指的是国家将集中掌握的一部分财政收入,通过国家预算拨款的方式,对农业进行投入,用于发展农业生产;农业利用外资,指的是政府和农业企事业单位根据国家批准的计划,通过各种不同的形式,从国外筹措发展资金;农业信贷资金的投入,国家及地方财政为了支持农业生产和农业建设,根据国民经济发展规划和财政收支的实际情况,每年从财政预算中拨给农业银行一定数量的资金,作为农业银行的信贷基金;农业专项基金,指的是国家为保证农业某一领域事业的发展,单独设立的一种专用资金形式。农业专项基金包括各种农业专门基金和农业专项资金,如农业发展基金、农业机械化发展基金、林业基金、发展粮食生产专项资金、水利专项资金等。

2. 农业生产经营组织和农业劳动者对农业的投入

农业生产经营组织投资是指各级农村组织和乡镇企业为支持农业生产和发展所投入的固定资产和流动资金。农业劳动者投资是指农民个人为维持和扩大农业生产对土地和购置各种生产资料的资金总投入。投入资金的主要来源包括:贷款、乡镇企业支农资金、自身积累、举债、股份基金等。

材料阅读：

增加农业投入是解决农业问题的必由之路

尽管随着科技的发展、生物技术的应用和农业管理能力的提高，不会出现由于粮食生产问题导致的世界性大饥荒，但是还得把农业问题、粮食问题作为一个根本的问题来抓。

中国在保障粮食安全上做得非常好。中国不仅强调95％以上的粮食供应必须由国内提供，而且有一个比较统一的政策来协调粮食的生产和供给。在过去几十年中，中国在农业科技上的投入取得了很大成果。根据中科院的估计，农业科技投入已经带来了数倍的经济回报。

联合国粮农组织帮助非洲制定了一个非洲发展新方案，强调对农业的投入要占政府全部支出的10％。这个计划在某种程度上正是得益于来自中国的经验，即不但要有一个好政策，要有一个好计划，还要保障一个强有力的投资来执行这个计划。

联合国粮农组织非常强调，政府应该加大对农业的投资。中国是一个农业大国，农业科技投入还必须持续加强。在对农业的投资方面，首先仍是基础设施的投资，特别是在边远地区的道路、灌溉渠道、农村能源和其他农业基础设施上还有很大的投资缺口。第二方面是人才，农村教育仍是个大问题。第三是农村医疗。振兴中国农业的根本出路还在于科技，对农业科技的投入也应该继续。

发达国家给农业人口的贴补平均一天是1亿美元，其中有相当一部分直接转化为农民的收入。中国不太可能拿出这么多的贴补来吸引劳动力留在农村，所以，中国需要继续改变小农经济的结构，通过生产要素机制的改革扩大农业生产规模。同时要通过大力发展增值性农业为农业增收注入一种可能性。此外，要给农民信贷，有时小额信贷就已经够用。印度的小额信贷做得比较好。最后，政府还应该帮助农民寻找市场。

第七章 农村社会发展政策 235

总之,中国农民基数这么庞大,中国农村的问题也已经积累了相当程度,不可能一天解决,也不可能通过一个模式来解决。所以在政府的宏观调控下,中国各地区应该出台适合地区实际情况的扶植政策。

资料来源:《第一财经日报》,2008年2月21日,记者:汪时锋

(三)国家农业财政投入政策

我国在总体上已经进入以工促农、以城带乡、工业反哺农业的历史阶段,农业的稳定发展是国民经济持续、稳定发展的重要因素。但是我国财政对农业投入仅占农业总产值的4%左右,而一些发达国家仅政府对农业投入一项占农业总产值的比重就达到或超过10%。因此,加大对农业、农村、农民的投入,才是解决"三农"问题的根本出路①。

国家财政农业投入总量是有限的,为使有限的资金发挥最大效益,现阶段农业财政投入的重点和方向包括:

1. 农业和农村基础设施建设

由于历史欠账太多,农村基础设施落后的状况仍然没有很大改观,具体表现为:一是农村水利基础设施薄弱;二是道路交通基础设施发展滞后;三是电力、通信设施不足。因此,农业和农村的基础设施建设将是今后国家农业财政投入的重点。

2. 支持农业结构调整

农业结构调整有三个方面:一是提高农产品的质量和效益;二是优化布局,实施优势产业带工程;三是发展农产品加工。为此,财政要加大对种子工程、畜禽良种、优质饲料、区域化优质农产品基地、产业化龙头企业等方面的投入,使更多的资金流向具有比较优势和国际竞争力的农业产业和产品。

3. 加大农村基础教育和科技的投入

美国著名的发展经济学家舒尔茨认为,改善穷人福利的决定性要

---

① 丁文恩.我国财政农业投入的理论阐释与政策优化[J].技术经济与管理研究,2011(9):93.

素不是空间、能源和耕地,而是人口质量的改善和知识的增进。因此,中央财政要加大对农业基础教育的转移支付,增加对农民再就业培训和多种技术教育的支出,全面提高农民的文化素质,增加农民的就业机会。

4. 加强农村环境和生态保护投入

一是加大农村环境监测、污染治理、植被恢复和防护林建设的投入,二是加强农业病虫害预防、控制和农村公共卫生等方面的投入。

5. 加强农业社会化服务体系建设

主要包括加快农产品营销市场网络和营销组织建设的投入,为生产者提供储、运、销全方位的服务;加强农业信息系统的开发,为农民提供生产决策和管理咨询,减少农业生产的盲目性;加大对自然灾害预报服务和农业技术推广服务等方面的投入等。

6. 建立农业保险的资金支持体系

我国是世界上自然灾害最为严重的国家之一,灾害种类多、频度高、分布广、造成损失大。从长远来看,必须建立农业保险制度和保险体系:一方面,由政府提供直接补贴,包括对农业保险经营机构的管理费用进行补贴,也包括对农户提供保费补贴;另一方面,政府可利用金融手段进行间接支持,对农业保险经营机构提供筹资和用资便利、利用再保险机制分担风险、特殊情况下的紧急救助等。加快建立大宗粮食作物风险规避、损失补偿机制和灾后农田恢复能力建设的应急补助机制[①]。

二、农业支持保护

农业支持保护是指在市场经济和国际化的条件下,政府为加强农业综合实力,确保农业基础地位,实现国民经济各部门协调发展和社会稳定,采取的一系列支持农业发展的政策措施。其目的是保护农业免受国内其他行业的冲击,同时也免受国际市场的冲击。

改革开放以来,我国农业支持保护政策不断得到加强。但与成熟

---

① 丁文恩. 我国财政农业投入的理论阐释与政策优化[J]. 技术经济与管理研究,2011(9):94.

的市场经济国家相比,我国农业支持保护水平还很低,支持保护机制还很不完善。当前,我国经济社会发展已进入工业反哺农业的阶段,必须尽快建立符合国情的农业支持保护体系,通过加强对农业的支持保护,实现农产品供求平衡、农民收入水平不断提高和农业可持续发展的目标。这些政策和措施主要包括①:

1. 健全"三农"投入稳定增长机制

完善财政支农政策,增加"三农"支出。公共财政要坚持把"三农"作为支出重点,优先保证"三农"投入稳定增长。拓宽"三农"投入资金渠道,充分发挥财政资金引导作用,通过贴息、奖励、风险补偿、税费减免等措施,带动金融和社会资金更多投入农业农村。各行各业制定发展规划、安排项目、增加投资要主动向农村倾斜。引导国有企业参与和支持农业农村发展。鼓励企业和社会组织采取投资筹资、捐款捐助、人才和技术支持等方式在农村兴办医疗卫生、教育培训、社会福利、社会服务、文化旅游体育等各类事业,按规定享受税收优惠、管护费用补助等政策。落实公益性捐赠农村公益事业项目支出所得税前扣除政策。鼓励企业以多种投资方式建设农村生产生活基础设施。

2. 完善农业补贴政策

按照稳定存量、增加总量、完善方法、逐步调整的要求,积极开展改进农业补贴办法的试点试验。继续实行种粮农民直接补贴、良种补贴、农资综合补贴等政策,新增补贴向粮食等重要农产品、新型农业经营主体、主产区倾斜。加大农机购置补贴力度,完善补贴办法,继续推进农机报废更新补贴试点。强化农业防灾减灾稳产增产关键技术补助。继续实施畜牧良种补贴政策。

3. 加快建立利益补偿机制

加大对粮食主产区的财政转移支付力度,增加对商品粮生产大省和粮油猪生产大县的奖励补助,完善粮食主产区利益补偿机制。支持粮食主产区发展粮食加工业。降低或取消产粮大县直接用于粮食生产等建设项目资金配套。完善森林、草原、湿地、水土保持等生态补偿制

---

① 参考 2013、2014 年中央 1 号文件。

度,继续执行公益林补偿、草原生态保护补助奖励政策,建立江河源头区、重要水源地、重要水生态修复治理区和蓄滞洪区生态补偿机制。支持地方开展耕地保护补偿。

4. 完善农田水利建设管护机制

深化水利工程管理体制改革,加快落实灌排工程运行维护经费财政补助政策。开展农田水利设施产权制度改革和创新运行管护机制试点,落实小型水利工程管护主体、责任和经费。通过以奖代补、先建后补等方式,探索农田水利基本建设新机制。加大各级政府水利建设投入,落实和完善土地出让收益计提农田水利资金政策,提高水资源费征收标准、加大征收力度。实施全国高标准农田建设总体规划,加大投入力度,规范建设标准,探索监管维护机制。

5. 推进农业科技创新

深化农业科技体制改革,对具备条件的项目,实施法人责任制和专员制,推行农业领域国家科技报告制度。明晰和保护财政资助科研成果产权,创新成果转化机制,发展农业科技成果托管中心和交易市场。采取多种方式,引导和支持科研机构与企业联合研发。加大农业科技创新平台基地建设和技术集成推广力度,推动发展国家农业科技园区协同创新战略联盟,支持现代农业产业技术体系建设。继续开展高产创建,加大农业先进适用技术推广应用和农民技术培训力度。发挥现代农业示范区的引领作用。将农业作为财政科技投入优先领域,引导金融信贷、风险投资等进入农业科技创新领域。推行科技特派员制度,发挥高校在农业科研和农技推广中的作用。

6. 加快发展现代种业和农业机械化

建立以企业为主体的育种创新体系,推进种业人才、资源、技术向企业流动,做大做强育繁推一体化种子企业,培育推广一批高产、优质、抗逆、适应机械化生产的突破性新品种。推行种子企业委托经营制度,强化种子全程可追溯管理。加快推进大田作物生产全程机械化,主攻机插秧、机采棉、甘蔗机收等薄弱环节,实现作物品种、栽培技术和机械装备的集成配套。积极发展农机作业、维修、租赁等社会化服务,支持发展农机合作社等服务组织。

7. 加强农产品市场体系建设

着力加强促进农产品公平交易和提高流通效率的制度建设,加快制定全国农产品市场发展规划,落实部门协调机制,加强以大型农产品批发市场为骨干、覆盖全国的市场流通网络建设,开展公益性农产品批发市场建设试点。健全大宗农产品期货交易品种体系。加快发展主产区大宗农产品现代化仓储物流设施,完善鲜活农产品冷链物流体系。支持产地小型农产品收集市场、集配中心建设。完善农村物流服务体系,推进农产品现代流通综合示范区创建,加快邮政系统服务"三农"综合平台建设。实施粮食收储、供应安全保障工程。启动农村流通设施和农产品批发市场信息化提升工程,加强农产品电子商务平台建设。加快清除农产品市场壁垒。

 材料阅读:

韩国调整农业政策,支持保护农业发展

韩国农业资源稀缺,是世界上人均耕地最少的国家之一。随着韩国经济的飞速发展,农业也遇到了总体经济份额下降、农业人口减少和老龄化严重等问题。韩国政府为此加大在政策、资金、劳动力等方面的扶持力度,推动农业向现代化和亲环境方向发展。

多渠道保证农业资金

早在新村运动时期,韩国政府就积极兴修灌溉设施和排水沟等生产性基础设施,以预防农业自然灾害;同时进行农村道路拓宽,推进耕作道路机械化,提高农产品运输的效率。

近年来,韩国发起"一社一村"运动,就是一家公司、企业自愿与一处农村建立交流关系,对其进行"一帮一"的帮扶支持。三星、现代、韩国电力、韩国通讯等大型企业,都带头支持农村建设。这也是工业发展之后反哺落后的传统农业的一项举措。另外,政府还规定了一系列优惠政策,如废除农用耕地购买面积上限,设立农庄法人以大规模耕作土地,扶持农村第三产业,大力发展观光度假旅游等。

在韩国,资金来源的多样化和为农户打开吸纳资金的窗口措施为农业发展提供了坚实的物质基础。韩国农林畜产食品部的地方自治团体、农业政策资金管理团、融资机构、农协银行等基金管理机构,以及农协、农渔村公社、农信保等多样化的组织机构为农业政策资金提供资金支持。

除了直接的资金支持以外,农协中央会地区组织、山林组织、基金管理的流通公社、农村公社也提供直接贷款业务,而且贷款窗口都秉承开放方针。同时,商业银行也逐步涉及农业贷款业务。这些组织部门的资金支持行为可以说是民间资金的"二次保障"。在支农资金来源比重上,政府和民间基本各占一半。

提高劳动力素质

为通过提高劳动力素质促进现代化农业发展,韩国政府鼓励农民走出国门,到发达国家学习先进的农业技术,如资助农民到欧洲学习兰花种植技术,到以色列学习无公害黄瓜种植技术。此外,农村振兴厅还定期派出技术指导员,将最实用的农业技术和经营方法传授给农民,并构建了集农民、技术指导员和农业经营专家为一体的帮扶体系。

保证农业生产中的青壮年资源也是一项重要任务。韩国政府为此实施了"产业技能人员"制度,即青年在农村连续务农三年以上即可免服兵役,鼓励青年劳动力流向农村。另外在韩国读农业大学不仅能基本免除学费,而且比较容易获得高额奖学金。

鼓励发展环境友好型农业

为保护环境,生产安全的农产品,提高国际竞争力,韩国将环境友好型农业定为未来发展的方向。韩国政府在1997年12月就颁布了《环境友好型农业推进法案》,并于2001年1月修改为《环境友好型中长期计划》,明确了环境友好型农业概念、发展方向以及政府、农民和民间团体应履行的责任。韩国政府近年来首先采取措施降低化肥、农药的使用量,对家畜粪便进行管理等方式来发展环境友好型农业。其次是引进有力的直接支付制度,目的是使从事环境友好型农业的农户受到激励。韩国近年来重视对环境友好型农业的直接支付力度,目前直补占韩国政府农业投融资额的比率已超过20%,约占农民收入的10%。

韩国重视农业科技投入,近年来,韩国的农业科研部门广泛收集、存储和管理新品种、海外种子资源及农作物的优质品种,并对优质农作物成分进行分析检测,以开发出既适合本地生产、又符合消费者口味的高品质农作物。另外,韩国农业科研部门还加强了农业环保技术的研究、开发,普及各种农作物栽培作业的环保农业技术标准;开发各类环保型农药、肥料,保持了农村环境的洁净。而这些经费主要来源于国家预算的农业科研成果,不论是新的品种还是新的栽培技术,都要上缴给农林部,然后由农林部按成本价转让给农民使用,使科研成果迅速转化为生产力,又使农民得到真正的实惠。

资料来源:《经济日报》,2013年12月3日第9版,记者:杨明

第五节 新农村建设与城镇化建设

一、新农村建设

(一)概述

社会主义新农村建设是指在社会主义制度下,按照新时代的要求,对农村进行经济、政治、文化和社会等方面的建设,最终实现把农村建设成为经济繁荣、设施完善、环境优美、文明和谐的社会主义新农村的目标。

新农村建设是在我国总体上进入以工促农、以城带乡的发展新阶段后面临的崭新课题,是时代发展和构建和谐社会的必然要求。当前我国全面建成小康社会的重点难点在农村,农业丰则基础强,农民富则国家盛,农村稳则社会安;没有农村的小康,就没有全社会的小康;没有农业的现代化,就没有国家的现代化。世界上许多国家在工业化有了一定发展基础之后都采取了工业支持农业、城市支持农村的发展战略。

我国已经进入工业反哺农业的阶段,新农村建设重大战略性举措的实施正当其时。

(二) 新农村建设的内容

1. 经济建设

是指在全面发展农村生产的基础上,建立农民增收长效机制,千方百计增加农民收入,实现农民的富裕和农村的发展,努力缩小城乡差距。

2. 政治建设

是指在加强农民民主素质教育的基础上,切实加强农村基层民主制度建设和农村法制建设,引导农民依法行使民主权利。

3. 社会建设

是指在加大公共财政对农村公共事业投入的基础上,加快农村公共基础设施的规划和建设,逐步实行城乡平等的社会政策,进一步发展农村的义务教育和职业教育,加强农村医疗卫生体系建设,建立和完善农村社会保障制度。

4. 文化建设

是指在加强农村公共文化建设的基础上,开展多种形式的、体现农村地方特色的群众文化活动,丰富农民的精神文化生活。

5. 法制建设

是指大力做好法制宣传工作,按照建设社会主义新农村的理念完善我国的法律制度;进一步增强农民的法律意识,提高农民依法维护自己的合法权益,依法行使自己的合法权利的觉悟和能力。建设社会主义新农村必须依法进行,因此把保障农民利益和维护农民权利的相关制度用法的形式确定下来,是依法推进社会主义新农村建设的必然要求。

(三) 新农村建设的要求

新农村建设的基本要求是:生产发展、生活宽裕、乡风文明、村容整洁、管理民主。

1. 生产发展,是新农村建设的中心环节,是实现其他目标的物质基础

建设社会主义新农村好比修建一幢大厦,经济就是这幢大厦的基

础。如果基础不牢固,大厦就无从建起。如果经济不发展,再美好的蓝图也无法变成现实。

2. 生活宽裕,是新农村建设的目的,也是衡量我们工作的基本尺度

只有农民收入上去了,衣食住行改善了,生活水平提高了,新农村建设才能取得实实在在的成果。

3. 乡风文明,是农民素质的反映,体现农村精神文明建设的要求

只有农民群众的思想、文化、道德水平不断提高,崇尚文明、崇尚科学,形成家庭和睦、民风淳朴、互助合作、稳定和谐的良好社会氛围,教育、文化、卫生、体育事业蓬勃发展,新农村建设才是全面的、完整的。

4. 村容整洁,是展现农村新貌的窗口,是实现人与环境和谐发展的必然要求

社会主义新农村呈现在人们眼前的,应该是脏乱差状况从根本上得到治理、人居环境明显改善、农民安居乐业的景象。这是新农村建设最直观的体现。

5. 管理民主,是新农村建设的政治保证,显示了对农民群众政治权利的尊重和维护

只有进一步扩大农村基层民主,完善村民自治制度,真正让农民群众当家做主,才能调动农民群众的积极性,真正建设好社会主义新农村。

(四)新农村建设政策的意义

1. 建设社会主义新农村,是贯彻落实科学发展观的重大举措

科学发展观的一个重要内容,就是经济社会的全面协调可持续发展,城乡协调发展是其重要的组成部分。全面落实科学发展观,必须保证占人口大多数的农民参与发展进程、共享发展成果。如果我们忽视农民群众的愿望和切身利益,农村经济社会发展长期滞后,我们的发展就不可能是全面协调可持续的,科学发展观就无法落实。

2. 建设社会主义新农村,是确保我国现代化建设顺利推进的必然要求

国际经验表明,工农城乡之间的协调发展,是现代化建设成功的重

要前提。有些国家较好地处理了工农城乡关系,经济社会得到了迅速发展,较快地迈进了现代化国家行列。也有一些国家没有处理好工农城乡关系,导致农村长期落后,致使整个国家经济停滞甚至倒退,现代化进程严重受阻。我们要深刻汲取国外的经验教训,把农村发展纳入整个现代化进程,使社会主义新农村建设与工业化、城镇化同步推进,让亿万农民共享现代化成果,走具有中国特色的工业与农业协调发展、城市与农村共同繁荣的现代化道路。

3. 建设社会主义新农村,是全面建成小康社会的重点任务

我们正在建设的小康社会,是惠及十几亿人口的更高水平的小康社会,其重点在农村,难点也在农村。改革开放以来,我国城市面貌发生了巨大变化,但还有不少地区农村面貌变化相对较小,一些地方的农村还不通公路、群众看不起病、喝不上干净水、农民子女上不起学。这种状况如果不能有效扭转,全面建成小康社会就很难实现。因此,我们要通过建设社会主义新农村,加快农村小康社会的进程。

4. 建设社会主义新农村,是保持国民经济平稳较快发展的持久动力

扩大国内需求,是我国发展经济的长期战略方针和基本立足点。农村集中了我国数量最多、潜力最大的消费群体,是我国经济增长最可靠、最持久的动力源泉。通过推进社会主义新农村建设,可以加快农村经济发展,增加农民收入,使亿万农民的潜在购买意愿转化为巨大的现实消费需求,拉动整个经济的持续增长。特别是通过加强农村道路、住房、能源、水利、通信等建设,既可以改善农民的生产生活条件和消费环境,又可以消化当前部分行业的过剩生产能力,促进相关产业的发展。

5. 建设社会主义新农村,是构建社会主义和谐社会的重要基础

社会和谐离不开广阔农村的和谐。当前,我国农村社会关系总体是健康、稳定的,但也存在一些不容忽视的矛盾和问题。建设社会主义新农村,加快农村经济社会发展,有利于更好地维护农民群众的合法权益,缓解农村的社会矛盾,减少农村的不稳定因素,为构建社会主义和谐社会打下坚实基础。

**材料阅读：**

"人的新农村"究竟应新在哪里？

与"物的新农村"相比，"人的新农村"①是一个更宏大的命题，需要政府部门创造条件，让农村的生产、生活方式和条件向更符合小康社会标准的方向发展，全面提升农村幸福指数。

建设"人的新农村"，农民的生产方式要更新。千百年来，中国农民"面朝黄土背朝天"的生产方式，至今仍在部分地区和一些农业生产领域延续，农业生产的组织化、机械化程度还比较低。要实现"人的新农村"，就应当让农民按照现代化的方式来组织农业生产，通过土地流转、培育新型农业经营主体、发展特色农业等方式，推动农业生产机械化、集约化，提高劳动效率和劳动产出效益。

"人的新农村"关键要新在生活品质。经过多年的建设发展，农村在吃穿住行等物质层面与城市差距不断缩小，但生活品质的全面提升仍有差距。一些新农村社区建设不输城市社区，但居民却只能在家里生火盆取暖；农村垃圾、污水集中处理设施严重欠缺，整体卫生面貌较差。在新农村建设中，如果居住条件"进城"了而公共服务没有跟上，导致农民生活方式停留在农村，那就"新"得不完整、不彻底。

农村"空巢老人""留守儿童"等问题突出，最主要的原因就是农村经济落后，无法为当地闲置劳动力提供足够的就业机会，大量农村青壮年只能外出务工。解决这些问题，需要地方政府结合农村特点，在引入合适项目的同时，推动农民自主创业，尽可能实现就近就业。

社会保障体系和公共资源对农民的服务也要"破旧迎新"。现阶段我国农村医疗、养老、低保等社会保障水平与城市差距明显，

---

① "物的新农村"，是指道路、饮水、电力设施和住房条件等人居环境的改善。"人的新农村"，是指建立健全农村基本公共服务、关爱农村"三留守"群体、留住乡土文化和建设农村的生态文明。"人的新农村"是在2014年12月23日落幕的中央农村工作会议上首次提出来的。

以养老金为例，数省份农村老年人口每月发放的生活补贴不超过60元，远低于城市低保和退休职工养老标准。

同时，卫生、教育、文化等领域公共资源在农村普遍稀缺，早已成为社会关注焦点。建设"人的新农村"，需要大力推进基本公共服务和社会保障体系的城乡一体化，让城乡居民都能平等享受国家改革和发展的红利。

"人的新农村"要新在农村社会管理方式上。村民自治政策在保障农村民主的同时，也为农村社会管理水平的提升制造了障碍。农民整体文化程度较低、年龄结构偏大，导致农村社会管理和服务水平进步缓慢，甚至出现"小官巨贪"和"村霸"。

近年我国选聘大批高校毕业生到村任职，取得了一些成效，但"输血"毕竟只是一时之举。要留住人才，需要政策的倾斜，需要解决农村干部收入低、工作环境差等不少问题。各级政府都应当创造条件为农村"造血"，让有文化、有能力的年轻人成为农村的接班人。

农民的精神面貌是"人的新农村"的重中之重。富裕起来的农村人，开阔了视野，更高层次的精神文化需求也随之而来。但农村精神文化生活相对缺乏，一些农村春节聚赌成风，就是最直接的体现。推动农民精神面貌的转变，需要加强农村文化建设的人力和物资投入，普及农村文化科学技术教育，丰富农村精神文化生活。

归根结底，"人的新农村"才是新农村建设的目标。只有确保"人的新农村"与"物的新农村"同步推进，才能建成生产发展、生活宽裕、乡风文明、村容整洁、管理民主的社会主义新农村，从而确保全面小康社会的顺利建成。

资料来源：《新华每日电讯》，2014年12月26日第3版，作者：陈灏

二、城镇化建设

（一）概述

城镇化是指工业化过程中社会生产力的发展引起的地域空间上城

镇数量的增加和城镇规模的扩大,农村人口向城镇的转移流动和集聚,城镇经济在国民经济中占据主导地位,以及城市的经济关系和生活方式广泛地渗透到农村的一个持续发展的过程。城镇化的过程是各国在实现工业化、现代化过程中所经历社会变迁的一种反映,也是一个国家经济发达程度,特别是工业化水平高低的一个重要标志。

经济学家斯蒂格利茨曾预言:中国的城镇化与美国的高科技发展将是深刻影响21世纪人类发展的两大课题。城镇化不仅是城市数量和城市人口等规模的扩张过程,更是生产方式、生活方式和居民精神文化发生变迁的自然历史过程。农村人口转变为城市人口,农业人口转变为非农业人口,城市人口绝对量和比重提高等只是城镇化的表现形式,不是城镇化的本质内容。城镇化的本质是产业聚集和人口聚集,通过聚集产生较高的经济、社会、文化要素的配置效率,从而不断推动经济规模的扩张,带动经济结构的优化,创新发展方式,传播城市文明,使城镇成为经济发展和社会进步的综合体现。

中国现代化最重要、最艰巨的任务是解决"三农"问题,实现农业的现代化和多数农民的城镇化;最大的风险是工业化、城镇化快速发展,而农业和农村发展严重滞后,城乡发展严重失衡①。大规模的、快速的工业化和城镇化,给农业发展带来了前所未有的机遇和挑战。从1978年到2011年,城镇人口从1.72亿人增加到6.9亿人,城镇化率从17.92%提升到51.27%,虽然从表面上看,中国城镇化建设已经达到世界平均水平,但背后潜藏的诸多矛盾、问题也日益凸显。中国已经步入城镇化的加速阶段和工业化后期,国家迈进了经济增长结构转换的关键时期,经济增长的驱动力将由投资变为创新和效率,以往的投资加出口的粗放型道路受阻,城镇化面临着城乡二元结构突出、城市发展模式粗放、资源利用效率不高、城市建设缺乏特色、城市管理不善等一系列问题。

党的十八大提出,推动城乡发展一体化,形成以工促农、以城带乡、工农互惠、城乡一体的新型工农城乡关系。十八届三中全会也明确提

---

① 农业部部长:城镇化不是"去农村化"[N].新华网,2013-12-22.

出,要促进城镇化和新农村建设协调推进。因此,城乡规划要统筹考虑,要健全城乡一体化体制机制,让广大农民平等参与现代化进程、共同分享现代化成果。城镇化要带动新农村建设,而不能取代新农村建设,搞所谓"去农村化"。城乡一体化不是城乡同样化,新农村应该是升级版的农村,而不应该是缩小版的城市。城镇和农村要和谐一体,各具特色,相互辉映,不能有巨大反差,也不能没有区别,否则就会城镇不像城镇,农村不像农村。一些地方在推进城镇化过程中的某些"去农村化"的做法,是不符合中国国情的,也是不符合城乡统筹发展原则和大国现代化规律的。[①]

(二) 城镇化建设的意义

《国家新型城镇化规划(2014—2020 年)》(以下简称《规划》)明确了未来城镇化的发展路径、主要目标和战略任务,统筹相关领域制度和政策创新,是今后一个时期指导全国城镇化健康发展的宏观性、战略性、基础性规划。《规划》全面地解答了"人往哪里去""钱从哪里来""城市怎么建""土地怎么用"等新型城镇化建设的一系列重大问题。制定实施《规划》,努力走出一条以人为本、四化同步、优化布局、生态文明、文化传承的中国特色新型城镇化道路,对全面建成小康社会、加快推进社会主义现代化具有重大现实意义和深远历史意义。

1. 城镇化是现代化的必由之路

工业革命以来的经济社会发展史表明,一国要成功实现现代化,在工业化发展的同时,必须注重城镇化发展。当今中国,城镇化与工业化、信息化和农业现代化同步发展,是现代化建设的核心内容,彼此相辅相成。工业化处于主导地位,是发展的动力;农业现代化是重要基础,是发展的根基;信息化具有后发优势,为发展注入新的活力;城镇化是载体和平台,承载工业化和信息化发展空间,带动农业现代化加快发展,发挥着不可替代的融合作用。

2. 城镇化是保持经济持续健康发展的强大引擎

内需是我国经济发展的根本动力,扩大内需的最大潜力在于城镇

---

① 农业部部长:城镇化不是"去农村化"[N].新华网,2013-12-22.

化。目前我国常住人口城镇化率为53.7%,户籍人口城镇化率只有36%左右,不仅远低于发达国家80%的平均水平,也低于人均收入与我国相近的发展中国家60%的平均水平,还有较大的发展空间。城镇化水平持续提高,会使更多农民通过转移就业提高收入,通过转为市民享受更好的公共服务,从而使城镇消费群体不断扩大、消费结构不断升级、消费潜力不断释放,也会带来城市基础设施、公共服务设施和住宅建设等巨大投资需求,这将为经济发展提供持续的动力。

3. 城镇化是加快产业结构转型升级的重要抓手

产业结构转型升级是转变经济发展方式的战略任务,加快发展服务业是产业结构优化升级的主攻方向。目前我国服务业增加值占国内生产总值比重仅为46.1%,与发达国家74%的平均水平相距甚远,与中等收入国家53%的平均水平也有较大差距。城镇化与服务业发展密切相关,服务业是就业的最大容纳器。城镇化过程中的人口集聚、生活方式的变革、生活水平的提高,都会扩大生活性服务需求;生产要素的优化配置、三次产业的联动、社会分工的细化,也会扩大生产性服务需求。城镇化带来的创新要素集聚和知识传播扩散,有利于增强创新活力,驱动传统产业升级和新兴产业发展。

4. 城镇化是解决农业农村农民问题的重要途径

我国农村人口过多、农业水土资源紧缺,在城乡二元体制下,土地规模经营难以推行,传统生产方式难以改变,这是"三农"问题的根源。我国人均耕地仅1 000平方米,农户户均土地经营规模约6 000平方米,远远达不到农业规模化经营的门槛。城镇化总体上有利于集约节约利用土地,为发展现代农业腾出宝贵空间。随着农村人口逐步向城镇转移,农民人均资源占有量相应增加,可以促进农业生产规模化和机械化,提高农业现代化水平和农民生活水平。城镇经济实力提升,会进一步增强以工促农、以城带乡能力,加快农村经济社会发展。

5. 城镇化是推动区域协调发展的有力支撑

改革开放以来,我国东部沿海地区率先开放发展,形成了京津冀、长江三角洲、珠江三角洲等一批城市群,有力推动了东部地区快速发展,成为国民经济重要的增长极。但与此同时,中西部地区发展相对滞后,一个重要原因就是城镇化发展很不平衡,中西部城市发育明显不足。目前东部地区常住人口城镇化率达到62.2%,而中部、西部地区分别只有48.5%、44.8%。随着西部大开发和中部崛起战略的深入推进,东部沿海地区产业转移加快,在中西部资源环境承载能力较强地区,加快城镇化进程,培育形成新的增长极,有利于促进经济增长和市场空间由东向西、由南向北梯次拓展,推动人口经济布局更加合理、区域发展更加协调。

6. 城镇化是促进社会全面进步的必然要求

城镇化作为人类文明进步的产物,既能提高生产活动效率,又能富裕农民、造福人民,全面提升生活质量。随着城镇经济的繁荣,城镇功能的完善,公共服务水平和生态环境质量的提升,人们的物质生活会更加殷实充裕,精神生活会更加丰富多彩;随着城乡二元体制逐步破除,城市内部二元结构矛盾逐步化解,全体人民将共享现代文明成果。这既有利于维护社会公平正义、消除社会风险隐患,也有利于促进人的全面发展和社会和谐进步。

 材料阅读:

美国推进城镇化进程的做法

美国是当今世界城镇化水平最高的国家之一,美国政府通过基础设施建设、产业政策、社会福利机制和统筹城乡发展等措施引导和推进城镇化进程,使城镇化水平由1970年的5%提高到现在的80%。美国促进城镇发展的各项政策措施值得我们学习借鉴。

加强基础设施建设,推动城镇化在区域间平衡发展

主要措施有:修建铁路网,带动西部城镇建设;建设高速公路,引导郊区发展;完善基础设施,推进农村地区城镇化进程。

健全社会保障,着力解决住房和就业难题

主要措施有:创新住房政策,缓解城区住房紧缺;多管齐下,创造就业岗位;鼓励民间参与,加强社区建设。

推动技术革命,实现城镇化与工业化、产业化协调发展

主要措施有:顺应工业革命浪潮,推动西部产业化发展;借力新技术革命,提供城镇化新动力;升级产业结构,振兴老工业区。

协调城乡发展,保障城镇化持续健康推进

城镇化早期,积极扩大城市规模。城镇化早期,城市数量少且规模较小,政府投资修建运河、建造蒸汽船和治理河道等工程,扩大城市及周边地区商业市场空间。在城市内部,着力改革市政机构,提高城市管理水平;铺设电车及地铁线路,推动城市边缘向外扩张;倡导社区改良运动,深入社区改善贫民窟居民生活和文化水平,增强城市吸引力。

城镇化中后期,引导人口和产业外迁郊区。20世纪以来,城镇化的快速发展导致城市中心区拥挤不堪,社会问题凸显,为此,美国政府积极开发城市周边地区,引导城镇化从中心区向郊区转移。二战后,实施向郊区和西部倾斜的税收政策,美国东部大城市的人均税收高于中小城市及郊区20%至40%,制造业厂商和纳税人纷纷从中心区迁往郊区和小城镇。

城镇化成熟期,积极改造城市中心区,推动城乡一体化。针对郊区化带来城市中心区的日益贫困和衰落,美国政府开始对大城市中心区进行再开发。20世纪90年代,克林顿政府强调城市和郊区兴衰与共,遏制郊区化无节制蔓延,平衡城郊发展。目前,依托大城市的辐射作用,美国中小城镇发展迅速,吸纳了全国75%的人口。中小城镇聚集在大城市周围,最终形成了今天城乡一体的美国大都市圈。

资料来源:节选自《当代世界》,2010年第6期第60页,作者:李潇潇

(三)城镇化的指导思想和基本原则

城镇化的指导思想是:高举中国特色社会主义伟大旗帜,以邓小平理论、"三个代表"重要思想、科学发展观为指导,紧紧围绕全面提高城镇化质量,加快转变城镇化发展方式,以人的城镇化为核心,有序推进农业转移人口市民化;以城市群为主体形态,推动大中小城市和小城

镇协调发展;以综合承载能力为支撑,提升城市可持续发展水平;以体制机制创新为保障,通过改革释放城镇化发展潜力,走以人为本、四化同步、优化布局、生态文明、文化传承的中国特色新型城镇化道路,促进经济转型升级和社会和谐进步,为全面建成小康社会、加快推进社会主义现代化、实现中华民族伟大复兴的中国梦奠定坚实基础。

城镇化的基本原则有:

1. 以人为本,公平共享

以人的城镇化为核心,合理引导人口流动,有序推进农业转移人口市民化,稳步推进城镇基本公共服务常住人口全覆盖,不断提高人口素质,促进人的全面发展和社会公平正义,使全体居民共享现代化建设成果。

2. 四化同步,统筹城乡

推动信息化和工业化深度融合、工业化和城镇化良性互动、城镇化和农业现代化相互协调,促进城镇发展与产业支撑、就业转移和人口集聚相统一,促进城乡要素平等交换和公共资源均衡配置,形成以工促农、以城带乡、工农互惠、城乡一体的新型工农、城乡关系。

3. 优化布局,集约高效

根据资源环境承载能力构建科学合理的城镇化宏观布局,以综合交通网络和信息网络为依托,科学规划建设城市群,严格控制城镇建设用地规模,严格划定永久基本农田,合理控制城镇开发边界,优化城市内部空间结构,促进城市紧凑发展,提高国土空间利用效率。

4. 生态文明,绿色低碳

把生态文明理念全面融入城镇化进程,着力推进绿色发展、循环发展、低碳发展,节约集约利用土地、水、能源等资源,强化环境保护和生态修复,减少对自然的干扰和损害,推动形成绿色低碳的生产生活方式和城市建设运营模式。

5. 文化传承,彰显特色

根据不同地区的自然历史文化禀赋,体现区域差异性,提倡形态多样性,防止千城一面,发展有历史记忆、文化脉络、地域风貌、民族特点的美丽城镇,形成符合实际、各具特色的城镇化发展模式。

第七章 农村社会发展政策

6. 市场主导,政府引导

正确处理政府和市场关系,更加尊重市场规律,坚持使市场在资源配置中起决定性作用,更好发挥政府作用,切实履行政府制定规划政策、提供公共服务和营造制度环境的重要职责,使城镇化成为市场主导、自然发展的过程,成为政府引导、科学发展的过程。

7. 统筹规划,分类指导

中央政府统筹总体规划、战略布局和制度安排,加强分类指导;地方政府因地制宜、循序渐进抓好贯彻落实;尊重基层首创精神,鼓励探索创新和试点先行,凝聚各方共识,实现重点突破,总结推广经验,积极稳妥扎实有序推进新型城镇化。

(四) 城镇化建设的发展目标

1. 城镇化水平和质量稳步提升

城镇化健康有序发展,常住人口城镇化率达到60%左右,户籍人口城镇化率达到45%左右,户籍人口城镇化率与常住人口城镇化率差距缩小2个百分点左右,努力实现1亿左右农业转移人口和其他常住人口在城镇落户。

2. 城镇化格局更加优化

"两横三纵"为主体的城镇化战略格局基本形成,城市群集聚经济、人口能力明显增强,东部地区城市群一体化水平和国际竞争力明显提高,中西部地区城市群成为推动区域协调发展的新的重要增长极。城市规模结构更加完善,中心城市辐射带动作用更加突出,中小城市数量增加,小城镇服务功能增强。

3. 城市发展模式科学合理

密度较高、功能混用和公交导向的集约紧凑型开发模式成为主导,人均城市建设用地严格控制在100平方米以内,建成区人口密度逐步提高。绿色生产、绿色消费成为城市经济生活的主流,节能节水产品、再生利用产品和绿色建筑比例大幅提高。城市地下管网覆盖率明显提高。

4. 城市生活和谐宜人

稳步推进义务教育、就业服务、基本养老、基本医疗卫生、保障性住房等城镇基本公共服务覆盖全部常住人口,基础设施和公共服务设施更加完善,消费环境更加便利,生态环境明显改善,空气质量逐步好转,饮用水安全得到保障。自然景观和文化特色得到有效保护,城市发展个性化,城市管理人性化、智能化。

5. 城镇化体制机制不断完善

户籍管理、土地管理、社会保障、财税金融、行政管理、生态环境等制度改革取得重大进展,阻碍城镇化健康发展的体制机制障碍基本消除。

（五）城镇化建设的战略任务

城镇化的战略任务主要有四个方面:

1. 有序推进农业转移人口市民化,逐步解决长期进城的农民落户问题

《规划》阐明推进农业转移人口市民化,要按照尊重意愿、自主选择、因地制宜、分步推进,存量优先、带动增量的原则,以农业转移人口为重点,兼顾高校和职业技术院校毕业生、城镇间异地就业人员和城区城郊农业人口,促进有能力在城镇稳定就业和生活的常住人口有序实现市民化。《规划》提出,到2020年要让1亿左右有能力、有意愿的农民工及其家属在城镇落户。解决1亿人落户,只占届时农民工总量的1/3左右,主要是已经在城镇长期务工经商和举家迁徙人员;落户的重点主要在县城、地级市和部分省会城市;特大城市的人口还要严格控制。

2. 优化城镇化布局和形态,以城市群为主体形态,促进大中小城市协调发展

《规划》阐明,优化提升东部地区城市群,培育发展中西部地区城市群,构建"两横三纵"城镇化发展战略格局。在发挥中心城市辐射带动作用基础上,强化中小城市和小城镇的产业功能、服务功能和居住功能,把有条件的县城、重点镇和重要边境口岸逐步发展成为中小城市。《规划》对中西部地区的新型城镇化有重点要求,总的方向是通过大中小城市和小城镇协调发展,努力再接纳1亿左右的人口。国家已确定在中西部地区建设一批重点开发区,要有序推进这些区域的城镇化建

设,注重在民族地区、沿边地区培育一些区域性中心城市。

3. 提高城市可持续发展能力,增强公共服务和资源环境对人口的承载能力

《规划》阐明,加快转变城市发展方式,有效预防和治理"城市病"。加快产业转型升级,强化城市产业支撑,营造良好创业环境,增强城市经济活力和竞争力。优化城市空间结构和管理格局,完善基础设施和公共服务设施,增强对人口集聚和服务的支持能力。提高城市规划科学性,健全规划管理体制机制,提高城市规划管理水平和建筑质量。推进创新城市、绿色城市、智慧城市和人文城市建设,全面提升城市内在品质。完善城市治理结构,创新城市管理方式,提升城市社会治理水平。

4. 推动城乡发展一体化,让广大农民平等分享现代化成果

《规划》阐明,坚持工业反哺农业、城市支持农村和多予少取放活方针,着力在城乡规划、基础设施、公共服务等方面推进一体化。完善城乡发展一体化体制机制,加快消除城乡二元结构的体制机制障碍。《规划》对牢牢守住18亿亩耕地红线,确保国家粮食安全作出安排。《规划》要求,要改变土地城镇化快于人口城镇化,耕地占补平衡存在的问题,以确保国家粮食安全。

材料阅读:

《国家新型城镇化发展规划(2014—2020年)》的十个关键词

关键词一:以人为核心

《规划》指出,以人为本,公平共享。以人的城镇化为核心,合理引导人口流动,有序推进农业转移人口市民化,稳步推进城镇基本公共服务常住人口全覆盖,不断提高人口素质,促进人的全面发展和社会公平正义,使全体居民共享现代化建设成果。

关键词二:1亿人进城

《规划》指出,城镇化水平和质量稳步提升。城镇化健康有序发展,常住人口城镇化率达到60%左右,户籍人口城镇化率达到

45%左右,户籍人口城镇化率与常住人口城镇化率差距缩小2个百分点左右,努力实现1亿左右农业转移人口和其他常住人口在城镇落户。

关键词三:积分落户

《规划》提出,逐步使符合条件的农业转移人口落户城镇,不仅要放开小城镇落户限制,也要放宽大中城市落户条件。以合法稳定就业和合法稳定住所(含租赁)等为前置条件,全面放开建制镇和小城市落户限制,有序放开城区人口50万—100万的城市落户限制,合理放开城区人口100万—300万的大城市落户限制,合理确定城区人口300万—500万的大城市落户条件,严格控制城区人口500万以上的特大城市人口规模。

关键词四:农民工参政

《规划》提出,完善农业转移人口社会参与机制,推进农民工融入企业、子女融入学校、家庭融入社区、群体融入社会,建设包容性城市。提高各级党代会代表、人大代表、政协委员中农民工的比例,积极引导农民工参加党组织、工会和社团组织,引导农业转移人口有序参政议政和参加社会管理。

关键词五:主攻中小城市

《规划》提出,把加快发展中小城市作为优化城镇规模结构的主攻方向。鼓励引导产业项目在资源环境承载力强、发展潜力大的中小城市和县城布局,依托优势资源发展特色产业。加强市政基础设施和公共服务设施建设,教育医疗等公共资源配置要向中小城市和县城倾斜,引导高等学校和职业院校在中小城市布局、优质教育和医疗机构在中小城市设立分支机构,增强集聚要素的吸引力。

关键词六:住房信息联网

《规划》还提出健全房地产市场调控长效机制。调整完善住房、土地、财税、金融等方面政策,共同构建房地产市场调控长效机制。

关键词七:扩大社保覆盖面

《规划》强调,扩大参保缴费覆盖面,适时适当降低社会保险费率。完善职工基本养老保险制度,实现基础养老金全国统筹,鼓励农民工积极参保、连续参保。依法将农民工纳入城镇职工基本医疗保险,允许灵活就业农民工参加当地城镇居民基本医疗保险。

关键词八:培育中西部城市群

《规划》强调,要在严格保护生态环境的基础上,引导有市场、有效益的劳动密集型产业优先向中西部转移,吸纳东部返乡和就近转移的农民工,加快产业集群发展和人口集聚,培育发展若干新的城市群,在优化全国城镇化战略格局中发挥更加重要作用。

关键词九:完善交通

《规划》提出,完善综合运输通道和区际交通骨干网络。到2020年,普通铁路网覆盖20万以上人口城市,快速铁路网基本覆盖50万以上人口城市;普通国道基本覆盖县城,国家高速公路基本覆盖20万以上人口城市;民用航空网络不断扩展,航空服务覆盖全国90%左右的人口。

关键词十:生态文明

《规划》指出,人均城市建设用地严格控制在100平方米以内,建成区人口密度逐步提高;绿色生产、绿色消费成为城市经济生活的主流,节能节水产品、再生利用产品和绿色建筑比例大幅提高;城市地下管网覆盖率明显提高。

本章习题

一、选择题

1. 农业科技的特点包括(   )。

   A. 区域性强   B. 周期长、季节性强

   C. 综合性   D. 保密性差

2. 我国现阶段农业投入的主体包括(   )。

   A. 国家   B. 农业生产经营组织

   C. 和农业劳动者   D. 非政府组织

3. (   )是新农村建设的中心环节。

A. 生产发展　　B. 生活宽裕　　C. 乡风文明　　D. 村容整洁

　　4. 保护农民的(　　)权利,是对农民权益最直接、最具体、最实在的保护。

　　A. 土地　　　B. 财产　　　C. 经济　　　D. 教育

二、思考题

1. 农村社会保障政策包括哪些?
2. 新农村建设的意义和要求是什么?
3. 城镇化的含义和发展目标是什么?

附 录

附录一 《中华人民共和国农业法》

中华人民共和国农业法

（1993年7月2日第八届全国人民代表大会常务委员会第二次会议通过 2002年12月28日第九届全国人民代表大会常务委员会第三十一次会议修订）

第一章 总 则

第一条 为了巩固和加强农业在国民经济中的基础地位，深化农村改革，发展农业生产力，推进农业现代化，维护农民和农业生产经营组织的合法权益，增加农民收入，提高农民科学文化素质，促进农业和农村经济的持续、稳定、健康发展，实现全面建设小康社会的目标，制定本法。

第二条 本法所称农业，是指种植业、林业、畜牧业和渔业等产业，包括与其直接相关的产前、产中、产后服务。

本法所称农业生产经营组织，是指农村集体经济组织、农民专业合作经济组织、农业企业和其他从事农业生产经营的组织。

第三条 国家把农业放在发展国民经济的首位。

农业和农村经济发展的基本目标是：建立适应发展社会主义市

经济要求的农村经济体制,不断解放和发展农村生产力,提高农业的整体素质和效益,确保农产品供应和质量,满足国民经济发展和人口增长、生活改善的需求,提高农民的收入和生活水平,促进农村富余劳动力向非农产业和城镇转移,缩小城乡差别和区域差别,建设富裕、民主、文明的社会主义新农村,逐步实现农业和农村现代化。

第四条　国家采取措施,保障农业更好地发挥在提供食物、工业原料和其他农产品,维护和改善生态环境,促进农村经济社会发展等多方面的作用。

第五条　国家坚持和完善公有制为主体、多种所有制经济共同发展的基本经济制度,振兴农村经济。

国家长期稳定农村以家庭承包经营为基础、统分结合的双层经营体制,发展社会化服务体系,壮大集体经济实力,引导农民走共同富裕的道路。

国家在农村坚持和完善以按劳分配为主体、多种分配方式并存的分配制度。

第六条　国家坚持科教兴农和农业可持续发展的方针。

国家采取措施加强农业和农村基础设施建设,调整、优化农业和农村经济结构,推进农业产业化经营,发展农业科技、教育事业,保护农业生态环境,促进农业机械化和信息化,提高农业综合生产能力。

第七条　国家保护农民和农业生产经营组织的财产及其他合法权益不受侵犯。

各级人民政府及其有关部门应当采取措施增加农民收入,切实减轻农民负担。

第八条　全社会应当高度重视农业,支持农业发展。

国家对发展农业和农村经济有显著成绩的单位和个人,给予奖励。

第九条　各级人民政府对农业和农村经济发展工作统一负责,组织各有关部门和全社会做好发展农业和为发展农业服务的各项工作。

国务院农业行政主管部门主管全国农业和农村经济发展工作,国务院林业行政主管部门和其他有关部门在各自的职责范围内,负责有关的农业和农村经济发展工作。

县级以上地方人民政府各农业行政主管部门负责本行政区域内的种植业、畜牧业、渔业等农业和农村经济发展工作,林业行政主管部门负责本行政区域内的林业工作。县级以上地方人民政府其他有关部门在各自的职责范围内,负责本行政区域内有关的为农业生产经营服务的工作。

第二章 农业生产经营体制

第十条 国家实行农村土地承包经营制度,依法保障农村土地承包关系的长期稳定,保护农民对承包土地的使用权。

农村土地承包经营的方式、期限、发包方和承包方的权利义务、土地承包经营权的保护和流转等,适用《中华人民共和国土地管理法》和《中华人民共和国农村土地承包法》。

农村集体经济组织应当在家庭承包经营的基础上,依法管理集体资产,为其成员提供生产、技术、信息等服务,组织合理开发、利用集体资源,壮大经济实力。

第十一条 国家鼓励农民在家庭承包经营的基础上自愿组成各类专业合作经济组织。

农民专业合作经济组织应当坚持为成员服务的宗旨,按照加入自愿、退出自由、民主管理、盈余返还的原则,依法在其章程规定的范围内开展农业生产经营和服务活动。

农民专业合作经济组织可以有多种形式,依法成立、依法登记。任何组织和个人不得侵犯农民专业合作经济组织的财产和经营自主权。

第十二条 农民和农业生产经营组织可以自愿按照民主管理、按劳分配和按股分红相结合的原则,以资金、技术、实物等入股,依法兴办各类企业。

第十三条 国家采取措施发展多种形式的农业产业化经营,鼓励和支持农民和农业生产经营组织发展生产、加工、销售一体化经营。

国家引导和支持从事农产品生产、加工、流通服务的企业、科研单位和其他组织,通过与农民或者农民专业合作经济组织订立合同或者建立各类企业等形式,形成收益共享、风险共担的利益共同体,推进农业产业化经营,带动农业发展。

第十四条 农民和农业生产经营组织可以按照法律、行政法规成立各种农产品行业协会,为成员提供生产、营销、信息、技术、培训等服务,发挥协调和自律作用,提出农产品贸易救济措施的申请,维护成员和行业的利益。

第三章 农业生产

第十五条 县级以上人民政府根据国民经济和社会发展的中长期规划、农业和农村经济发展的基本目标和农业资源区划,制定农业发展规划。

省级以上人民政府农业行政主管部门根据农业发展规划,采取措施发挥区域优势,促进形成合理的农业生产区域布局,指导和协调农业和农村经济结构调整。

第十六条 国家引导和支持农民和农业生产经营组织结合本地实际按照市场需求,调整和优化农业生产结构,协调发展种植业、林业、畜牧业和渔业,发展优质、高产、高效益的农业,提高农产品国际竞争力。

种植业以优化品种、提高质量、增加效益为中心,调整作物结构、品种结构和品质结构。

加强林业生态建设,实施天然林保护、退耕还林和防沙治沙工程,加强防护林体系建设,加速营造速生丰产林、工业原料林和薪炭林。

加强草原保护和建设,加快发展畜牧业,推广圈养和舍饲,改良畜禽品种,积极发展饲料工业和畜禽产品加工业。

渔业生产应当保护和合理利用渔业资源,调整捕捞结构,积极发展水产养殖业、远洋渔业和水产品加工业。

县级以上人民政府应当制定政策,安排资金,引导和支持农业结构调整。

第十七条 各级人民政府应当采取措施,加强农业综合开发和农田水利、农业生态环境保护、乡村道路、农村能源和电网、农产品仓储和流通、渔港、草原围栏、动植物原种良种基地等农业和农村基础设施建设,改善农业生产条件,保护和提高农业综合生产能力。

第十八条 国家扶持动植物品种的选育、生产、更新和良种的推广使用,鼓励品种选育和生产、经营相结合,实施种子工程和畜禽良种工程。国务院和省、自治区、直辖市人民政府设立专项资金,用于扶持动植物良种的选育和推广工作。

第十九条 各级人民政府和农业生产经营组织应当加强农田水利设施建设,建立健全农田水利设施的管理制度,节约用水,发展节水型农业,严格依法控制非农业建设占用灌溉水源,禁止任何组织和个人非法占用或者毁损农田水利设施。

国家对缺水地区发展节水型农业给予重点扶持。

第二十条 国家鼓励和支持农民和农业生产经营组织使用先进、适用的农业机械,加强农业机械安全管理,提高农业机械化水平。

国家对农民和农业生产经营组织购买先进农业机械给予扶持。

第二十一条 各级人民政府应当支持为农业服务的气象事业的发展,提高对气象灾害的监测和预报水平。

第二十二条 国家采取措施提高农产品的质量,建立健全农产品质量标准体系和质量检验检测监督体系,按照有关技术规范、操作规程和质量卫生安全标准,组织农产品的生产经营,保障农产品质量安全。

第二十三条 国家支持依法建立健全优质农产品认证和标志制度。

国家鼓励和扶持发展优质农产品生产。县级以上地方人民政府应当结合本地情况,按照国家有关规定采取措施,发展优质农产品生产。

符合国家规定标准的优质农产品可以依照法律或者行政法规的规定申请使用有关的标志。符合规定产地及生产规范要求的农产品可以依照有关法律或者行政法规的规定申请使用农产品地理标志。

第二十四条 国家实行动植物防疫、检疫制度,健全动植物防疫、检疫体系,加强对动物疫病和植物病、虫、杂草、鼠害的监测、预警、防治,建立重大动物疫情和植物病虫害的快速扑灭机制,建设动物无规定疫病区,实施植物保护工程。

第二十五条 农药、兽药、饲料和饲料添加剂、肥料、种子、农业机械等可能危害人畜安全的农业生产资料的生产经营,依照相关法律、行政法规的规定实行登记或者许可制度。

各级人民政府应当建立健全农业生产资料的安全使用制度,农民和农业生产经营组织不得使用国家明令淘汰和禁止使用的农药、兽药、饲料添加剂等农业生产资料和其他禁止使用的产品。

农业生产资料的生产者、销售者应当对其生产、销售的产品的质量负责,禁止以次充好、以假充真、以不合格的产品冒充合格的产品;禁止生产和销售国家明令淘汰的农药、兽药、饲料添加剂、农业机械等农业生产资料。

第四章 农产品流通与加工

第二十六条 农产品的购销实行市场调节。国家对关系国计民生的重要农产品的购销活动实行必要的宏观调控,建立中央和地方分级储备调节制度,完善仓储运输体系,做到保证供应,稳定市场。

第二十七条 国家逐步建立统一、开放、竞争、有序的农产品市场体系,制定农产品批发市场发展规划。对农村集体经济组织和农民专业合作经济组织建立农产品批发市场和农产品集贸市场,国家给予扶持。

县级以上人民政府工商行政管理部门和其他有关部门按照各自的职责,依法管理农产品批发市场,规范交易秩序,防止地方保护与不正当竞争。

第二十八条 国家鼓励和支持发展多种形式的农产品流通活动。支持农民和农民专业合作经济组织按照国家有关规定从事农产品收购、批发、贮藏、运输、零售和中介活动。鼓励供销合作社和其他从事农产品购销的农业生产经营组织提供市场信息,开拓农产品流通渠道,为农产品销售服务。

县级以上人民政府应当采取措施,督促有关部门保障农产品运输畅通,降低农产品流通成本。有关行政管理部门应当简化手续,方便鲜活农产品的运输,除法律、行政法规另有规定外,不得扣押鲜活农产品的运输工具。

第二十九条 国家支持发展农产品加工业和食品工业,增加农产品的附加值。县级以上人民政府应当制定农产品加工业和食品工业发展规划,引导农产品加工企业形成合理的区域布局和规模结构,扶持农民专业合作经济组织和乡镇企业从事农产品加工和综合开发利用。

国家建立健全农产品加工制品质量标准,完善检测手段,加强农产品加工过程中的质量安全管理和监督,保障食品安全。

第三十条 国家鼓励发展农产品进出口贸易。

国家采取加强国际市场研究、提供信息和营销服务等措施,促进农产品出口。

为维护农产品产销秩序和公平贸易,建立农产品进口预警制度,当某些进口农产品已经或者可能对国内相关农产品的生产造成重大的不利影响时,国家可以采取必要的措施。

第五章　粮食安全

第三十一条 国家采取措施保护和提高粮食综合生产能力,稳步提高粮食生产水平,保障粮食安全。

国家建立耕地保护制度,对基本农田依法实行特殊保护。

第三十二条 国家在政策、资金、技术等方面对粮食主产区给予重点扶持,建设稳定的商品粮生产基地,改善粮食收贮及加工设施,提高粮食主产区的粮食生产、加工水平和经济效益。

国家支持粮食主产区与主销区建立稳定的购销合作关系。

第三十三条 在粮食的市场价格过低时,国务院可以决定对部分粮食品种实行保护价制度。保护价应当根据有利于保护农民利益、稳定粮食生产的原则确定。

农民按保护价制度出售粮食,国家委托的收购单位不得拒收。

县级以上人民政府应当组织财政、金融等部门以及国家委托的收购单位及时筹足粮食收购资金,任何部门、单位或者个人不得截留或者挪用。

第三十四条 国家建立粮食安全预警制度,采取措施保障粮食供给。国务院应当制定粮食安全保障目标与粮食储备数量指标,并根据需要组织有关主管部门进行耕地、粮食库存情况的核查。

国家对粮食实行中央和地方分级储备调节制度,建设仓储运输体系。承担国家粮食储备任务的企业应当按照国家规定保证储备粮的数量和质量。

第三十五条 国家建立粮食风险基金,用于支持粮食储备、稳定粮食市场和保护农民利益。

第三十六条　国家提倡珍惜和节约粮食,并采取措施改善人民的食物营养结构。

第六章　农业投入与支持保护

第三十七条　国家建立和完善农业支持保护体系,采取财政投入、税收优惠、金融支持等措施,从资金投入、科研与技术推广、教育培训、农业生产资料供应、市场信息、质量标准、检验检疫、社会化服务以及灾害救助等方面扶持农民和农业生产经营组织发展农业生产,提高农民的收入水平。

在不与我国缔结或加入的有关国际条约相抵触的情况下,国家对农民实施收入支持政策,具体办法由国务院制定。

第三十八条　国家逐步提高农业投入的总体水平。中央和县级以上地方财政每年对农业总投入的增长幅度应当高于其财政经常性收入的增长幅度。

各级人民政府在财政预算内安排的各项用于农业的资金应当主要用于:加强农业基础设施建设;支持农业结构调整,促进农业产业化经营;保护粮食综合生产能力,保障国家粮食安全;健全动植物检疫、防疫体系,加强动物疫病和植物病、虫、杂草、鼠害防治;建立健全农产品质量标准和检验检测监督体系、农产品市场及信息服务体系;支持农业科研教育、农业技术推广和农民培训;加强农业生态环境保护建设;扶持贫困地区发展;保障农民收入水平等。

县级以上各级财政用于种植业、林业、畜牧业、渔业、农田水利的农业基本建设投入应当统筹安排,协调增长。

国家为加快西部开发,增加对西部地区农业发展和生态环境保护的投入。

第三十九条　县级以上人民政府每年财政预算内安排的各项用于农业的资金应当及时足额拨付。各级人民政府应当加强对国家各项农业资金分配、使用过程的监督管理,保证资金安全,提高资金的使用效率。

任何单位和个人不得截留、挪用用于农业的财政资金和信贷资金。

审计机关应当依法加强对用于农业的财政和信贷等资金的审计监督。

第四十条 国家运用税收、价格、信贷等手段,鼓励和引导农民和农业生产经营组织增加农业生产经营性投入和小型农田水利等基本建设投入。

国家鼓励和支持农民和农业生产经营组织在自愿的基础上依法采取多种形式,筹集农业资金。

第四十一条 国家鼓励社会资金投向农业,鼓励企业事业单位、社会团体和个人捐资设立各种农业建设和农业科技、教育基金。

国家采取措施,促进农业扩大利用外资。

第四十二条 各级人民政府应当鼓励和支持企业事业单位及其他各类经济组织开展农业信息服务。

县级以上人民政府农业行政主管部门及其他有关部门应当建立农业信息搜集、整理和发布制度,及时向农民和农业生产经营组织提供市场信息等服务。

第四十三条 国家鼓励和扶持农用工业的发展。

国家采取税收、信贷等手段鼓励和扶持农业生产资料的生产和贸易,为农业生产稳定增长提供物质保障。

国家采取宏观调控措施,使化肥、农药、农用薄膜、农业机械和农用柴油等主要农业生产资料和农产品之间保持合理的比价。

第四十四条 国家鼓励供销合作社、农村集体经济组织、农民专业合作经济组织、其他组织和个人发展多种形式的农业生产产前、产中、产后的社会化服务事业。县级以上人民政府及其各有关部门应当采取措施对农业社会化服务事业给予支持。

对跨地区从事农业社会化服务的,农业、工商管理、交通运输、公安等有关部门应当采取措施给予支持。

第四十五条 国家建立健全农村金融体系,加强农村信用制度建设,加强农村金融监管。

有关金融机构应当采取措施增加信贷投入,改善农村金融服务,对农民和农业生产经营组织的农业生产经营活动提供信贷支持。

农村信用合作社应当坚持为农业、农民和农村经济发展服务的宗旨,优先为当地农民的生产经营活动提供信贷服务。

国家通过贴息等措施,鼓励金融机构向农民和农业生产经营组织的农业生产经营活动提供贷款。

第四十六条 国家建立和完善农业保险制度。

国家逐步建立和完善政策性农业保险制度。鼓励和扶持农民和农业生产经营组织建立为农业生产经营活动服务的互助合作保险组织,鼓励商业性保险公司开展农业保险业务。

农业保险实行自愿原则。任何组织和个人不得强制农民和农业生产经营组织参加农业保险。

第四十七条 各级人民政府应当采取措施,提高农业防御自然灾害的能力,做好防灾、抗灾和救灾工作,帮助灾民恢复生产,组织生产自救,开展社会互助互济;对没有基本生活保障的灾民给予救济和扶持。

第七章　农业科技与农业教育

第四十八条 国务院和省级人民政府应当制定农业科技、农业教育发展规划,发展农业科技、教育事业。

县级以上人民政府应当按照国家有关规定逐步增加农业科技经费和农业教育经费。

国家鼓励、吸引企业等社会力量增加农业科技投入,鼓励农民、农业生产经营组织、企业事业单位等依法举办农业科技、教育事业。

第四十九条 国家保护植物新品种、农产品地理标志等知识产权,鼓励和引导农业科研、教育单位加强农业科学技术的基础研究和应用研究,传播和普及农业科学技术知识,加速科技成果转化与产业化,促进农业科学技术进步。

国务院有关部门应当组织农业重大关键技术的科技攻关。国家采取措施促进国际农业科技、教育合作与交流,鼓励引进国外先进技术。

第五十条 国家扶持农业技术推广事业,建立政府扶持和市场引导相结合,有偿与无偿服务相结合,国家农业技术推广机构和社会力量相结合的农业技术推广体系,促使先进的农业技术尽快应用于农业生产。

第五十一条 国家设立的农业技术推广机构应当以农业技术试验示范基地为依托,承担公共所需的关键性技术的推广和示范工作,为农民和农业生产经营组织提供公益性农业技术服务。

县级以上人民政府应当根据农业生产发展需要,稳定和加强农业技术推广队伍,保障农业技术推广机构的工作经费。

各级人民政府应当采取措施,按照国家规定保障和改善从事农业技术推广工作的专业科技人员的工作条件、工资待遇和生活条件,鼓励他们为农业服务。

第五十二条 农业科研单位、有关学校、农业技术推广机构以及科技人员,根据农民和农业生产经营组织的需要,可以提供无偿服务,也可以通过技术转让、技术服务、技术承包、技术入股等形式,提供有偿服务,取得合法收益。农业科研单位、有关学校、农业技术推广机构以及科技人员应当提高服务水平,保证服务质量。

对农业科研单位、有关学校、农业技术推广机构举办的为农业服务的企业,国家在税收、信贷等方面给予优惠。

国家鼓励农民、农民专业合作经济组织、供销合作社、企业事业单位等参与农业技术推广工作。

第五十三条 国家建立农业专业技术人员继续教育制度。县级以上人民政府农业行政主管部门会同教育、人事等有关部门制定农业专业技术人员继续教育计划,并组织实施。

第五十四条 国家在农村依法实施义务教育,并保障义务教育经费。国家在农村举办的普通中小学校教职工工资由县级人民政府按照国家规定统一发放,校舍等教学设施的建设和维护经费由县级人民政府按照国家规定统一安排。

第五十五条 国家发展农业职业教育。国务院有关部门按照国家职业资格证书制度的统一规定,开展农业行业的职业分类、职业技能鉴定工作,管理农业行业的职业资格证书。

第五十六条 国家采取措施鼓励农民采用先进的农业技术,支持农民举办各种科技组织,开展农业实用技术培训、农民绿色证书培训和其他就业培训,提高农民的文化技术素质。

第八章 农业资源与农业环境保护

第五十七条 发展农业和农村经济必须合理利用和保护土地、水、森林、草原、野生动植物等自然资源,合理开发和利用水能、沼气、太阳能、风能等可再生能源和清洁能源,发展生态农业,保护和改善生态环境。

县级以上人民政府应当制定农业资源区划或者农业资源合理利用和保护的区划,建立农业资源监测制度。

第五十八条 农民和农业生产经营组织应当保养耕地,合理使用化肥、农药、农用薄膜,增加使用有机肥料,采用先进技术,保护和提高地力,防止农用地的污染、破坏和地力衰退。

县级以上人民政府农业行政主管部门应当采取措施,支持农民和农业生产经营组织加强耕地质量建设,并对耕地质量进行定期监测。

第五十九条 各级人民政府应当采取措施,加强小流域综合治理,预防和治理水土流失。从事可能引起水土流失的生产建设活动的单位和个人,必须采取预防措施,并负责治理因生产建设活动造成的水土流失。

各级人民政府应当采取措施,预防土地沙化,治理沙化土地。国务院和沙化土地所在地区的县级以上地方人民政府应当按照法律规定制定防沙治沙规划,并组织实施。

第六十条 国家实行全民义务植树制度。各级人民政府应当采取措施,组织群众植树造林,保护林地和林木,预防森林火灾,防治森林病虫害,制止滥伐、盗伐林木,提高森林覆盖率。

国家在天然林保护区域实行禁伐或者限伐制度,加强造林护林。

第六十一条 有关地方人民政府,应当加强草原的保护、建设和管理,指导、组织农(牧)民和农(牧)业生产经营组织建设人工草场、饲草饲料基地和改良天然草原,实行以草定畜,控制载畜量,推行划区轮牧、休牧和禁牧制度,保护草原植被,防止草原退化沙化和盐渍化。

第六十二条 禁止毁林毁草开垦、烧山开垦以及开垦国家禁止开垦的陡坡地,已经开垦的应当逐步退耕还林、还草。

禁止围湖造田以及围垦国家禁止围垦的湿地。已经围垦的,应当逐步退耕还湖、还湿地。

对在国务院批准规划范围内实施退耕的农民,应当按照国家规定予以补助。

第六十三条 各级人民政府应当采取措施,依法执行捕捞限额和禁渔、休渔制度,增殖渔业资源,保护渔业水域生态环境。

国家引导、支持从事捕捞业的农(渔)民和农(渔)业生产经营组织从事水产养殖业或者其他职业,对根据当地人民政府统一规划转产转业的农(渔)民,应当按照国家规定予以补助。

第六十四条 国家建立与农业生产有关的生物物种资源保护制度,保护生物多样性,对稀有、濒危、珍贵生物资源及其原生地实行重点保护。从境外引进生物物种资源应当依法进行登记或者审批,并采取相应安全控制措施。

农业转基因生物的研究、试验、生产、加工、经营及其他应用,必须依照国家规定严格实行各项安全控制措施。

第六十五条 各级农业行政主管部门应当引导农民和农业生产经营组织采取生物措施或者使用高效低毒低残留农药、兽药,防治动植物病、虫、杂草、鼠害。

农产品采收后的秸秆及其他剩余物质应当综合利用,妥善处理,防止造成环境污染和生态破坏。

从事畜禽等动物规模养殖的单位和个人应当对粪便、废水及其他废弃物进行无害化处理或者综合利用,从事水产养殖的单位和个人应当合理投饵、施肥、使用药物,防止造成环境污染和生态破坏。

第六十六条 县级以上人民政府应当采取措施,督促有关单位进行治理,防治废水、废气和固体废弃物对农业生态环境的污染。排放废水、废气和固体废弃物造成农业生态环境污染事故的,由环境保护行政主管部门或者农业行政主管部门依法调查处理;给农民和农业生产经营组织造成损失的,有关责任者应当依法赔偿。

第九章 农民权益保护

第六十七条 任何机关或者单位向农民或者农业生产经营组织收取行政、事业性费用必须依据法律、法规的规定。收费的项目、范围和标准应当公布。没有法律、法规依据的收费,农民和农业生产经营组织有权拒绝。

任何机关或者单位对农民或者农业生产经营组织进行罚款处罚必须依据法律、法规、规章的规定。没有法律、法规、规章依据的罚款,农民和农业生产经营组织有权拒绝。

任何机关或者单位不得以任何方式向农民或者农业生产经营组织进行摊派。除法律、法规另有规定外,任何机关或者单位以任何方式要求农民或者农业生产经营组织提供人力、财力、物力的,属于摊派。农民和农业生产经营组织有权拒绝任何方式的摊派。

第六十八条 各级人民政府及其有关部门和所属单位不得以任何方式向农民或者农业生产经营组织集资。

没有法律、法规依据或者未经国务院批准,任何机关或者单位不得在农村进行任何形式的达标、升级、验收活动。

第六十九条 农民和农业生产经营组织依照法律、行政法规的规定承担纳税义务。税务机关及代扣、代收税款的单位应当依法征税,不得违法摊派税款及以其他违法方法征税。

第七十条 农村义务教育除按国务院规定收取的费用外,不得向农民和学生收取其他费用。禁止任何机关或者单位通过农村中小学校向农民收费。

第七十一条 国家依法征用农民集体所有的土地,应当保护农民和农村集体经济组织的合法权益,依法给予农民和农村集体经济组织征地补偿,任何单位和个人不得截留、挪用征地补偿费用。

第七十二条 各级人民政府、农村集体经济组织或者村民委员会在农业和农村经济结构调整、农业产业化经营和土地承包经营权流转等过程中,不得侵犯农民的土地承包经营权,不得干涉农民自主安排的生产经营项目,不得强迫农民购买指定的生产资料或者按指定的渠道销售农产品。

第七十三条 农村集体经济组织或者村民委员会为发展生产或者兴办公益事业,需要向其成员(村民)筹资筹劳的,应当经成员(村民)会议或者成员(村民)代表会议过半数通过后,方可进行。

农村集体经济组织或者村民委员会依照前款规定筹资筹劳的,不得超过省级以上人民政府规定的上限控制标准,禁止强行以资代劳。

农村集体经济组织和村民委员会对涉及农民利益的重要事项,应当向农民公开,并定期公布财务账目,接受农民的监督。

第七十四条 任何单位和个人向农民或者农业生产经营组织提供生产、技术、信息、文化、保险等有偿服务,必须坚持自愿原则,不得强迫农民和农业生产经营组织接受服务。

第七十五条 农产品收购单位在收购农产品时,不得压级压价,不得在支付的价款中扣缴任何费用。法律、行政法规规定代扣、代收税款的,依照法律、行政法规的规定办理。

农产品收购单位与农产品销售者因农产品的质量等级发生争议的,可以委托具有法定资质的农产品质量检验机构检验。

第七十六条 农业生产资料使用者因生产资料质量问题遭受损失的,出售该生产资料的经营者应当予以赔偿,赔偿额包括购货价款、有关费用和可得利益损失。

第七十七条 农民或者农业生产经营组织为维护自身的合法权益,有向各级人民政府及其有关部门反映情况和提出合法要求的权利,人民政府及其有关部门对农民或者农业生产经营组织提出的合理要求,应当按照国家规定及时给予答复。

第七十八条 违反法律规定,侵犯农民权益的,农民或者农业生产经营组织可以依法申请行政复议或者向人民法院提起诉讼,有关人民政府及其有关部门或者人民法院应当依法受理。

人民法院和司法行政主管机关应当依照有关规定为农民提供法律援助。

第十章 农村经济发展

第七十九条 国家坚持城乡协调发展的方针,扶持农村第二、第三产业发展,调整和优化农村经济结构,增加农民收入,促进农村经济全面发展,逐步缩小城乡差别。

第八十条 各级人民政府应当采取措施,发展乡镇企业,支持农业的发展,转移富余的农业劳动力。

国家完善乡镇企业发展的支持措施,引导乡镇企业优化结构,更新技术,提高素质。

第八十一条　县级以上地方人民政府应当根据当地的经济发展水平、区位优势和资源条件，按照合理布局、科学规划、节约用地的原则，有重点地推进农村小城镇建设。

　　地方各级人民政府应当注重运用市场机制，完善相应政策，吸引农民和社会资金投资小城镇开发建设，发展第二、第三产业，引导乡镇企业相对集中发展。

　　第八十二条　国家采取措施引导农村富余劳动力在城乡、地区间合理有序流动。地方各级人民政府依法保护进入城镇就业的农村劳动力的合法权益，不得设置不合理限制，已经设置的应当取消。

　　第八十三条　国家逐步完善农村社会救济制度，保障农村五保户、贫困残疾农民、贫困老年农民和其他丧失劳动能力的农民的基本生活。

　　第八十四条　国家鼓励、支持农民巩固和发展农村合作医疗和其他医疗保障形式，提高农民健康水平。

　　第八十五条　国家扶持贫困地区改善经济发展条件，帮助进行经济开发。省级人民政府根据国家关于扶持贫困地区的总体目标和要求，制定扶贫开发规划，并组织实施。

　　各级人民政府应当坚持开发式扶贫方针，组织贫困地区的农民和农业生产经营组织合理使用扶贫资金，依靠自身力量改变贫穷落后面貌，引导贫困地区的农民调整经济结构、开发当地资源。扶贫开发应当坚持与资源保护、生态建设相结合，促进贫困地区经济、社会的协调发展和全面进步。

　　第八十六条　中央和省级财政应当把扶贫开发投入列入年度财政预算，并逐年增加，加大对贫困地区的财政转移支付和建设资金投入。

　　国家鼓励和扶持金融机构、其他企业事业单位和个人投入资金支持贫困地区开发建设。

　　禁止任何单位和个人截留、挪用扶贫资金。审计机关应当加强扶贫资金的审计监督。

第十一章　执法监督

　　第八十七条　县级以上人民政府应当采取措施逐步完善适应社会主义市场经济发展要求的农业行政管理体制。

县级以上人民政府农业行政主管部门和有关行政主管部门应当加强规划、指导、管理、协调、监督、服务职责,依法行政,公正执法。

县级以上地方人民政府农业行政主管部门应当在其职责范围内健全行政执法队伍,实行综合执法,提高执法效率和水平。

第八十八条 县级以上人民政府农业行政主管部门及其执法人员履行执法监督检查职责时,有权采取下列措施:

(一)要求被检查单位或者个人说明情况,提供有关文件、证照、资料;

(二)责令被检查单位或者个人停止违反本法的行为,履行法定义务。

农业行政执法人员在履行监督检查职责时,应当向被检查单位或者个人出示行政执法证件,遵守执法程序。有关单位或者个人应当配合农业行政执法人员依法执行职务,不得拒绝和阻碍。

第八十九条 农业行政主管部门与农业生产、经营单位必须在机构、人员、财务上彻底分离。农业行政主管部门及其工作人员不得参与和从事农业生产经营活动。

第十二章 法律责任

第九十条 违反本法规定,侵害农民和农业生产经营组织的土地承包经营权等财产权或者其他合法权益的,应当停止侵害,恢复原状;造成损失、损害的,依法承担赔偿责任。

国家工作人员利用职务便利或者以其他名义侵害农民和农业生产经营组织的合法权益的,应当赔偿损失,并由其所在单位或者上级主管机关给予行政处分。

第九十一条 违反本法第十九条、第二十五条、第六十二条、第七十一条规定的,依照相关法律或者行政法规的规定予以处罚。

第九十二条 有下列行为之一的,由上级主管机关责令限期归还被截留、挪用的资金,没收非法所得,并由上级主管机关或者所在单位给予直接负责的主管人员和其他直接责任人员行政处分;构成犯罪的,依法追究刑事责任:

(一)违反本法第三十三条第三款规定,截留、挪用粮食收购资金的;

（二）违反本法第三十九条第二款规定，截留、挪用用于农业的财政资金和信贷资金的；

（三）违反本法第八十六条第三款规定，截留、挪用扶贫资金的。

第九十三条 违反本法第六十七条规定，向农民或者农业生产经营组织违法收费、罚款、摊派的，上级主管机关应当予以制止，并予公告；已经收取钱款或者已经使用人力、物力的，由上级主管机关责令限期归还已经收取的钱款或者折价偿还已经使用的人力、物力，并由上级主管机关或者所在单位给予直接负责的主管人员和其他直接责任人员行政处分；情节严重，构成犯罪的，依法追究刑事责任。

第九十四条 有下列行为之一的，由上级主管机关责令停止违法行为，并给予直接负责的主管人员和其他直接责任人员行政处分，责令退还违法收取的集资款、税款或者费用：

（一）违反本法第六十八条规定，非法在农村进行集资、达标、升级、验收活动的；

（二）违反本法第六十九条规定，以违法方法向农民征税的；

（三）违反本法第七十条规定，通过农村中小学校向农民超额、超项目收费的。

第九十五条 违反本法第七十三条第二款规定，强迫农民以资代劳的，由乡（镇）人民政府责令改正，并退还违法收取的资金。

第九十六条 违反本法第七十四条规定，强迫农民和农业生产经营组织接受有偿服务的，由有关人民政府责令改正，并返还其违法收取的费用；情节严重的，给予直接负责的主管人员和其他直接责任人员行政处分；造成农民和农业生产经营组织损失的，依法承担赔偿责任。

第九十七条 县级以上人民政府农业行政主管部门的工作人员违反本法规定参与和从事农业生产经营活动的，依法给予行政处分；构成犯罪的，依法追究刑事责任。

第十三章 附 则

第九十八条 本法有关农民的规定，适用于国有农场、牧场、林场、渔场等企业事业单位实行承包经营的职工。

第九十九条 本法自2003年3月1日起施行。

附录二 《中华人民共和国土地管理法》

中华人民共和国土地管理法

（1986年6月25日第六届全国人民代表大会常务委员会第十六次会议通过 根据1988年12月29日第七届全国人民代表大会常务委员会第五次会议《关于修改〈中华人民共和国土地管理法〉的决定》第一次修正 1998年8月29日第九届全国人民代表大会常务委员会第四次会议修订 根据2004年8月28日第十届全国人民代表大会常务委员会第十一次会议《关于修改〈中华人民共和国土地管理法〉的决定》第二次修正）

第一章 总 则

第一条 为了加强土地管理，维护土地的社会主义公有制，保护、开发土地资源，合理利用土地，切实保护耕地，促进社会经济的可持续发展，根据宪法，制定本法。

第二条 中华人民共和国实行土地的社会主义公有制，即全民所有制和劳动群众集体所有制。

全民所有，即国家所有土地的所有权由国务院代表国家行使。

任何单位和个人不得侵占、买卖或者以其他形式非法转让土地。土地使用权可以依法转让。

国家为了公共利益的需要，可以依法对土地实行征收或者征用并给予补偿。

国家依法实行国有土地有偿使用制度。但是，国家在法律规定的范围内划拨国有土地使用权的除外。

第三条 十分珍惜、合理利用土地和切实保护耕地是我国的基本国策。各级人民政府应当采取措施，全面规划，严格管理，保护、开发土地资源，制止非法占用土地的行为。

第四条 国家实行土地用途管制制度。

国家编制土地利用总体规划，规定土地用途，将土地分为农用地、建设用地和未利用地。严格限制农用地转为建设用地，控制建设用地总量，对耕地实行特殊保护。

前款所称农用地是指直接用于农业生产的土地，包括耕地、林地、草地、农田水利用地、养殖水面等；建设用地是指建造建筑物、构筑物的土地，包括城乡住宅和公共设施用地、工矿用地、交通水利设施用地、旅游用地、军事设施用地等；未利用地是指农用地和建设用地以外的土地。

使用土地的单位和个人必须严格按照土地利用总体规划确定的用途使用土地。

第五条 国务院土地行政主管部门统一负责全国土地的管理和监督工作。

县级以上地方人民政府土地行政主管部门的设置及其职责，由省、自治区、直辖市人民政府根据国务院有关规定确定。

第六条 任何单位和个人都有遵守土地管理法律、法规的义务，并有权对违反土地管理法律、法规的行为提出检举和控告。

第七条 在保护和开发土地资源、合理利用土地以及进行有关的科学研究等方面成绩显著的单位和个人，由人民政府给予奖励。

第二章　土地的所有权和使用权

第八条 城市市区的土地属于国家所有。

农村和城市郊区的土地，除由法律规定属于国家所有的以外，属于农民集体所有；宅基地和自留地、自留山，属于农民集体所有。

第九条 国有土地和农民集体所有的土地，可以依法确定给单位或者个人使用。使用土地的单位和个人，有保护、管理和合理利用土地的义务。

第十条 农民集体所有的土地依法属于村农民集体所有的，由村集体经济组织或者村民委员会经营、管理；已经分别属于村内两个以上农村集体经济组织的农民集体所有的，由村内各该农村集体经济组织或者村民小组经营、管理；已经属于乡（镇）农民集体所有的，由乡（镇）

农村集体经济组织经营、管理。

  第十一条 农民集体所有的土地,由县级人民政府登记造册,核发证书,确认所有权。

  农民集体所有的土地依法用于非农业建设的,由县级人民政府登记造册,核发证书,确认建设用地使用权。

  单位和个人依法使用的国有土地,由县级以上人民政府登记造册,核发证书,确认使用权;其中,中央国家机关使用的国有土地的具体登记发证机关,由国务院确定。

  确认林地、草原的所有权或者使用权,确认水面、滩涂的养殖使用权,分别依照《中华人民共和国森林法》《中华人民共和国草原法》和《中华人民共和国渔业法》的有关规定办理。

  第十二条 依法改变土地权属和用途的,应当办理土地变更登记手续。

  第十三条 依法登记的土地的所有权和使用权受法律保护,任何单位和个人不得侵犯。

  第十四条 农民集体所有的土地由本集体经济组织的成员承包经营,从事种植业、林业、畜牧业、渔业生产。土地承包经营期限为三十年。发包方和承包方应当订立承包合同,约定双方的权利和义务。承包经营土地的农民有保护和按照承包合同约定的用途合理利用土地的义务。农民的土地承包经营权受法律保护。

  在土地承包经营期限内,对个别承包经营者之间承包的土地进行适当调整的,必须经村民会议三分之二以上成员或者三分之二以上村民代表的同意,并报乡(镇)人民政府和县级人民政府农业行政主管部门批准。

  第十五条 国有土地可以由单位或者个人承包经营,从事种植业、林业、畜牧业、渔业生产。农民集体所有的土地,可以由本集体经济组织以外的单位或者个人承包经营,从事种植业、林业、畜牧业、渔业生产。发包方和承包方应当订立承包合同,约定双方的权利和义务。土地承包经营的期限由承包合同约定。承包经营土地的单位和个人,有保护和按照承包合同约定的用途合理利用土地的义务。

农民集体所有的土地由本集体经济组织以外的单位或者个人承包经营的,必须经村民会议三分之二以上成员或者三分之二以上村民代表的同意,并报乡(镇)人民政府批准。

第十六条 土地所有权和使用权争议,由当事人协商解决;协商不成的,由人民政府处理。

单位之间的争议,由县级以上人民政府处理;个人之间、个人与单位之间的争议,由乡级人民政府或者县级以上人民政府处理。

当事人对有关人民政府的处理决定不服的,可以自接到处理决定通知之日起三十日内,向人民法院起诉。

在土地所有权和使用权争议解决前,任何一方不得改变土地利用现状。

第三章 土地利用总体规划

第十七条 各级人民政府应当依据国民经济和社会发展规划、国土整治和资源环境保护的要求、土地供给能力以及各项建设对土地的需求,组织编制土地利用总体规划。

土地利用总体规划的规划期限由国务院规定。

第十八条 下级土地利用总体规划应当依据上一级土地利用总体规划编制。

地方各级人民政府编制的土地利用总体规划中的建设用地总量不得超过上一级土地利用总体规划确定的控制指标,耕地保有量不得低于上一级土地利用总体规划确定的控制指标。

省、自治区、直辖市人民政府编制的土地利用总体规划,应当确保本行政区域内耕地总量不减少。

第十九条 土地利用总体规划按照下列原则编制:

(一)严格保护基本农田,控制非农业建设占用农用地;

(二)提高土地利用率;

(三)统筹安排各类、各区域用地;

(四)保护和改善生态环境,保障土地的可持续利用;

(五)占用耕地与开发复垦耕地相平衡。

第二十条 县级土地利用总体规划应当划分土地利用区,明确土地用途。

乡(镇)土地利用总体规划应当划分土地利用区,根据土地使用条件,确定每一块土地的用途,并予以公告。

第二十一条 土地利用总体规划实行分级审批。

省、自治区、直辖市的土地利用总体规划,报国务院批准。

省、自治区人民政府所在地的市、人口在一百万以上的城市以及国务院指定的城市的土地利用总体规划,经省、自治区人民政府审查同意后,报国务院批准。

本条第二款、第三款规定以外的土地利用总体规划,逐级上报省、自治区、直辖市人民政府批准;其中,乡(镇)土地利用总体规划可以由省级人民政府授权的设区的市、自治州人民政府批准。

土地利用总体规划一经批准,必须严格执行。

第二十二条 城市建设用地规模应当符合国家规定的标准,充分利用现有建设用地,不占或者尽量少占农用地。

城市总体规划、村庄和集镇规划,应当与土地利用总体规划相衔接,城市总体规划、村庄和集镇规划中建设用地规模不得超过土地利用总体规划确定的城市和村庄、集镇建设用地规模。

在城市规划区内、村庄和集镇规划区内,城市和村庄、集镇建设用地应当符合城市规划、村庄和集镇规划。

第二十三条 江河、湖泊综合治理和开发利用规划,应当与土地利用总体规划相衔接。在江河、湖泊、水库的管理和保护范围以及蓄洪滞洪区内,土地利用应当符合江河、湖泊综合治理和开发利用规划,符合河道、湖泊行洪、蓄洪和输水的要求。

第二十四条 各级人民政府应当加强土地利用计划管理,实行建设用地总量控制。

土地利用年度计划,根据国民经济和社会发展计划、国家产业政策、土地利用总体规划以及建设用地和土地利用的实际状况编制。土地利用年度计划的编制审批程序与土地利用总体规划的编制审批程序相同,一经审批下达,必须严格执行。

第二十五条 省、自治区、直辖市人民政府应当将土地利用年度计划的执行情况列为国民经济和社会发展计划执行情况的内容,向同级人民代表大会报告。

第二十六条 经批准的土地利用总体规划的修改,须经原批准机关批准;未经批准,不得改变土地利用总体规划确定的土地用途。

经国务院批准的大型能源、交通、水利等基础设施建设用地,需要改变土地利用总体规划的,根据国务院的批准文件修改土地利用总体规划。

经省、自治区、直辖市人民政府批准的能源、交通、水利等基础设施建设用地,需要改变土地利用总体规划的,属于省级人民政府土地利用总体规划批准权限内的,根据省级人民政府的批准文件修改土地利用总体规划。

第二十七条 国家建立土地调查制度。

县级以上人民政府土地行政主管部门会同同级有关部门进行土地调查。土地所有者或者使用者应当配合调查,并提供有关资料。

第二十八条 县级以上人民政府土地行政主管部门会同同级有关部门根据土地调查成果、规划土地用途和国家制定的统一标准,评定土地等级。

第二十九条 国家建立土地统计制度。

县级以上人民政府土地行政主管部门和同级统计部门共同制定统计调查方案,依法进行土地统计,定期发布土地统计资料。土地所有者或者使用者应当提供有关资料,不得虚报、瞒报、拒报、迟报。

土地行政主管部门和统计部门共同发布的土地面积统计资料是各级人民政府编制土地利用总体规划的依据。

第三十条 国家建立全国土地管理信息系统,对土地利用状况进行动态监测。

第四章 耕地保护

第三十一条 国家保护耕地,严格控制耕地转为非耕地。

国家实行占用耕地补偿制度。非农业建设经批准占用耕地的,按照"占多少,垦多少"的原则,由占用耕地的单位负责开垦与所占用耕地的数量和质量相当的耕地;没有条件开垦或者开垦的耕地不符合要求的,应当按照省、自治区、直辖市的规定缴纳耕地开垦费,专款用于开垦新的耕地。

省、自治区、直辖市人民政府应当制定开垦耕地计划,监督占用耕地的单位按照计划开垦耕地或者按照计划组织开垦耕地,并进行验收。

第三十二条 县级以上地方人民政府可以要求占用耕地的单位将所占用耕地耕作层的土壤用于新开垦耕地、劣质地或者其他耕地的土壤改良。

第三十三条 省、自治区、直辖市人民政府应当严格执行土地利用总体规划和土地利用年度计划,采取措施,确保本行政区域内耕地总量不减少;耕地总量减少的,由国务院责令在规定期限内组织开垦与所减少耕地的数量与质量相当的耕地,并由国务院土地行政主管部门会同农业行政主管部门验收。个别省、直辖市确因土地后备资源匮乏,新增建设用地后,新开垦耕地的数量不足以补偿所占用耕地的数量的,必须报经国务院批准减免本行政区域内开垦耕地的数量,进行易地开垦。

第三十四条 国家实行基本农田保护制度。下列耕地应当根据土地利用总体规划划入基本农田保护区,严格管理:

(一)经国务院有关主管部门或者县级以上地方人民政府批准确定的粮、棉、油生产基地内的耕地;

(二)有良好的水利与水土保持设施的耕地,正在实施改造计划以及可以改造的中、低产田;

(三)蔬菜生产基地;

(四)农业科研、教学试验田;

(五)国务院规定应当划入基本农田保护区的其他耕地。

各省、自治区、直辖市划定的基本农田应当占本行政区域内耕地的百分之八十以上。

基本农田保护区以乡(镇)为单位进行划区定界,由县级人民政府土地行政主管部门会同同级农业行政主管部门组织实施。

第三十五条 各级人民政府应当采取措施,维护排灌工程设施,改良土壤,提高地力,防止土地荒漠化、盐渍化、水土流失和污染土地。

第三十六条 非农业建设必须节约使用土地,可以利用荒地的,不得占用耕地;可以利用劣地的,不得占用好地。

禁止占用耕地建窑、建坟或者擅自在耕地上建房、挖砂、采石、采矿、取土等。

禁止占用基本农田发展林果业和挖塘养鱼。

第三十七条 禁止任何单位和个人闲置、荒芜耕地。已经办理审批手续的非农业建设占用耕地,一年内不用而又可以耕种并收获的,应当由原耕种该幅耕地的集体或者个人恢复耕种,也可以由用地单位组织耕种;一年以上未动工建设的,应当按照省、自治区、直辖市的规定缴纳闲置费;连续二年未使用的,经原批准机关批准,由县级以上人民政府无偿收回用地单位的土地使用权;该幅土地原为农民集体所有的,应当交由原农村集体经济组织恢复耕种。

在城市规划区范围内,以出让方式取得土地使用权进行房地产开发的闲置土地,依照《中华人民共和国城市房地产管理法》的有关规定办理。

承包经营耕地的单位或者个人连续二年弃耕抛荒的,原发包单位应当终止承包合同,收回发包的耕地。

第三十八条 国家鼓励单位和个人按照土地利用总体规划,在保护和改善生态环境、防止水土流失和土地荒漠化的前提下,开发未利用的土地;适宜开发为农用地的,应当优先开发成农用地。

国家依法保护开发者的合法权益。

第三十九条 开垦未利用的土地,必须经过科学论证和评估,在土地利用总体规划划定的可开垦的区域内,经依法批准后进行。禁止毁坏森林、草原开垦耕地,禁止围湖造田和侵占江河滩地。

根据土地利用总体规划,对破坏生态环境开垦、围垦的土地,有计划有步骤地退耕还林、还牧、还湖。

第四十条 开发未确定使用权的国有荒山、荒地、荒滩从事种植业、林业、畜牧业、渔业生产的,经县级以上人民政府依法批准,可以确定给开发单位或者个人长期使用。

第四十一条 国家鼓励土地整理。县、乡(镇)人民政府应当组织农村集体经济组织,按照土地利用总体规划,对田、水、路、林、村综合整治，提高耕地质量，增加有效耕地面积，改善农业生产条件和生态环境。

地方各级人民政府应当采取措施，改造中、低产田，整治闲散地和废弃地。

第四十二条 因挖损、塌陷、压占等造成土地破坏，用地单位和个人应当按照国家有关规定负责复垦；没有条件复垦或者复垦不符合要求的，应当缴纳土地复垦费，专项用于土地复垦。复垦的土地应当优先用于农业。

第五章 建设用地

第四十三条 任何单位和个人进行建设，需要使用土地的，必须依法申请使用国有土地；但是，兴办乡镇企业和村民建设住宅经依法批准使用本集体经济组织农民集体所有的土地的，或者乡(镇)村公共设施和公益事业建设经依法批准使用农民集体所有的土地的除外。

前款所称依法申请使用的国有土地包括国家所有的土地和国家征收的原属于农民集体所有的土地。

第四十四条 建设占用土地，涉及农用地转为建设用地的，应当办理农用地转用审批手续。

省、自治区、直辖市人民政府批准的道路、管线工程和大型基础设施建设项目、国务院批准的建设项目占用土地，涉及农用地转为建设用地的，由国务院批准。

在土地利用总体规划确定的城市和村庄、集镇建设用地规模范围内，为实施该规划而将农用地转为建设用地的，按土地利用年度计划分批次由原批准土地利用总体规划的机关批准。在已批准的农用地转用范围内，具体建设项目用地可以由市、县人民政府批准。

本条第二款、第三款规定以外的建设项目占用土地，涉及农用地转为建设用地的，由省、自治区、直辖市人民政府批准。

第四十五条 征收下列土地的，由国务院批准：

（一）基本农田；

（二）基本农田以外的耕地超过三十五公顷的；

（三）其他土地超过七十公顷的。

征收前款规定以外的土地的，由省、自治区、直辖市人民政府批准，并报国务院备案。

征收农用地的，应当依照本法第四十四条的规定先行办理农用地转用审批。其中，经国务院批准农用地转用的，同时办理征地审批手续，不再另行办理征地审批；经省、自治区、直辖市人民政府在征地批准权限内批准农用地转用的，同时办理征地审批手续，不再另行办理征地审批，超过征地批准权限的，应当依照本条第一款的规定另行办理征地审批。

第四十六条　国家征收土地的，依照法定程序批准后，由县级以上地方人民政府予以公告并组织实施。

被征收土地的所有权人、使用权人应当在公告规定期限内，持土地权属证书到当地人民政府土地行政主管部门办理征地补偿登记。

第四十七条　征收土地的，按照被征收土地的原用途给予补偿。

征收耕地的补偿费用包括土地补偿费、安置补助费以及地上附着物和青苗的补偿费。征收耕地的土地补偿费，为该耕地被征收前三年平均年产值的六至十倍。征收耕地的安置补助费，按照需要安置的农业人口数计算。需要安置的农业人口数，按照被征收的耕地数量除以征地前被征收单位平均每人占有耕地的数量计算。每一个需要安置的农业人口的安置补助费标准，为该耕地被征收前三年平均年产值的四至六倍。但是，每公顷被征收耕地的安置补助费，最高不得超过被征收前三年平均年产值的十五倍。

征收其他土地的土地补偿费和安置补助费标准，由省、自治区、直辖市参照征收耕地的土地补偿费和安置补助费的标准规定。

被征收土地上的附着物和青苗的补偿标准，由省、自治区、直辖市规定。

征收城市郊区的菜地，用地单位应当按照国家有关规定缴纳新菜地开发建设基金。

依照本条第二款的规定支付土地补偿费和安置补助费，尚不能使需要安置的农民保持原有生活水平的，经省、自治区、直辖市人民政府批准，可以增加安置补助费。但是，土地补偿费和安置补助费的总和不得超过土地被征收前三年平均年产值的三十倍。

国务院根据社会、经济发展水平,在特殊情况下,可以提高征收耕地的土地补偿费和安置补助费的标准。

第四十八条 征地补偿安置方案确定后,有关地方人民政府应当公告,并听取被征地的农村集体经济组织和农民的意见。

第四十九条 被征地的农村集体经济组织应当将征收土地的补偿费用的收支状况向本集体经济组织的成员公布,接受监督。

禁止侵占、挪用被征收土地单位的征地补偿费用和其他有关费用。

第五十条 地方各级人民政府应当支持被征地的农村集体经济组织和农民从事开发经营,兴办企业。

第五十一条 大中型水利、水电工程建设征收土地的补偿费标准和移民安置办法,由国务院另行规定。

第五十二条 建设项目可行性研究论证时,土地行政主管部门可以根据土地利用总体规划、土地利用年度计划和建设用地标准,对建设用地有关事项进行审查,并提出意见。

第五十三条 经批准的建设项目需要使用国有建设用地的,建设单位应当持法律、行政法规规定的有关文件,向有批准权的县级以上人民政府土地行政主管部门提出建设用地申请,经土地行政主管部门审查,报本级人民政府批准。

第五十四条 建设单位使用国有土地,应当以出让等有偿使用方式取得;但是,下列建设用地,经县级以上人民政府依法批准,可以以划拨方式取得:

(一)国家机关用地和军事用地;

(二)城市基础设施用地和公益事业用地;

(三)国家重点扶持的能源、交通、水利等基础设施用地;

(四)法律、行政法规规定的其他用地。

第五十五条 以出让等有偿使用方式取得国有土地使用权的建设单位,按照国务院规定的标准和办法,缴纳土地使用权出让金等土地有偿使用费和其他费用后,方可使用土地。

自本法施行之日起,新增建设用地的土地有偿使用费,百分之三十上缴中央财政,百分之七十留给有关地方人民政府,都专项用于耕地开发。

第五十六条 建设单位使用国有土地的,应当按照土地使用权出让等有偿使用合同的约定或者土地使用权划拨批准文件的规定使用土地;确需改变该幅土地建设用途的,应当经有关人民政府土地行政主管部门同意,报原批准用地的人民政府批准。其中,在城市规划区内改变土地用途的,在报批前,应当先经有关城市规划行政主管部门同意。

第五十七条 建设项目施工和地质勘查需要临时使用国有土地或者农民集体所有的土地的,由县级以上人民政府土地行政主管部门批准。其中,在城市规划区内的临时用地,在报批前,应当先经有关城市规划行政主管部门同意。土地使用者应当根据土地权属,与有关土地行政主管部门或者农村集体经济组织、村民委员会签订临时使用土地合同,并按照合同的约定支付临时使用土地补偿费。

临时使用土地的使用者应当按照临时使用土地合同约定的用途使用土地,并不得修建永久性建筑物。

临时使用土地期限一般不超过二年。

第五十八条 有下列情形之一的,由有关人民政府土地行政主管部门报经原批准用地的人民政府或者有批准权的人民政府批准,可以收回国有土地使用权:

(一)为公共利益需要使用土地的;

(二)为实施城市规划进行旧城区改建,需要调整使用土地的;

(三)土地出让等有偿使用合同约定的使用期限届满,土地使用者未申请续期或者申请续期未获批准的;

(四)因单位撤销、迁移等原因,停止使用原划拨的国有土地的;

(五)公路、铁路、机场、矿场等经核准报废的。

依照前款第(一)项、第(二)项的规定收回国有土地使用权的,对土地使用权人应当给予适当补偿。

第五十九条 乡镇企业、乡(镇)村公共设施、公益事业、农村村民住宅等乡(镇)村建设,应当按照村庄和集镇规划,合理布局,综合开发,配套建设;建设用地,应当符合乡(镇)土地利用总体规划和土地利用年度计划,并依照本法第四十四条、第六十条、第六十一条、第六十二条的规定办理审批手续。

第六十条　农村集体经济组织使用乡(镇)土地利用总体规划确定的建设用地兴办企业或者与其他单位、个人以土地使用权入股、联营等形式共同举办企业的,应当持有关批准文件,向县级以上地方人民政府土地行政主管部门提出申请,按照省、自治区、直辖市规定的批准权限,由县级以上地方人民政府批准;其中,涉及占用农用地的,依照本法第四十四条的规定办理审批手续。

按照前款规定兴办企业的建设用地,必须严格控制。省、自治区、直辖市可以按照乡镇企业的不同行业和经营规模,分别规定用地标准。

第六十一条　乡(镇)村公共设施、公益事业建设,需要使用土地的,经乡(镇)人民政府审核,向县级以上地方人民政府土地行政主管部门提出申请,按照省、自治区、直辖市规定的批准权限,由县级以上地方人民政府批准;其中,涉及占用农用地的,依照本法第四十四条的规定办理审批手续。

第六十二条　农村村民一户只能拥有一处宅基地,其宅基地的面积不得超过省、自治区、直辖市规定的标准。

农村村民建住宅,应当符合乡(镇)土地利用总体规划,并尽量使用原有的宅基地和村内空闲地。

农村村民住宅用地,经乡(镇)人民政府审核,由县级人民政府批准;其中,涉及占用农用地的,依照本法第四十四条的规定办理审批手续。

农村村民出卖、出租住房后,再申请宅基地的,不予批准。

第六十三条　农民集体所有的土地的使用权不得出让、转让或者出租用于非农业建设;但是,符合土地利用总体规划并依法取得建设用地的企业,因破产、兼并等情形致使土地使用权依法发生转移的除外。

第六十四条　在土地利用总体规划制定前已建的不符合土地利用总体规划确定的用途的建筑物、构筑物,不得重建、扩建。

第六十五条　有下列情形之一的,农村集体经济组织报经原批准用地的人民政府批准,可以收回土地使用权:

(一)为乡(镇)村公共设施和公益事业建设,需要使用土地的;

（二）不按照批准的用途使用土地的；

（三）因撤销、迁移等原因而停止使用土地的。

依照前款第（一）项规定收回农民集体所有的土地的，对土地使用权人应当给予适当补偿。

<h3 style="text-align:center">第六章　监督检查</h3>

第六十六条　县级以上人民政府土地行政主管部门对违反土地管理法律、法规的行为进行监督检查。

土地管理监督检查人员应当熟悉土地管理法律、法规，忠于职守、秉公执法。

第六十七条　县级以上人民政府土地行政主管部门履行监督检查职责时，有权采取下列措施：

（一）要求被检查的单位或者个人提供有关土地权利的文件和资料，进行查阅或者予以复制；

（二）要求被检查的单位或者个人就有关土地权利的问题作出说明；

（三）进入被检查单位或者个人非法占用的土地现场进行勘测；

（四）责令非法占用土地的单位或者个人停止违反土地管理法律、法规的行为。

第六十八条　土地管理监督检查人员履行职责，需要进入现场进行勘测、要求有关单位或者个人提供文件、资料和作出说明的，应当出示土地管理监督检查证件。

第六十九条　有关单位和个人对县级以上人民政府土地行政主管部门就土地违法行为进行的监督检查应当支持与配合，并提供工作方便，不得拒绝与阻碍土地管理监督检查人员依法执行职务。

第七十条　县级以上人民政府土地行政主管部门在监督检查工作中发现国家工作人员的违法行为，依法应当给予行政处分的，应当依法予以处理；自己无权处理的，应当向同级或者上级人民政府的行政监察机关提出行政处分建议书，有关行政监察机关应当依法予以处理。

第七十一条　县级以上人民政府土地行政主管部门在监督检查工作中发现土地违法行为构成犯罪的，应当将案件移送有关机关，依法追究刑事责任;尚不构成犯罪的,应当依法给予行政处罚。

第七十二条 依照本法规定应当给予行政处罚,而有关土地行政主管部门不给予行政处罚的,上级人民政府土地行政主管部门有权责令有关土地行政主管部门作出行政处罚决定或者直接给予行政处罚,并给予有关土地行政主管部门的负责人行政处分。

第七章 法律责任

第七十三条 买卖或者以其他形式非法转让土地的,由县级以上人民政府土地行政主管部门没收违法所得;对违反土地利用总体规划擅自将农用地改为建设用地的,限期拆除在非法转让的土地上新建的建筑物和其他设施,恢复土地原状,对符合土地利用总体规划的,没收在非法转让的土地上新建的建筑物和其他设施;可以并处罚款;对直接负责的主管人员和其他直接责任人员,依法给予行政处分;构成犯罪的,依法追究刑事责任。

第七十四条 违反本法规定,占用耕地建窑、建坟或者擅自在耕地上建房、挖砂、采石、采矿、取土等,破坏种植条件的,或者因开发土地造成土地荒漠化、盐渍化的,由县级以上人民政府土地行政主管部门责令限期改正或者治理,可以并处罚款;构成犯罪的,依法追究刑事责任。

第七十五条 违反本法规定,拒不履行土地复垦义务的,由县级以上人民政府土地行政主管部门责令限期改正;逾期不改正的,责令缴纳复垦费,专项用于土地复垦,可以处以罚款。

第七十六条 未经批准或者采取欺骗手段骗取批准,非法占用土地的,由县级以上人民政府土地行政主管部门责令退还非法占用的土地,对违反土地利用总体规划擅自将农用地改为建设用地的,限期拆除在非法占用的土地上新建的建筑物和其他设施,恢复土地原状,对符合土地利用总体规划的,没收在非法占用的土地上新建的建筑物和其他设施,可以并处罚款;对非法占用土地单位的直接负责的主管人员和其他直接责任人员,依法给予行政处分;构成犯罪的,依法追究刑事责任。

超过批准的数量占用土地,多占的土地以非法占用土地论处。

第七十七条 农村村民未经批准或者采取欺骗手段骗取批准,非法占用土地建住宅的,由县级以上人民政府土地行政主管部门责令退还非法占用的土地,限期拆除在非法占用的土地上新建的房屋。

超过省、自治区、直辖市规定的标准,多占的土地以非法占用土地论处。

第七十八条　无权批准征收、使用土地的单位或者个人非法批准占用土地的,超越批准权限非法批准占用土地的,不按照土地利用总体规划确定的用途批准用地的,或者违反法律规定的程序批准占用、征收土地的,其批准文件无效,对非法批准征收、使用土地的直接负责的主管人员和其他直接责任人员,依法给予行政处分;构成犯罪的,依法追究刑事责任。非法批准、使用的土地应当收回,有关当事人拒不归还的,以非法占用土地论处。

非法批准征收、使用土地,对当事人造成损失的,依法应当承担赔偿责任。

第七十九条　侵占、挪用被征收土地单位的征地补偿费用和其他有关费用,构成犯罪的,依法追究刑事责任;尚不构成犯罪的,依法给予行政处分。

第八十条　依法收回国有土地使用权当事人拒不交出土地的,临时使用土地期满拒不归还的,或者不按照批准的用途使用国有土地的,由县级以上人民政府土地行政主管部门责令交还土地,处以罚款。

第八十一条　擅自将农民集体所有的土地的使用权出让、转让或者出租用于非农业建设的,由县级以上人民政府土地行政主管部门责令限期改正,没收违法所得,并处罚款。

第八十二条　不依照本法规定办理土地变更登记的,由县级以上人民政府土地行政主管部门责令其限期办理。

第八十三条　依照本法规定,责令限期拆除在非法占用的土地上新建的建筑物和其他设施的,建设单位或者个人必须立即停止施工,自行拆除;对继续施工的,作出处罚决定的机关有权制止。建设单位或者个人对责令限期拆除的行政处罚决定不服的,可以在接到责令限期拆除决定之日起十五日内,向人民法院起诉;期满不起诉又不自行拆除的,由作出处罚决定的机关依法申请人民法院强制执行,费用由违法者承担。

第八十四条 土地行政主管部门的工作人员玩忽职守、滥用职权、徇私舞弊,构成犯罪的,依法追究刑事责任;尚不构成犯罪的,依法给予行政处分。

第八章 附 则

第八十五条 中外合资经营企业、中外合作经营企业、外资企业使用土地的,适用本法;法律另有规定的,从其规定。

第八十六条 本法自1999年1月1日起施行。

附录三 《中华人民共和国农产品质量安全法》

中华人民共和国农产品质量安全法

(2006年4月29日第十届全国人民代表大会常务委员会第二十一次会议通过)

第一章 总 则

第一条 为保障农产品质量安全,维护公众健康,促进农业和农村经济发展,制定本法。

第二条 本法所称农产品,是指来源于农业的初级产品,即在农业活动中获得的植物、动物、微生物及其产品。

本法所称农产品质量安全,是指农产品质量符合保障人的健康、安全的要求。

第三条 县级以上人民政府农业行政主管部门负责农产品质量安全的监督管理工作;县级以上人民政府有关部门按照职责分工,负责农产品质量安全的有关工作。

第四条 县级以上人民政府应当将农产品质量安全管理工作纳入本级国民经济和社会发展规划,并安排农产品质量安全经费,用于开展农产品质量安全工作。

第五条 县级以上地方人民政府统一领导、协调本行政区域内的农产品质量安全工作,并采取措施,建立健全农产品质量安全服务体系,提高农产品质量安全水平。

第六条 国务院农业行政主管部门应当设立由有关方面专家组成的农产品质量安全风险评估专家委员会,对可能影响农产品质量安全的潜在危害进行风险分析和评估。

国务院农业行政主管部门应当根据农产品质量安全风险评估结果采取相应的管理措施,并将农产品质量安全风险评估结果及时通报国务院有关部门。

第七条 国务院农业行政主管部门和省、自治区、直辖市人民政府农业行政主管部门应当按照职责权限，发布有关农产品质量安全状况信息。

第八条 国家引导、推广农产品标准化生产，鼓励和支持生产优质农产品，禁止生产、销售不符合国家规定的农产品质量安全标准的农产品。

第九条 国家支持农产品质量安全科学技术研究，推行科学的质量安全管理方法，推广先进安全的生产技术。

第十条 各级人民政府及有关部门应当加强农产品质量安全知识的宣传，提高公众的农产品质量安全意识，引导农产品生产者、销售者加强质量安全管理，保障农产品消费安全。

第二章 农产品质量安全标准

第十一条 国家建立健全农产品质量安全标准体系。农产品质量安全标准是强制性的技术规范。

农产品质量安全标准的制定和发布，依照有关法律、行政法规的规定执行。

第十二条 制定农产品质量安全标准应当充分考虑农产品质量安全风险评估结果，并听取农产品生产者、销售者和消费者的意见，保障消费安全。

第十三条 农产品质量安全标准应当根据科学技术发展水平以及农产品质量安全的需要，及时修订。

第十四条 农产品质量安全标准由农业行政主管部门商有关部门组织实施。

第三章 农产品产地

第十五条 县级以上地方人民政府农业行政主管部门按照保障农产品质量安全的要求，根据农产品品种特性和生产区域大气、土壤、水体中有毒有害物质状况等因素，认为不适宜特定农产品生产的，提出禁止生产的区域，报本级人民政府批准后公布。具体办法由国务院农业行政主管部门商国务院环境保护行政主管部门制定。

农产品禁止生产区域的调整,依照前款规定的程序办理。

第十六条　县级以上人民政府应当采取措施,加强农产品基地建设,改善农产品的生产条件。

县级以上人民政府农业行政主管部门应当采取措施,推进保障农产品质量安全的标准化生产综合示范区、示范农场、养殖小区和无规定动植物疫病区的建设。

第十七条　禁止在有毒有害物质超过规定标准的区域生产、捕捞、采集食用农产品和建立农产品生产基地。

第十八条　禁止违反法律、法规的规定向农产品产地排放或者倾倒废水、废气、固体废物或者其他有毒有害物质。

农业生产用水和用作肥料的固体废物,应当符合国家规定的标准。

第十九条　农产品生产者应当合理使用化肥、农药、兽药、农用薄膜等化工产品,防止对农产品产地造成污染。

第四章　农产品生产

第二十条　国务院农业行政主管部门和省、自治区、直辖市人民政府农业行政主管部门应当制定保障农产品质量安全的生产技术要求和操作规程。县级以上人民政府农业行政主管部门应当加强对农产品生产的指导。

第二十一条　对可能影响农产品质量安全的农药、兽药、饲料和饲料添加剂、肥料、兽医器械,依照有关法律、行政法规的规定实行许可制度。

国务院农业行政主管部门和省、自治区、直辖市人民政府农业行政主管部门应当定期对可能危及农产品质量安全的农药、兽药、饲料和饲料添加剂、肥料等农业投入品进行监督抽查,并公布抽查结果。

第二十二条　县级以上人民政府农业行政主管部门应当加强对农业投入品使用的管理和指导,建立健全农业投入品的安全使用制度。

第二十三条　农业科研教育机构和农业技术推广机构应当加强对农产品生产者质量安全知识和技能的培训。

第二十四条　农产品生产企业和农民专业合作经济组织应当建立农产品生产记录,如实记载下列事项:

（一）使用农业投入品的名称、来源、用法、用量和使用、停用的日期；

（二）动物疫病、植物病虫草害的发生和防治情况；

（三）收获、屠宰或者捕捞的日期。

农产品生产记录应当保存二年。禁止伪造农产品生产记录。

国家鼓励其他农产品生产者建立农产品生产记录。

第二十五条 农产品生产者应当按照法律、行政法规和国务院农业行政主管部门的规定,合理使用农业投入品,严格执行农业投入品使用安全间隔期或者休药期的规定,防止危及农产品质量安全。

禁止在农产品生产过程中使用国家明令禁止使用的农业投入品。

第二十六条 农产品生产企业和农民专业合作经济组织,应当自行或者委托检测机构对农产品质量安全状况进行检测;经检测不符合农产品质量安全标准的农产品,不得销售。

第二十七条 农民专业合作经济组织和农产品行业协会对其成员应当及时提供生产技术服务,建立农产品质量安全管理制度,健全农产品质量安全控制体系,加强自律管理。

第五章　农产品包装和标志

第二十八条 农产品生产企业、农民专业合作经济组织以及从事农产品收购的单位或者个人销售的农产品,按照规定应当包装或者附加标志的,须经包装或者附加标志后方可销售。包装物或者标志上应当按照规定标明产品的品名、产地、生产者、生产日期、保质期、产品质量等级等内容;使用添加剂的,还应当按照规定标明添加剂的名称。具体办法由国务院农业行政主管部门制定。

第二十九条 农产品在包装、保鲜、贮存、运输中所使用的保鲜剂、防腐剂、添加剂等材料,应当符合国家有关强制性的技术规范。

第三十条 属于农业转基因生物的农产品,应当按照农业转基因生物安全管理的有关规定进行标志。

第三十一条 依法需要实施检疫的动植物及其产品,应当附具检疫合格标志、检疫合格证明。

第三十二条 销售的农产品必须符合农产品质量安全标准,生产者可以申请使用无公害农产品标志。农产品质量符合国家规定的有关优质农产品标准的,生产者可以申请使用相应的农产品质量标志。

禁止冒用前款规定的农产品质量标志。

第六章 监督检查

第三十三条 有下列情形之一的农产品,不得销售:

(一)含有国家禁止使用的农药、兽药或者其他化学物质的;

(二)农药、兽药等化学物质残留或者含有的重金属等有毒有害物质不符合农产品质量安全标准的;

(三)含有的致病性寄生虫、微生物或者生物毒素不符合农产品质量安全标准的;

(四)使用的保鲜剂、防腐剂、添加剂等材料不符合国家有关强制性的技术规范的;

(五)其他不符合农产品质量安全标准的。

第三十四条 国家建立农产品质量安全监测制度。县级以上人民政府农业行政主管部门应当按照保障农产品质量安全的要求,制定并组织实施农产品质量安全监测计划,对生产中或者市场上销售的农产品进行监督抽查。监督抽查结果由国务院农业行政主管部门或者省、自治区、直辖市人民政府农业行政主管部门按照权限予以公布。

监督抽查检测应当委托符合本法第三十五条规定条件的农产品质量安全检测机构进行,不得向被抽查人收取费用,抽取的样品不得超过国务院农业行政主管部门规定的数量。上级农业行政主管部门监督抽查的农产品,下级农业行政主管部门不得另行重复抽查。

第三十五条 农产品质量安全检测应当充分利用现有的符合条件的检测机构。

从事农产品质量安全检测的机构,必须具备相应的检测条件和能力,由省级以上人民政府农业行政主管部门或者其授权的部门考核合格。具体办法由国务院农业行政主管部门制定。

农产品质量安全检测机构应当依法经计量认证合格。

第三十六条 农产品生产者、销售者对监督抽查检测结果有异议的,可以自收到检测结果之日起五日内,向组织实施农产品质量安全监督抽查的农业行政主管部门或者其上级农业行政主管部门申请复检。

采用国务院农业行政主管部门会同有关部门认定的快速检测方法进行农产品质量安全监督抽查检测,被抽查人对检测结果有异议的,可以自收到检测结果时起四小时内申请复检。复检不得采用快速检测方法。

因检测结果错误给当事人造成损害的,依法承担赔偿责任。

第三十七条 农产品批发市场应当设立或者委托农产品质量安全检测机构,对进场销售的农产品质量安全状况进行抽查检测;发现不符合农产品质量安全标准的,应当要求销售者立即停止销售,并向农业行政主管部门报告。

农产品销售企业对其销售的农产品,应当建立健全进货检查验收制度;经查验不符合农产品质量安全标准的,不得销售。

第三十八条 国家鼓励单位和个人对农产品质量安全进行社会监督。任何单位和个人都有权对违反本法的行为进行检举、揭发和控告。有关部门收到相关的检举、揭发和控告后,应当及时处理。

第三十九条 县级以上人民政府农业行政主管部门在农产品质量安全监督检查中,可以对生产、销售的农产品进行现场检查,调查了解农产品质量安全的有关情况,查阅、复制与农产品质量安全有关的记录和其他资料;对经检测不符合农产品质量安全标准的农产品,有权查封、扣押。

第四十条 发生农产品质量安全事故时,有关单位和个人应当采取控制措施,及时向所在地乡级人民政府和县级人民政府农业行政主管部门报告;收到报告的机关应当及时处理并报上一级人民政府和有关部门。发生重大农产品质量安全事故时,农业行政主管部门应当及时通报同级食品药品监督管理部门。

第四十一条 县级以上人民政府农业行政主管部门在农产品质量安全监督管理中,发现有本法第三十三条所列情形之一的农产品,应当按照农产品质量安全责任追究制度的要求,查明责任人,依法予以处理或者提出处理建议。

第四十二条 进口的农产品必须按照国家规定的农产品质量安全

标准进行检验;尚未制定有关农产品质量安全标准的,应当依法及时制定,未制定之前,可以参照国家有关部门指定的国外有关标准进行检验。

第七章 法律责任

第四十三条 农产品质量安全监督管理人员不依法履行监督职责,或者滥用职权的,依法给予行政处分。

第四十四条 农产品质量安全检测机构伪造检测结果的,责令改正,没收违法所得,并处五万元以上十万元以下罚款,对直接负责的主管人员和其他直接责任人员处一万元以上五万元以下罚款;情节严重的,撤销其检测资格;造成损害的,依法承担赔偿责任。

农产品质量安全检测机构出具检测结果不实,造成损害的,依法承担赔偿责任;造成重大损害的,并撤销其检测资格。

第四十五条 违反法律、法规规定,向农产品产地排放或者倾倒废水、废气、固体废物或者其他有毒有害物质的,依照有关环境保护法律、法规的规定处罚;造成损害的,依法承担赔偿责任。

第四十六条 使用农业投入品违反法律、行政法规和国务院农业行政主管部门的规定的,依照有关法律、行政法规的规定处罚。

第四十七条 农产品生产企业、农民专业合作经济组织未建立或者未按照规定保存农产品生产记录的,或者伪造农产品生产记录的,责令限期改正;逾期不改正的,可以处二千元以下罚款。

第四十八条 违反本法第二十八条规定,销售的农产品未按照规定进行包装、标志的,责令限期改正;逾期不改正的,可以处二千元以下罚款。

第四十九条 有本法第三十三条第四项规定情形,使用的保鲜剂、防腐剂、添加剂等材料不符合国家有关强制性的技术规范的,责令停止销售,对被污染的农产品进行无害化处理,对不能进行无害化处理的予以监督销毁;没收违法所得,并处二千元以上二万元以下罚款。

第五十条 农产品生产企业、农民专业合作经济组织销售的农产品有本法第三十三条第一项至第三项或者第五项所列情形之一的,责令停止销售,追回已经销售的农产品,对违法销售的农产品进行无害化处理或者予以监督销毁；没收违法所得，并处二千元以上二万元以下罚款。

农产品销售企业销售的农产品有前款所列情形的，依照前款规定处理、处罚。

农产品批发市场中销售的农产品有第一款所列情形的，对违法销售的农产品依照第一款规定处理，对农产品销售者依照第一款规定处罚。

农产品批发市场违反本法第三十七条第一款规定的，责令改正，处二千元以上二万元以下罚款。

第五十一条 违反本法第三十二条规定，冒用农产品质量标志的，责令改正，没收违法所得，并处二千元以上二万元以下罚款。

第五十二条 本法第四十四条、第四十七条至第四十九条、第五十条第一款、第四款和第五十一条规定的处理、处罚，由县级以上人民政府农业行政主管部门决定；第五十条第二款、第三款规定的处理、处罚，由工商行政管理部门决定。

法律对行政处罚及处罚机关有其他规定的，从其规定。但是，对同一违法行为不得重复处罚。

第五十三条 违反本法规定，构成犯罪的，依法追究刑事责任。

第五十四条 生产、销售本法第三十三条所列农产品，给消费者造成损害的，依法承担赔偿责任。

农产品批发市场中销售的农产品有前款规定情形的，消费者可以向农产品批发市场要求赔偿；属于生产者、销售者责任的，农产品批发市场有权追偿。消费者也可以直接向农产品生产者、销售者要求赔偿。

第八章 附 则

第五十五条 生猪屠宰的管理按照国家有关规定执行。

第五十六条 本法自2006年11月1日起施行。

附录四 《国家新型城镇化规划 (2014—2020年)》(节选)

《国家新型城镇化规划(2014—2020年)》(节选)

国家新型城镇化规划(2014—2020年),根据中国共产党第十八次全国代表大会报告、《中共中央关于全面深化改革若干重大问题的决定》、中央城镇化工作会议精神、《中华人民共和国国民经济和社会发展第十二个五年规划纲要》和《全国主体功能区规划》编制,按照走中国特色新型城镇化道路、全面提高城镇化质量的新要求,明确未来城镇化的发展路径、主要目标和战略任务,统筹相关领域制度和政策创新,是指导全国城镇化健康发展的宏观性、战略性、基础性规划。

第二十一章 加快农业现代化进程

坚持走中国特色新型农业现代化道路,加快转变农业发展方式,提高农业综合生产能力、抗风险能力、市场竞争能力和可持续发展能力。

第一节 保障国家粮食安全和重要农产品有效供给

确保国家粮食安全是推进城镇化的重要保障。严守耕地保护红线,稳定粮食播种面积。加强农田水利设施建设和土地整理复垦,加快中低产田改造和高标准农田建设。继续加大中央财政对粮食主产区投入,完善粮食主产区利益补偿机制,健全农产品价格保护制度,提高粮食主产区和种粮农民的积极性,将粮食生产核心区和非主产区产粮大县建设成为高产稳产商品粮生产基地。支持优势产区棉花、油料、糖料生产,推进畜禽水产品标准化规模养殖。坚持"米袋子"省长负责制和"菜篮子"市长负责制。完善主要农产品市场调控机制和价格形成机制。积极发展都市现代农业。

第二节 提升现代农业发展水平

加快完善现代农业产业体系,发展高产、优质、高效、生态、安全农业。提高农业科技创新能力,做大做强现代种业,健全农技综合服务体系,完善科技特派员制度,推广现代化农业技术。鼓励农业机械企业研发制造先进实用的农业技术装备,促进农机农艺融合,改善农业设施装备条件,耕种收综合机械化水平达到70%左右。创新农业经营方式,坚持家庭经营在农业中的基础性地位,推进家庭经营、集体经营、合作经营、企业经营等共同发展。鼓励承包经营权在公开市场上向专业大户、家庭农场、农民合作社、农业企业流转,发展多种形式规模经营。鼓励和引导工商资本到农村发展适合企业化经营的现代种养业,向农业输入现代生产要素和经营模式。加快构建公益性服务与经营性服务相结合、专项服务与综合服务相协调的新型农业社会化服务体系。

第三节 完善农产品流通体系

统筹规划农产品市场流通网络布局,重点支持重要农产品集散地、优势农产品产地批发市场建设,加强农产品期货市场建设。加快推进以城市便民菜市场(菜店)、生鲜超市、城乡集贸市场为主体的农产品零售市场建设。实施粮食收储供应安全保障工程,加强粮油仓储物流设施建设,发展农产品低温仓储、分级包装、电子结算。健全覆盖农产品收集、存储、加工、运输、销售各环节的冷链物流体系。加快培育现代流通方式和新型流通业态,大力发展快捷高效配送。积极推进"农批对接""农超对接"等多种形式的产销衔接,加快发展农产品电子商务,降低流通费用。强化农产品商标和地理标志保护。

第二十二章 建设社会主义新农村

坚持遵循自然规律和城乡空间差异化发展原则,科学规划县域村镇体系,统筹安排农村基础设施建设和社会事业发展,建设农民幸福生活的美好家园。

第一节 提升乡镇村庄规划管理水平

适应农村人口转移和村庄变化的新形势,科学编制县域村镇体系规划和镇、乡、村庄规划,建设各具特色的美丽乡村。按照发展中心村、保护特色村、整治空心村的要求,在尊重农民意愿的基础上,科学引导农村住宅和居民点建设,方便农民生产生活。在提升自然村落功能基础上,保持乡村风貌、民族文化和地域文化特色,保护有历史、艺术、科学价值的传统村落、少数民族特色村寨和民居。

第二节 加强农村基础设施和服务网络建设

加快农村饮水安全建设,因地制宜采取集中供水、分散供水和城镇供水管网向农村延伸的方式解决农村人口饮用水安全问题。继续实施农村电网改造升级工程,提高农村供电能力和可靠性,实现城乡用电同网同价。加强以太阳能、生物沼气为重点的清洁能源建设及相关技术服务。基本完成农村危房改造。完善农村公路网络,实现行政村通班车。加强乡村旅游服务网络、农村邮政设施和宽带网络建设,改善农村消防安全条件。继续实施新农村现代流通网络工程,培育面向农村的大型流通企业,增加农村商品零售、餐饮及其他生活服务网点。深入开展农村环境综合整治,实施乡村清洁工程,开展村庄整治,推进农村垃圾、污水处理和土壤环境整治,加快农村河道、水环境整治,严禁城市和工业污染向农村扩散。

第三节 加快农村社会事业发展

合理配置教育资源,重点向农村地区倾斜。推进义务教育学校标准化建设,加强农村中小学寄宿制学校建设,提高农村义务教育质量和均衡发展水平。积极发展农村学前教育。加强农村教师队伍建设。建立健全新型职业化农民教育、培训体系。优先建设发展县级医院,完善以县级医院为龙头、乡镇卫生院和村卫生室为基础的农村三级医疗卫生服务网络,向农民提供安全价廉可及的基本医疗卫生服务。加强乡镇综合文化站等农村公共文化和体育设施建设,提高文化产品和服务的有效供给能力,丰富农民精神文化生活。完善农村最低生活保障制度。健全农村留守儿童、妇女、老人关爱服务体系。

第二十四章 深化土地管理制度改革

实行最严格的耕地保护制度和集约节约用地制度,按照管住总量、严控增量、盘活存量的原则,创新土地管理制度,优化土地利用结构,提高土地利用效率,合理满足城镇化用地需求。

——建立城镇用地规模结构调控机制。严格控制新增城镇建设用地规模,严格执行城市用地分类与规划建设用地标准,实行增量供给与存量挖潜相结合的供地、用地政策,提高城镇建设使用存量用地比例。

探索实行城镇建设用地增加规模与吸纳农业转移人口落户数量挂钩政策。有效控制特大城市新增建设用地规模,适度增加集约用地程度高、发展潜力大、吸纳人口多的卫星城、中小城市和县城建设用地供给。适当控制工业用地,优先安排和增加住宅用地,合理安排生态用地,保护城郊菜地和水田,统筹安排基础设施和公共服务设施用地。建立有效调节工业用地和居住用地合理比价机制,提高工业用地价格。

——健全节约集约用地制度。完善各类建设用地标准体系,严格执行土地使用标准,适当提高工业项目容积率、土地产出率门槛,探索实行长期租赁、先租后让、租让结合的工业用地供应制度,加强工程建设项目用地标准控制。建立健全规划统筹、政府引导、市场运作、公众参与、利益共享的城镇低效用地再开发激励约束机制,盘活利用现有城镇存量建设用地,建立存量建设用地退出激励机制,推进老城区、旧厂房、城中村的改造和保护性开发,发挥政府土地储备对盘活城镇低效用地的作用。加强农村土地综合整治,健全运行机制,规范推进城乡建设用地增减挂钩,总结推广工矿废弃地复垦利用等做法。禁止未经评估和无害化治理的污染场地进行土地流转和开发利用。完善土地租赁、转让、抵押二级市场。

——深化国有建设用地有偿使用制度改革。扩大国有土地有偿使用范围,逐步对经营性基础设施和社会事业用地实行有偿使用。减少非公益性用地划拨,对以划拨方式取得用于经营性项目的土地,通过征收土地年租金等多种方式纳入有偿使用范围。

——推进农村土地管理制度改革。全面完成农村土地确权登记颁证工作,依法维护农民土地承包经营权。在坚持和完善最严格的耕地保护制度前提下,赋予农民对承包地占有、使用、收益、流转及承包经营权抵押、担保权能。保障农户宅基地用益物权,改革完善农村宅基地制度,在试点基础上慎重稳妥推进农民住房财产权抵押、担保、转让,严格执行宅基地使用标准,严格禁止一户多宅。在符合规划和用途管制前提下,允许农村集体经营性建设用地出让、租赁、入股,实行与国有土地同等入市、同权同价。建立农村产权流转交易市场,推动农村产权流转交易公开、公正、规范运行。

——深化征地制度改革。缩小征地范围,规范征地程序,完善对被征地农民合理、规范、多元保障机制。建立兼顾国家、集体、个人的土地增值收益分配机制,合理提高个人收益,保障被征地农民长远发展生计。健全争议协调裁决制度。

——强化耕地保护制度。严格土地用途管制,统筹耕地数量管控和质量、生态管护,完善耕地占补平衡制度,建立健全耕地保护激励约束机制。落实地方各级政府耕地保护责任目标考核制度,建立健全耕地保护共同责任机制;加强基本农田管理,完善基本农田永久保护长效机制,强化耕地占补平衡和土地整理复垦监管。